만선사, 그 형성과 지속

일제 식민사학 비판 총서 3

만선사, 그 형성과 지속

2022년 2월 16일 초판 1쇄 찍음
2022년 2월 25일 초판 1쇄 펴냄

지은이 정상우
책임편집 최세정 · 엄귀영
편집 이소영 · 김혜림
표지·본문 디자인 김진운
마케팅 최민규

펴낸이 윤철호 · 고하영
펴낸곳 (주)사회평론아카데미
등록번호 2013-000247(2013년 8월 23일)
전화 02-326-1545
팩스 02-326-1626
주소 03993 서울특별시 마포구 월드컵북로6길 56
이메일 academy@sapyoung.com
홈페이지 www.sapyoung.com

ⓒ 정상우, 2022
ISBN 979-11-6707-048-7 93910

* 이 저서는 2016년 대한민국 교육부와 한국학중앙연구원(한국학진흥사업단)의 한국학총서
  사업의 지원을 받아 수행된 연구임(AKS-2016-KSS-1230007)

일제 식민사학 비판 총서 3

만선사,
그 형성과 지속

정상우 지음

사회평론아카데미

'일제 식민사학 비판 총서'를 출간하면서

　　2016년 한국학중앙연구원에 '한국학총서' 지원사업으로 「일제 식민주의 역사학의 연원과 기반에 관한 연구」를 제출하였다. 일제 식민사학을 총괄적으로 다루어보자고 7명의 연구자가 모였다. "조선·지나(支那)·만몽(滿蒙)·동남아시아 통합지배를 향한 '동양사'와 식민사학 비판"이라는 부제가 출발 당시의 의욕을 상기시킨다.

　　일본제국은 한국의 국권을 빼앗은 뒤, 식민지로 영구 통치하기 위해 한국사를 왜곡하였다. 한국은 반도라는 지리적 조건으로 대외적으로 자주성을 잃고, 대내적으로는 당파적인 민족성으로 정쟁을 일삼다가 일본의 통치를 받게 되었다는 것이 골격이다. 1960년대에 접어들어 한국 역사학계는 이를 바로잡는 '식민주의 역사 비판'을 시작하여 한국사의 모습을 크게 바꾸어놓았다. 그런데 1960~1970년대에 확보된 비판의 틀은 시간이 지나서도 확장성을 보이지 못하였다. 한국은 일본제국의 대외 침략에서 가장 큰 피해국이었던 만큼 식민사학의 실체와 왜곡의 뿌리를 바닥까지 헤집어보는 확장력을 발휘할 권리와 의무가 있었다. 그러나 시간이 흘러도 그런 기세는 보이지 않았다. 비판의 시선도 한국사에서 좀체 벗어나지 못하였다. 만주 지역이 포함되었지만, 그것은 '만선사(滿鮮史)'가 제국 일본 역사 왜곡의 주요한 주제의 하나였기 때문이다. 일제의 대외 침략은 동아시아 전체를 대상으로 한 만큼 역사 왜곡이 조선, 만주에만 한정되었을 리 만무하다.

이 총서는 지금까지의 식민주의 역사학 비판의 틀에서 벗어나 제국 일본의 '동양' 제패 이데올로기 생산의 주요 조직, 곧 제국의 대학과 언론계(『일본제국의 '동양사' 개발과 천황제 파시즘』, 이태진), 조선총독부박물관(『조선총독부박물관과 식민주의』, 오영찬), 남만주철도주식회사의 조사부(『제국 일본의 동아시아 공간 재편과 만철조사부』, 박준형), 조선총독부 중추원과 조선사편수회(『조선총독부의 조선사 자료 수집과 역사편찬』, 서영희), 경성제국대학(『경성제국대학 법문학부와 조선 연구』, 정준영), 외무성 산하의 동방문화학원(『일본제국의 대외 침략과 동방학 변천』, 이태진) 등의 연구 및 홍보조직을 조사 대상으로 삼았다. 이 조직들에서 누가, 어떻게 역사 왜곡에 나섰는지, 일본의 대륙 침략에 따라 이를 역사적으로 옹호하며 조선과 만주는 물론 대륙 전체를 아우르려 하고(『만선사, 그 형성과 지속』, 정상우), 동남아와 태평양으로 '남진'하면서 '대동아공영권'을 내세우는 과정(『남양과 식민주의』, 허영란), 이 단계에서 새로 발족한 도쿄, 교토 양 제국대학의 동양문화·인문과학연구소(『일본제국의 대외 침략과 동방학 변천』, 이태진) 등을 살폈다. 일본제국 침략주의의 실체를 말 그대로 머리에서 발끝까지 뒤져본다는 심정으로 연구에 임하였다.

일본제국의 침략주의는 두 개의 베일에 가려져 있다. 하나는 '메이지유신'이란 '신화'이고, 다른 하나는 무임승차하듯 편승한 제국주의 일반론이다. 일본제국은 구미 바깥 세계에서 유일하게 근대화(서구화)에 성공한 나라라는 신화가 일본의 반성을 거의 기대할 수 없게 만들었다. 침략을 받은 나라에서조차 부러워하는 신화였다. 그리고 19세기 말, 20세기 전반기는 약육강식의 신제국주의 시대로서 일본제국의 대외 침략은 그중 하나일 뿐이라는 변론이 엄연하게 힘을 발휘했다. 이런 잘못된 인식의 덫이 그 엄청난 범죄적 침략 행위에 면죄부 효과를 가져와 비판의식을 더욱 흐리게 하였다. 일본제국의 대외 팽창은 천황의 영광을 위해 기획되었고, 그 천황제 국가주의는 구미 제국주의와는 뿌리가 다르고 행위 양상이 달랐다. 그래서 파시즘의 실황도 일본제국이 앞섰고, 더 무서웠다. 이 총서는 동아시아 세계의 평화공존 질서 확립을 위해 일본 역사학계가 서둘러 처리했어야 할 숙제를 대신하는 것일지 모른다.

한·중·일 3국의 동아시아는 현재 국제적으로 비중이 매우 커져 있다. 3국 관계는 전통적인 민족국가 기반 위에 냉전 시대 이데올로기 분쟁으로 빚어진 대치 관계가 복합하여, 새로운 평화공존의 질서를 세우기가 매우 불투명한 상황에 놓여 있다. 평화공존 체제의 확립을 위해서는 무엇보다도 과거 민족국가 시대의 패권주의 의식을 떨쳐버려야 한다. 중국은 지금 사회주의 국가이면서 역사적으로 오랜 종주국 의식이 남아 있는 실태를 자주 드러낸다. 일본 또한 제국 시대의 '영광'에 대한 기억을 쉽게 버리려 하지 않는다. 두 나라가 이렇게 과거의 유산에 묶여 있는 상황은 동아시아의 미래에 도움이 되지 않는다. 지난 세기 일본제국이 동아시아 세계에 끼친 악영향은 너무나 크기 때문에 일본의 반성 순위는 첫 번째가 되어야 한다. 이 총서는 같은 역사학도로서 일본 역사학계가 지금이라도 제국 시대 역사학의 잘못을 실체적으로 살펴 동아시아의 바람직한 질서 확립에 새로운 추동력을 발휘하기를 바라는 절실한 바람을 담았다. 바른 역사를 밝혀 바른 교육으로 일본 국민의 역사 인식과 의식을 바꾸어주기를 바라는 마음이다.

　'일제 식민사학 비판 총서'는 5년여의 각고의 노력 끝에 세상에 나왔다. 무엇보다도 한국학중앙연구원의 지원에 감사한다. 공동연구에 참여한 연구원 모두 최선을 다하였으나 부족함이 많이 남아 있을 것이다. 이에 대한 강호 제현의 따뜻한 질정과 격려를 바라 마지 않는다.

공동연구 책임
이태진

책머리에

개인적으로 식민주의 역사학에 대한 학계의 평가, 특히 일본 학계에서의 평가에 흥미를 느낀다. 주지하듯이 한국 학계에서는 1960년대 들어 식민주의 역사학에 대한 비판이 본격화되었으며, 지금까지도 그에 대한 연구가 지속되고 있다. 그리고 연구 과정에서 과거 일본인 역사학자들이 한국사에 대해 품었던 부정적인 역사관과 그로부터 연유한 한국사에 대한 오독·왜곡의 측면은 교정되어왔다. 연구자들은 식민주의 역사학이 지닌 침략성과 식민주의적 속성을 드러내는 한편, 그것이 가지고 있는 근대 역사학으로서의 성격 역시 주목하여 식민주의 역사학을 보다 입체적으로 그려내며 비판의 지점을 새롭게 밝혀내고 있다. 이는 일본 학계에서도 비슷해 보인다. 1960년대를 전후하여 등장한 과거 제국시대 연구 성과들에 대한 비판은, 특히 1990년대 중반 이후 이른바 '국민국가론'에 대한 논의가 활발하게 전개되며 일신하였다. 근대국가로서 제국의 형성과 지속을 위해 구사되었던 포섭과 배제의 논리를 고찰하는 가운데 과거 역사학과 역사서술을 새롭게 읽어내려 한 것이다. 식민지배를 겪으며, 자국사가 일본사의 객체로서만 서술되는 것을 지켜봐야 했던 한국 학계에서 식민주의 역사학에 대해 비판적인 자세를 갖는 것, 또는 근대국가 내지 권력의 억압적 측면을 폭로하고 비판하는 입장에서도 식민주의 역사학을 비판적으로 읽어내는 것은 당연해 보인다. 일본 학계에서도 1945년 이후 학계를 일신하기 위해, 또는 제국의 시대가 먼 과거의 일이 되었지만 여전히 중국과 한국에 대한 혐오와 차별의 시선, 바로 제국으로서의 자기 인식이 여전한 일본 사회를 이해하기 위해 과거 자신들의 연구를 비판적으로 독해하는 것은 필요한 일이다. 하지만 일본 학계에서는 한국 학계에서 식민주의 역사학이라 부르는 대상에 대해 비판적인 자세를 취하면서도, 시라토리 구라키치(白鳥庫吉), 나이토 고난(內藤湖南), 구로이타 가쓰미(黑板勝美), 이마니시 류(今西龍), 이케우치 히로시(池內宏), 스에마쓰 야스카즈(末松保和), 나카무라 히데타카(中村榮孝) 등 당시 연구자 개인에 대한 비판은 찾아보기 어렵다. 단 예외적인 존재가 있다면 바로 이나바 이와키치(稻葉岩吉)이다. 필자가 흥미를 느끼는 지점은 바로 여기다. 일본 학계에서도 이나바에 대해서는 아주 이른 시기부터 직접적인 비판이 이루어졌으며, 1945년 이후 한국 학계에서도 다른 식민주의 역사학자들에 대해서는 그 공과 과를 함께 보아야 한다거나, 적어도 실증의 측면에서는 인정하면서도 이나바에 대해서는 그조차의 인정도

매우 뒤늦게 이루어졌다. 이러한 가운데 한국과 일본에서 모두 식민주의 역사학자로서 비판의 화살이 몰려 있는 것은 이나바이다. 단적으로 이 책에서 다루는 만선사(滿鮮史)에 대한 연구사만 보아도 그러하다.

1960년대 이래 만선사는 한국사에 드리워진 대륙의 영향력을 강조한 것으로, 식민주의 역사학의 주요한 담론으로 지목되며, 한일 양측에서 모두 비판되어왔다. 그런데 이에 대한 연구들의 대부분은 이나바 이와키치의 만선사 연구를 중심으로 이루어졌다. 다른 역사가들과는 달리 이나바는 자기 스스로를 '만선사가'로서 평가하며, 자신의 논문 제목에서부터 '만선사' 또는 '만주와 조선의 불가분성' 등을 거리낌 없이 드러내었다. 즉, 현재 연구자들이 만선사학자로 분류하는 일본인 역사가 가운데 이나바는 스스로 자신을 '만선사' 연구자로 고백한 인물이다(이 밖에 시라토리도 스스로 '만선사가'를 칭하며 자신의 연구를 '만선사 연구'라고 이야기한 인물이다). 이는 1945년 이후 만선사에 대한 비판이 이나바의 연구를 중심으로 이루어진 한 원인일 것이다. 하지만 이와 더불어 이나바의 학설을 계승한 제자가 단 한 사람도 없었던 점 역시 이러한 현상이 벌어진 이유 중 하나가 아닐까. 한국에서도 그렇지만 일본 학계에서도 자신들의 스승과 근원을 비판하기는 어려울 것이다. 그런 면에서 이나바는 비판하기 참 손쉬운 대상이다. 잘 알려져 있듯이 이나바는 1908년 남만주철도주식회사 산하에 설치된 만선역사지리조사부에서 본격적인 연구 경력을 시작했다. 이후 그는 조선사편수회에서 15년여를 머물렀으며, 조선사편수회의 사업이 일단락된 직후 만주건국대학 교수로서 3년여의 시간을 보내다 생을 마감했다. 즉, 안정적으로 일본 본국의 대학에 자리 잡고 제자들을 양성할 수 있었던 다른 연구자들과는 달리 일본의 대륙 침략에 따라 그 최전선이었던 조선, 만주에서 연구 생활을 펼친 이나바는 제자를 길러내지 못했다. 이러한 상황이었기에 만선사에 대한 비판이 유독 이나바의 연구에만 몰려 있는 것이 아닐까.

하지만 식민주의 역사학의 전개에서 이나바는 독특한 위상을 점하고 있다. 그는 외국어학교 출신이었지만 나이토 고난을 만나 역사가로서의 길에 들어서서 당시로서는 매우 드물게 한국사 관련 주제로 교토제국대학 사학과에서 박사학위까지 받았다. 즉, 그는 근대 학문이 요구하는 학적 권위를 제대로 체현한 역사가였다. 이뿐만 아니라 이마니시는 물론 스에마쓰나 나카무라 등의 연구를 보면 이나바와 공유되는 지점이 있으며, 그의 논의와 유사한 부분도 많다. 또 그가 말년에 만주에서 고적을 답사하며 남긴 편린들 중 어떤 것들은 지금의 백과사전에 하나의 주요한 설로서 제시되어 있기도 하다. 무엇보다도 만선사 하면 이나바가 떠오를 수밖에 없는 것은 그가 만선사의 체계화를 시도한 유일한 역사가였다는 점도 무시할 수 없다. 즉, 만선사는 경계와 정의가 모호한 만큼이나 연구자들의 입에 회자되었지만, 또 그렇기 때문에 그 누구도 설명하려 하지 않았던 분야로, 만선사의 구조화를 시도한 연구자는 이나바 외에는 없었다. 식민주의 역사학과 만선사에 대한 비판이 이나바에게 쏠려 있는 것은, 그의 학설을 계승한 제자가 없다는 것과 더불어 이러한 그의 시도가 애매한 '만선사'를 설명하는 유일한 것이기도 하기 때문이다. 그러다 보니 만선사로 대변되는 이나바가 아니라 만선사가 이나바에 의해 대변되고 있는 형국이다.

서명에서도 알 수 있듯이 본서는 만선사에 대한 비판적 독해이다. 그러면서도 이나바 이와키치의 연구를 중심으로 한다는 점에서 본서 역시 이전 만선사에 대한 연구들과 궤를 같이한다고도 할 수 있을 것이다. 하지만 대표적인 만선사학자로서, 유일하게 만선사의 체계화를 시도한 이나바 이와키치의 연구 궤적, 바로 만주사에서 조선사와 만선사로, 다시 만주사로의 연구 과정을 중심축으로 하여 당시 식민주의 역사학자들의 연구를 배치해보고자 하였다. 이를 통해 이나바에 의해 대변되고 있는 만선사의 구조와 실체를 다른 만주사, 조선사 연구자들과의 비교를 통해 살펴봄으로써, 이나바로 대변되는 만선사의 논지를 선명히 하고, 식민주의 역사학을 입체적으로 이해해보고자 하였다. 특히 우리가 만선사를 고찰함에 있어 그 주인공으로서 만주와 조선만이 아니라 일본까지 주목해야 한다는 것이 이 책의 결론이기도 하다. 만선사라는 것이 침략을 옹호하기 위한 것이었든, 근대 역사학의 변주로서 과거 중국 중심의 세계관을 부정하고 일본을 중심으로 한 동아시아 역사의 재배치 과정이었든, 침략의 주체이자 '동양'이라는 새로운 역사공간의 중심으로 부상한 일본이 만선사에서 제외된 채 논의되어서는 곤란할 것이다. 이 점이 필자가 만선사를 바라보며 유의한 점이다.

논문이든 책이든 무언가를 출간할 때 미안함과 두려운 마음이 든다. 이 감정은 책을 낼 때, 특히 이 책처럼 오롯이 혼자 전체를 감당할 경우에는 더 커진다. 과연 이것이 최선의 결과물인지 묻는다면 아쉬움이 들고, 책에 대해 미안해진다. 무엇보다도 이나바의 만선사를 중심으로 식민주의 역사학의 지형을 그려보겠다던 당초의 목표에 얼마나 근접했는가라는 질문에 답을 하자면 아쉬움과 미안함을 넘어 두려움이 밀려온다. 또 이 책의 내용이 과연 새로운 것인지, 얼마나 그러한 것인지, 그래서 시간을 들여 읽었을 분들에게 새로운 아이디어를 줄 수 있는 것인지, 괜한 시간 낭비를 하게 한 것은 아닌지 염려가 된다. 부디 그런 생각이 들지 않으셨길 바란다.

차례

만선사를 어떻게 볼 것인가

19세기 후반부터 식민지기에 걸쳐 이루어진 일본인 역사가들의 한국사 연구에 대한 문제 제기가 처음 이루어진 것은 너무나도 유명한 『국사신론(國史新論)』(1961, 이기백 저)의 서론(緖論)에서였다.[1] 저자는 한국사에 대한 '신론(新論)'을 세우겠다며, 그 포문을 과거 일본인 연구자들의 한국사 연구에 대한 비판으로 연 것이다. 이는 해방 15년이 지난 시점에도 여전히 과거 일본인 연구자들의 한국사 연구가 영향력을 미치고 있었음을 상징적으로 보여준다. 이러한 문제의식은 당시 소장 학자들에게 광범하게 퍼져 있었던 것으로 보인다. 해방 20주년을 전후하여 한국사의 새로운 정립과 출발을 이야기하는 데서도 과거 일본인 역사학자들의 한국사 연구에 대한 정리·비판이 거듭된 것은 이를 잘 보여준다.[2]

　　이후 다양하게 명명되던 과거 일본인 역사가들의 한국사 연구는 대체로 '식민사학'으로 통칭되는 가운데 그 문제점이 거듭 논의되었다. 특히 이러한 논의는 1980년대 초반과 2000년대 초반, 일본의 일부 역사교과서에서 과거 침략전쟁과 한국에 대한 식민통치를 미화하는 사건이 벌어졌을 때 집중되었다. 한국사에 대한 폄하와 왜곡의 기원에는 이른바 식민사학이 자리 잡고 있기 때문에 그 문제점을 다시 점검하고 시정을 촉구한 것이다.[3] 이러한 과정에서 식민사학의 다양한 분기점들은 '반도적 성격론(半島的 性格論)', '타율성론(他律性論)', '사대주의론(事大主義論)', '정체성론(停滯性論)', '일선동조론(日鮮同祖論)' 등으로 정리되며, 그 허구성이 폭로되는 동시에 청산의 필요가 재론되었다.

그런데 일본의 역사교과서 문제가 미처 정리되지 않았던 2000년대 초, 과거와 다른 방향에서 또 다른 역사문제가 터져나왔다. 바로 고구려사와 독도라는, 역사와 영토의 귀속권에 대한 중국과 일본의 주장이 그것이었다. 한국의 매스미디어들은 중국과 일본의 주장을 알리며 대중의 관심을 이끌었다. 또 정부 차원에서도 '고구려연구재단'을 설립한 이래 이를 '동북아역사재단'으로 재정비하고 역사문제와 관련된 자료의 수집과 연구를 지원했다.

중국, 일본 측의 주장에 대한 대응 과정에서 과거 일본인 연구자들이 이와 관련하여 제시했던 연구 성과들 역시 돌아보게 되었음은 물론이다. 그런데 이때의 논쟁은 역사 귀속, 영토, 국경 같은 지극히 근대적인 개념들과 연결되어 있으며, 현재의 '국사' 혹은 '민족사' 체계를 전제하고 있는 것이었다. 그렇기 때문에 이때 촉발된 과거 일본인 역사가들의 한국사 연구에 대한 관심은 그들이 자행한 역사 왜곡을 지적하는 것을 넘어 연구 범위의 확장을 요청하였다.

한편, '근대'에 대한 성찰, 탈식민주의(postclolonialism) 등 서구 학계의 성과들이 소개되며, 한국 사학계에서도 1990년대 후반 이래 그때까지 당연시해온 '근대'에 대해 돌아보고, 식민지기와 해방 이후 시대의 관계에 대해서도 일방적인 단절이 아닌 연속/불연속의 관점에서 새롭게 인식하고자 했다. 이러한 연구 분위기에서 지금껏 당연시해온 '근대 역사학'의 구조와 이를 가능하게 했던 다양한 기반들에 대한 탐구가 시작되었으며, 식민사학이라 통칭되었던 과거 일본인 역사가들의 한국사 연구에 대해서도 침략과 지배를 위한 역사 왜곡이라는 측면에서만이 아니라 '근대 역사학'의 변주로서 보며 새로운 인식의 지평을 열었다.

최근 사용되기 시작한 '식민주의 역사학'이라는 용어는 이러한 변화를 보여주는 것이다. '식민사학'이라는 용어는 제국주의의 침략과 지배를 위한 역사학 내지 역사 왜곡이라는 의미로 통용되어왔다. 하지만 과거 한국사를 연구했던 일본인 역사가들은 자신들의 모든 역량을 제국주의 옹호와 이를 위한 역사 왜곡에 경주했을까? 그렇다면 그들 사이에서 나타나는 견해 차이는 어떻게 보아야 할까? 더군다나 누구나 동의할 수 있어 시비를 가릴 수 있는 객관적인 역사상(歷史像)을 가지고 있지 않다면 과거 일본인 역사가들의 연구에서 역사 왜곡을 확인하는 것 역시 자의적이라는 평가로부터 자유로울 수 없을 것이다. 그렇다면 식민사학의 경계는 모호한 것이 된다.[4]

근대사 연구자라면 누구나 인정하듯이, 일본은 후발 제국주의 국가로서 국가주도적인 성격이 강한 근대화와 제국주의화를 거의 동시에 이루었다. 이러한 경향은 학문에서도 나타나, 일본에서 근대 역사학의 성립은 근대화=제국주의화와 함께 이루어질 수밖에 없었다.

그 결과 우리가 지금까지 식민사학이라 불렀던 일본인 역사가들의 한국사 연구는 일본의 대륙 침략과 더불어 근대 역사학의 성립·전개 과정 속에 위치한다. 이러한 점을 고려할 때 과거 일본인 역사가들의 한국사 연구와 일본 근대 역사학의 경계 역시 모호하다. 즉, '식민주의 역사학'이라는 용어는 과거 일본인 역사가들의 연구가 가지고 있는 이중적인 속성, 바로 침략과 지배에 따른 '식민주의'에 입각한 '근대 역사학'이라는 규정을 내포한다.

'근대 역사학'은 '민족'을 주인공으로 내세워 그 '발전' 과정을 '실증'을 통해 증명하는 것이라 하겠다. 즉, 과거의 왕조나 신분 같은 단위가 아니라 새로운 주체로 부상한 민족·국가의 통합을 위해 '민족', '국가'를 주어로 '실증'이라는 방법으로 역사를 서술하는 것이다. 그렇지만 '근대 역사학'이 일민족 내지는 일국사에 갇혀 있는 것은 아니다. 자민족·자국의 발전 과정을 실증하는 과정에서 주변 민족·국가를 '타자화'해 '발전/정체'의 일원적 도식에 계서화하여 자민족사·자국사의 하위에 배치하기 때문이다. 일본에서 '근대 역사학'의 성립 과정은 '동양'의 창출 과정이라고도 알려져 있는데,[5] 이는 일본사를 중심으로, 일본사의 타자로서 한국을 비롯한 주변의 역사를 배치한 것이라 하겠다. 그렇다면 식민주의 역사학은 일본을 중심으로 한 아시아의 타자화가 식민지 조선을 향해 나타난 것으로, 일본사의 타자로서 한국사가 재구성된 것이라고도 할 수 있을 것이다. "일본사를 알기 위해 조선사를 연구해야 한다"며 일본 정부 인사들에게 조선사편수회(朝鮮史編修會)의 설치를 주장했던 구로이타 가쓰미(黑板勝美, 1874~1946)의 언급,[6] 또 "국사(일본사: 인용자)의 바깥에 조선사는 존재하지 않는다"는 스에마쓰 야스카즈(末松保和, 1904~

1992)의 발언[7]은 식민지기 한국사 연구와 사료 조사는 일본사를 위한 것이며, 일본사를 해명하기 위해, 또는 일본사의 범위 안에서 한국사가 기능해야 한다는 것을 말하는 것이다. 이렇게 보면 과거 일본인 연구자들에 의한 한국사 연구는 침략과 지배의 합리화를 위한 것만이 아니라 일본사의 타자로서 한국사를 재편하는 것이자 이를 위해 한국사를 체계화하는 것이었다.

식민지기는 분명히 일본 제국주의의 침략과 지배가 이루어진 시기이다. 그렇지만 이와 더불어 근대 학문이 이식·제도화되던 시기이기도 하다. 그 이유가 일차적으로는 침략과 지배를 위한 것이었지만 그 과정에서 경성제국대학(京城帝國大學, 이하 '경성제대') 같은 대학이 설립되어 근대적인 분과학문체계와 이를 떠받쳐주는 제도가 도입되었고, 조선사편수회 같은 사료의 수집·정리 기관이 설치되며, 일본의 제국대학 출신 연구자들의 발길이 식민지 조선을 향하게 되었다. 그뿐만 아니라 경성제대와 조선사편수회의 인사들이 주축이 되어 청구학회(靑丘學會) 같은 학회를 결성해 연구 성과를 발표하며 식민지 조선에 대한 역사상을 구체화했다. 즉, 식민지배를 위해 만들어진 역사상은 이른바 근대 역사학의 제도화와 그 전개 과정 속에 위치하며, 근대 역사학으로서의 성격을 가지고 있기 때문에 당대의 조선인들에게 영향을 끼친 것은 물론 해방 이후에도 잔존할 가능성을 내포하고 있었다. 그렇다면 식민지배를 위한 역사 왜곡이라는 측면과 더불어 일본에서의 '근대 역사학'의 확립·전개 과정이라는 측면까지 함께 고려할 때, 식민주의 역사학의 실체에 보다 근접할 수 있을 것이다.

한편, 식민주의 역사학이 식민지 조선만을 대상으로 한 것은 아니었다. 제국 일본의 영역은 침략에 따라 계속해서 팽창해갔다. 타이완(대만), 조선에 이어 만주로, 다시 '대동아공영권' 건설이라는 미명하에 동남아시아로 전선을 확대하며 자신들의 영역을 확장하려 했다. 이와 병행하여 과거 일본인 역사가들이 해당 지역의 역사에 대하여 조사·연구를 진행한 것은 물론이다. 제국 일본의 팽창은 일본사의 영역 역시 팽창되었음을 의미했다. 즉, 일본의 역사가들은 제국 일본의 팽창에 따라 일본 및 그와 관계를 맺고 있던 주변의 역사를 제국 일본의 판도 속에서 역사적 의미를 새롭게 부여하며 연구·서술해나가야만 했다. 새로운 역사공간으로서 '동양'은 바로 일본의 침략과 근대 역사학의 전개 과정에서 탄생한 것이다. 식민주의 역사학의 전개는 이러한 속성을 지닌, 동적인 것이기 때문에 시야를 한국사에만 한정한다면 우리는 식민주의 역사학의 실체에 접근하기 어려울 것이다. 과거 일본인 연구자들이 그렸던 한국사상(韓國史像)의 의미를 고찰하기 위해서는 그것이 가지고 있는 '침략성'과 '근대 역사학'으로서의 성질을 고려하는 것과 더불어 한국을 넘어 동아시아라는 무대에서 이 문제를 사고하여 그 외연을 확장할 필요가 있다.

일본의 근대화와 주변국 침략으로 인한 제국 판도의 팽창 및 이와 동시에 일본에서 진행된 근대 역사학의 성립·전개에 따른 새로운 역사공간으로서 '동양'의 형성, 그리고 그 속에서 한국사의 위상과 의미를 고찰하는 것은 한국사의 범위를 벗어나는 거대한 문제이다. 이러한 문제를 고찰하는 데 일본 제국주의의 대륙 침략과 더불어 만들어진 용어인 '만선(滿鮮)'과 그 역사에 대한 연구였던 '만선사(滿鮮史)'는 좋은 실마리가 될 수 있다. '만선'이라는 대상 자체가 조선을 포함하면서도 그 경계를 벗어나 중국의 영토였던 만주까지를 포괄하는 제국 일본의 또 다른 세력권으로서 대륙 침략의 발판이었기 때문이다.

만선사에 대한 문제 제기 역시 1960년대부터 시작되었다. 당시에는 이나바 이와키치(稲葉岩吉, 1876~1940), 미시나 쇼에이(三品彰英, 1902~1971) 등의 연구자를 거론하며 만선사에 대해 "조선사를 대륙의 동아시아사에 부속시켜", 한국사의 주요 사건들을 "중국이나 만몽의 영향하에 초래되었다고 하는 것"이라면서 한국사의 타율성론과의 관련지어 정의했다.[8] 이러한 지적은 비슷한 시기 일본에서도 제기되었다. 일본의 대표적 한국사 연구자인 하타다 다카시(旗田巍, 1908~1994)는 만선사를 러일전쟁 이후 일본의 대륙 침략과 더불어 주장된 것이라며, 지명 비정 같은 지리적 요인만 중요시한 채 조선 민족을 무시한 인간 부재의 역사로서, "순수하게 학문 연구를 목표로 한다고 생각되던 사람들의 내면까지 깊숙이 스며든 왜곡"이자 1945년 이후 일본 학계에 통용될 정도로 "뿌리가 깊어 없앨 수 없다"고 평가했다.[9]

만선사에 대한 한일 학계의 관심은 21세기 들어 일신했다. 근대를 상대화시키며, 근대국가와 제국의 유지를 위해 구사되었던 포섭과 배제의 논리를 고찰하는 한편에서 중국이 고구려사를 중국사의 일부라고 주장한 것('동북공정')이다. 이러한 학계 안팎의 사정으로 연구자들은 고구려사의 무대였던 만주에 대한 과거 일본인들의 인식과 역사서술에 다시 한번 집중하였다.[10] 21세기 들어 등장한 만선사에 대한 연구들은 만선사라는 것이 일본의 대륙 침략과 궤를 같이하여 등장·전개되었다는 과거의 성과들을 계승하면서도 한국사에 대한 타율성론만 아니라 정체성론과도 유사하다는 논의를 전개했다.[11] 그뿐만 아니라 만선사 연구를 본격화했다고 이야기되는 '만선역사지리조사부(滿鮮歷史地理調査部)'의 연구는 만주와 몽골에서 일본의 세력 확립을 목적으로 한 것으로, 그 내용은 '만주사(滿洲史)'와 '조선사(朝鮮史)' 혹은 '만선관계사(滿鮮關係史)'나 '일조관계사(日朝關係史)'에 해당하는 연구들을 그러모은 것일 뿐 만선을 아우르는 하나의 역사체계를 수립하지 못했다는 점 역시 지적되었다.[12] 특히 최근 일본에서는 러일전쟁, 만주사변, 만주국 건국이라는 대륙 침략의 전개에 따라 일본의 군부, 주요 정치가, 역사가들의 관계 맺음 속에서 만선사 연구가 어떻게 흘러갔는지를 당시 정치·외교 문서를 망라하여 살펴보면서 대륙 침략과 만선사의 관련성을 꼼꼼하게 고찰한 단행본이 출간되어 학계의 이목을 끌었다.[13] 이러한 근래의 연구들을 통해 만선사와 대륙 침략의 공모관계, 정체성론의 변주로서 만선사의 속성 등 만선사가 가지고 있는 '침략성'이 실증적으로 규명되었다.

하지만 '만선사란 무엇인가?'라는 질문에 답을 해야 한다면, 우리의 답은 만선사에 대한 초기 연구에서 제시되었던 일본의 대륙 침략에 호응하는 한편 한국사에 대한 부정적인 인식에 기반하여 만주와 조선을 뭉뚱그려 사고한 역사학이라는 1960년대 이래의 답과 달라질 수 있을까? 만선사에 대한 근래의 연구들 덕분에 일본의 침략성은 보다 면밀하게 규명되었지만, 여전히 만선사에 대한 시각은 일본의 대륙 침략을 역사학적으로 합리화하기 위해 등장한 것, 이를 위해 만주와 조선을 뭉뚱그려 사고한 것이라는, 1960년대 이래의 사고에서 더 나아가지 못한 것으로 보인다. 즉, 만선사를 보는 시각은 과거와 별반 차이가 없다.

메이지(明治) 시기 이래 일본의 고구려사나 만주에 대한 연구 자체가 침략과 함께 진전되었다는 것은 이미 지적된 바이다. 그러나 고구려나 만주의 역사에 대한 연구만이 제국 일본의 대륙 침략을 합리화했던 역사관 내지 역사학은 아니었다. 만선사만이 아니라 한일의 인종적 근친성을 강조하거나 한국 남부와 일본의 밀접한 관계를 주장했던 '일선동조론'류의 논의들 역시 침략을 합리화하기 위한 것이었다는 데에는 이론의 여지가 없다. 그렇다면 침략을 합리화하는 역사학으로서 만선사를 보는 것은 타당하겠지만, 그것이 만선사만의 특성을 포착한 정의는 아닐 것이다. 그렇다면 결국 만선사를 정의할 수 있는, 만선사만의 특징으로 남는 것은 만주와 조선을 뭉뚱그려 사고하고, 그 역사에 대한 연구를 내세웠다는 것이다. 하지만 과연 그러한 방식으로 역사서술을 시도한 것이 얼마나 있었을까? 만선사라는 이름 아래에서 이루어진 연구들이 만주사와 조선사, 만선관계사나 일조관계사 연구들을 그러모은 것에 지나지 않았으며, 만주와 조선을 하나의 역사 단위로 설정하여 역사를 연구·서술한 것이 없다는 것은 기존 연구에서 이미 지적하는 바이다. 그렇다면 만선사라는 이름으로 불려지는 과거 일본인 역사가들의 연구에서 만주와 조선은 어떠한 관계를 맺고 있었는가? 그저 대륙 침략을 합리화하기 위해 막연하게 만주와 조선이 밀접한 관련이 있었다고 상정했을 뿐인가? 현재로서는 이 질문에 답하기는 어려워 보인다. 만선사의 실체, 바로 만선사라는 이름으로 이루어진 연구 또는 만선사로 분류되는 연구에서 그린 역사상에 대해 알려진 것이 많지 않기 때문이다.

　사실 과거 일본인 역사가들 가운데 스스로 자기 자신을 만선사학자라고 인정한 이는 손에 꼽을 정도로 적을 뿐만 아니라 만선사라는 이름을 전면에 내세워 논문을 작성한 이는 이나바 이와키치 외에 찾아보기 어렵다. 만선사에 대한 체계화 역시 이나바의 시도가 유일하다. 하지만 만선사의 체계화에 대한 이나바의 시도 역시 만주와 조선을 하나의 단위로 하여 그 역사적 전개를 서술한 것은 아니었으며 오히려 만주와 조선을 포함한 동북아시아의 역사적 전개에 대한 것에 가까웠다.

그렇다면 우리는 과연 만선사를 어떻게 볼 수 있을까? 우리는 만선사라는 것이 식민주의 역사학의 여러 구성 요소들 가운데 하나라는 것에 동의할 것이다. 식민주의 역사학이 '침략성'과 더불어 '근대 역사학'의 속성을 함께 가지고 있듯이 만선사 역시 그러한 것이 아니었을까? 만선사가 침략과 지배를 위한 것이었음은 틀림없다. 대륙 침략 이래 일본인들은 '만선'이라는 개념과 용어를 만들었다.[14] 조선 문제의 해결을 위해서는 만주를 함께 고려해야 한다는, 즉 만선은 연결되어 있다는 사고가 등장한 것이다. 하지만 만선이라는 지역 개념이 촉발되었다고 하여도 그것이 학문의 영역, 특히 역사학의 영역으로 전이되면서 만선사의 형성과 전개는 바로 근대 학문의 세례 속에서 이루어진 것이었다. 즉, 식민주의 역사학이 그러하듯이 만선사 역시 침략성과 더불어 근대 역사학으로서의 속성 역시 담지하고 있는 것이다.

그렇다면 만선사는 일본 제국주의의 전개, 즉 대륙 침략과 더불어 진행된 근대 역사학으로서, 만주와 조선의 밀접한 관련성을 상정하며 이루어진 역사연구이자 일본을 중심으로 만주와 조선의 역사를 재배치하고자 한 시도였다고도 생각해볼 수 있을 것이다. "나는 수년간 다양한 분야에서 일본인의 기원을 알기 위해 연구해왔다. 처음에는 일본과 연결된 한국의 역사를 연구했고, 그 후 조선인과 연결

된 만주 지역 민족의 역사를 그리고 점차 그 밖의 관계에 대해 연구
했다. 끝으로 중앙아시아로 가야 한다는 것을 깨닫고, 나는 우리(일
본인: 인용자)와 관계된 민족의 자취를 따라 서쪽 헝가리에 이르러 그
치게 되었다"[15]는, 당대 일본 역사학계 최고 권위자로서 만선역사지
리조사부의 산파이자 리더였던 시라토리 구라키치(白鳥庫吉, 1865~
1942)의 언급은 그것이 일본사의 해명과 정립을 위한 것이었음을 시
사한다.

만선사를 이러한 시각에서 사고함으로써 우리는 연구의 지평을
확장할 수 있을 것이다. 그동안 만선사를 다루면서 만주와 조선에만,
특히 한국 학계에서는 조선에만 집중해온 것이 사실이다. 만선사가
만주와 조선을 대상으로 하는 것이기 때문에 이는 당연한 것이기도
하다. 그렇지만 만선사가 일본의 대륙 침략 과정에서 등장 · 전개된
것일 뿐만 아니라 일본사를 중심으로 만주와 조선 및 대륙의 역사를
재편하는 것이었다고 한다면, 침략의 주체이자 새로운 역사 판도의
중심인 일본사를 함께 사고해야 일본의 팽창에 따른 동아시아 역사
의 재편 과정으로서 만선사의 의미를 좀 더 분명하게 확인할 수 있을
것이다.

한편, 만선사를 다룬 연구들은 몇 가지 공통된 경향성을 보인다.
먼저 만선사라는 용어에 대한 이해와 관련된 것이다. 지금까지 만선
사를 다룬 연구들은 그것을 만주와 조선을 하나로 뭉뚱그리는 것이
라고 상정하는 경향이 있다. 그렇지만 앞서 언급했듯이 만선사라는
이름 아래 이루어진 연구는 그러한 경향과 거리가 멀었으며, 심지어
그 체계화에 대한 유일한 시도였던 이나바의 논의마저도 만주와 조
선을 하나의 단위로 한 역사서술은 아니었다. 만선사를 만주와 조선

을 하나로 뭉뚱그려 그 역사를 사고·서술하는 것이라고 한다면 만선사는 결국 실체가 없는 이름뿐인 존재가 되며, 이는 만선사란 무엇인가라는 본질적인 고민으로부터 연구자들을 멀어지게 한다. 또 역으로 만선사의 실체에 대한 무관심은 만선사를 만주와 조선을 뭉뚱그려 바라본 역사관이라는 생각을 더욱 강화했다고 할 수 있을 것이다.

하지만 만선불가분 혹은 만선이 밀접한 관련이 있다고 할 때 이것이 만주와 조선의 일체화 내지 만선을 하나로 뭉뚱그리겠다는 것만을 의미하지는 않는다. 시소의 좌우 끝은 하나로 합쳐지지 않지만 서로 떨어질 수 없으며, 밀접하게 관련되어 있다. 시소의 좌우가 만약 분리된다면 시소로서의 의미가 사라진다. 만선을 하나의 단위로 하는 역사서술이라는 전제에서 벗어나 만선사를 만주와 조선이 밀접하게 연관된 것으로 상정하면서 일본을 중심으로 한 동아시아사에 대한 재구성이라고 정의할 수 있다면 우리는 만선사라는 이름으로 진행된 연구들의 진의에 보다 가깝게 접근할 수 있지 않을까?

다음으로 들 수 있는 것은 만선사에 대한 논의가 고대사에 한정되었다는 점이다. 식민지기 일본인 연구자들의 한국사 연구가 고대사를 중심으로 진행되었듯이 만선사를 표방했던 연구자들 역시 고대사 연구를 중심으로 자신들의 연구를 풀어냈던 것은 부정할 수 없는 사실이다. 하지만 식민지기 일본인 연구자들이 구상한 만선사가 고대사에만 한정되는 것은 아니다. 대표적인 만선사학자로서 언급되는 이나바 이와키치의 박사학위논문이 「광해군 시대의 만선관계(光海君時代の滿鮮關係)」인 것은 이를 단적으로 보여준다.[16] 즉, 식민지기 일본인 연구자들이 구상했던 만선사가 고대사에 집중되기는 하지만 고대사에만 한정되는 것은 아니었음에도 불구하고 고대사를 벗어난 부분에 대해서는 그다지 알려진 것이 없다.

또 하나 꼽을 수 있는 것은 '만선' 가운데 조선에 대해서만 관심이 집중된다는 점이다. 한국 학계는 물론이고 만선사를 주제로 한 일본 학계의 연구에서도 과거 일본인 역사가들의 만주사 연구에 대한 고찰이나 만선사 속에서 이야기되는 만주사나 일본사에 대한 언급은 찾아보기 어렵다. 하지만 만선사를 일본사를 중심으로 한, 불가분한 관계였던 만주와 조선의 역사에 대한 재구성이라고 한다면 지금까지의 연구 경향은 아쉬움이 많이 남는다.

결국 이러한 아쉬움들을 넘어설 때 만선사의 실체에 조금 더 접근할 수 있겠지만 이는 과문한 필자의 능력을 한참이나 벗어나는 일이다. 그래서 이 책에서는 이나바 이와키치의 연구 과정을 따라가며, 그의 논의를 중심으로 다른 학자들의 논의를 살피는 형식을 취할 것이다. 이러한 접근 방식은 한계가 있지만 부족한 필자의 능력 안에서 그나마 만선사의 형성과 전개 과정을 살펴보는 데 유효한 수단이 될 수 있으리라 생각한다.

가장 큰 이유는 이나바 이와키치라는 인물이 자기 스스로를 '만선사학자'로 정의한 얼마 되지 않는 연구자 중 한 명으로, 만선사와 관련된 많은 논고를 남겼다는 점이다. 그는 중국어를 전공했지만, 역사학자로 변신하여 교토제국대학(京都帝國大學, 이하 '교토제대') 사학과에서 「광해군 시대의 만선관계」(1932)라는 논문으로 박사학위까지 취득한, 근대 역사학의 세례를 받은 인물이었다. 더군다나 그의 학위논문은 당시 아주 드문 한국사 관련 박사학위 논문으로,[17] 조선을 중심으로 동북아시아의 외교사를 다루었다는 점에서 만선사

적 시각을 드러낸다고 이야기되고 있다. 여러 한계와 오류가 있지만 17세기 초의 국제관계를 조선·명·후금·일본 등의 상호작용으로 폭넓게 접근하고 있어 일국사적 관점을 탈피하려 했다는 의의를 인정받고 있다.[18] 더군다나 그는 만선사의 체계화를 시도했던 유일한 연구자였다. 학위 취득 다음 해에 발표된 장문의 논문인 「만선사 체계의 재인식(滿鮮史體系の再認識)」은 만선사라는 이름을 전면에 내걸고 그 구조화를 시도한 유일한 연구로, 당시 통용되었던 만선사라는 용어의 의미를 가장 잘 보여주는 것이라 하겠다. 때문에 만선사의 전개 과정을 그의 연구 과정을 중심으로 살펴보는 것은 만선사의 형성과 전개, 그리고 변화 과정을 살펴보는 데 지름길이 될 수 있다.

이나바를 중심으로 논의를 전개하는 또 다른 이유는 그의 이력이 식민주의 역사학의 전개를 대변해주기 때문이다. 도쿄외국어학교(東京外國語學校)에서 중국어를 전공한 이나바는 일본 정부에 발탁되어 중국으로 유학을 갈 정도로 우수한 인재였다. 그런데 유학을 전후한 시기인 21세(1898) 때 이나바는 나이토 고난(內藤湖南, 1866~1934)과 조우한 이래 평생 동안 그를 스승으로 모시며 역사가로서의 길을 걸었다. 이나바는 러일전쟁 이후 설립된 국책기관인 남만주철도주식회사(이하 '만철') 산하 만선역사지리조사부에 들어가 만주의 역사지리를 담당하며 만주사 전문가로 성장했다. 퇴사 이후 육군대학, 야마구치고등상업학교(山口高等商業學校)에서 교편을 잡고 있던 이나바는 1922년 조선총독부에서 『조선사(朝鮮史)』 편찬 사업을 개시하자, 조선으로 건너왔다. 이후 1938년 초까지 이 사업을 총괄하며 조선의 역사에 대해 연구하는 한편, 1930년대 접어들어서는 만선사의 체계화를 시도했다.[19] 이나바는 『조선사』 편찬을 완료한 뒤, 1938년 만주국 최고 학부인 만주건국대학이 개교하자 그곳 교수로 부임하여 만주사를 강의하며 지내다 생을 마감했다. 만선역사지리조사부에서 조선사편수회로, 다시 만주건국대학으로 이어지는 그의 이력은 제국 일본의 대륙 침략 과정에 조응하는 것이며, 이렇게 만주와 조선을 오간 그의 이력은 자연스럽게 그를 만선사 연구로 이끌었다고도 할 수 있을 것이다. 이러한 그의 학력과 이력은 근대 역사학의 세례를 입은 전문 역사학자이자 침략의 선봉에서 연구를 진행했던 제국 일본의 연구자로서의 모습을 가장 잘 보여주는 것으로, 만선사의 두 측면을 고찰하는 데 좋은 시사점을 줄 수 있을 것이다.

이 책에서 가장 먼저 다룰 내용은 만선역사지리조사부의 초기 조사 작업이 마무리되고 만주에 대한 본격적인 역사서술이 등장하던, 만선사 연구의 시작이라 할 수 있는 1910년대 중반 이후 만주사 연구의 전개이다. 만선역사지리조사부의 작업은 당시 학계에서 만주와 조선을 함께 고려하기 시작했다는 것을 보여주지만, 그 작업은 역사지리적 고증으로 본격적인 역사서술은 아니었다. 하지만 만선역사지리조사부의 작업은 만주와 조선의 역사에 대한 연구 토대를 구축한 것이었을 뿐만 아니라 젊은 연구자들을 만주사, 조선사 연구로 이끌었다. 1914년 3월 만선역사지리조사부가 도쿄제국대학으로 이관되자 조사부를 퇴사한 이나바는 이듬해인 1915년 일본 학계에서는 처음으로 청(淸) 및 만주에 대한 통사를 집필해 만주의 역사를 정리하였다. 한편 비슷한 시기에 한국 강점에 고무된 도리야마 기이치(鳥山喜一, 1887~1959) 같은 새로운 연구자가 등장하여 발해로 대변되는 만주의 과거는 물론 만주와 일본의 역사적 관계에 대한 연구를 진행했다. 1910년대의 이러한 시도들은 당시 일본인 연구자들에 의해 만주의 역사가 구체화되는 과정을 보여줌과 동시에 그들이 어떻게 만주는 물론 일본까지 포함한 동아시아의 역사를 구조화하려 했는지에 대한 단서를 제공할 것이다.

　두 번째로 다룰 내용은 19세기 후반 이후 일본인 연구자들의 조선사 연구와 1922년 이래 집중적으로 이루어진 이나바의 조선사 연구에 대해서이다. 1922년부터 1938년에 이르는, 18년간에 걸쳐 이루어진 조선총독부의 역사편찬사업인 『조선사』 편찬을 총괄했던 인물은 바로 이나바였다. 중국사·만주사 연구자였던 이나바는 『조선사』 편찬을 통해 만선사학자로 거듭났다. 그는 조선에 오기 전까지는 조선의 역사에 대해 그다지 관심을 보이지 않았는데, 부임 이후 조선의 역사는 물론 대륙과 조선, 일본의 관계에 대해 많은 논문을 발표했다. 또한 이전에는 사용하지 않던 '만선'과 '만선사'라는 용어를 즐겨 사용하며, 박사학위를 취득함은 물론 만선사의 체계화를 시도했다.[20] 이러한 의미에서 1920년대 이나바의 연구는 본격적인 만선사 연구로의 출발점이라 하겠다. 그런데 조선사에 대한 이나바의 시각은 이마니시 류(今西龍, 1875~1932)로 대변되는, 19세기 이래 조선의 역사를 연구해온 이들의 시각과는 차이가 있었다. 즉, 만주사 연구에서 시작하여 조선의 역사를 연구하게 된 이나바의 시각은 기존의 조선사 연구자의 시각과 달랐으며, 이는 만선사 연구에서 조선사를 보는 전제가 되는 것이기도 했다. 때문에 1920년대 이나바의 연구와 이마니시로 대변되는 19세기 후반 이래 일본인 역사가들의 조선사 연구를 비교한다면 일본인 연구자들 내부에서 조선사에 대한 시각의 분화와 조선사를 보던 만선사적 시각의 특성을 확인할 수 있을 것이다.

세 번째로 살펴볼 사항은 만선사의 체계화에 대한 것이다. 조선 부임 이후 이나바는 '만선'이라는 용어를 즐겨 사용하며, 그 불가분성을 강조했다. 하지만 한동안 만선사에 대한 이렇다 할 무언가를 제시하지는 않고 있었다. 그러던 중 만주사변과 만주국 건국으로 만주에 대한 관심이 급증하던 1933년 이나바는 「만선사 체계의 재인식」이라는 장문의 논문을 발표했다. 이는 일본인 역사가들 가운데 처음이자 마지막으로 만선사의 체계화를 시도한 연구로, 그때까지 그의 연구를 집약·수정했을 뿐만 아니라 향후 만선사 연구에 대한 전망을 제시했다. 특히 이나바가 시도한 만선사 체계에서 만주와 조선만이 아니라 일본도 주인공 가운데 하나라는 점은 주목해야 한다. 사실 이나바는 1910년대 이래 일본사, 특히 대륙과 일본의 역사적 관계에 대한 연구를 멈추지 않았으며, 이에 대해서는 꾸준하게 논문을 발표했다. 즉, 이나바의 연구 과정에서 대륙과 일본의 관계에 대한 관심은 시종일관 지속되었다. 그렇다면 만선사를 체계화하는 데 일본이 빠진다면 오히려 그것이 이상하다고 할 수 있을 것이다. 이에 「만선사 체계의 재인식」과 1930년대 중반에 발표되었던 이나바의 연구를 중심으로 과거 그의 논의가 어떻게 변형·지속되면서 만선사의 체계로 흡수되었는지, 또 만선사라는 스펙트럼을 거친 동아시아의 역사상은 무엇이었는지를 살펴볼 것이다.

한편, 만주국 건국은 일본인 연구자들에게 만주사의 체계적인 정립을 촉구하는 것이었다. 일본 정부 차원에서도 만주사 연구를 대대적으로 후원하는 가운데 만주사에 대한 통사나 연구서, 논문들이 쏟아져 나왔다. 반면, 조선사 연구는 과거의 활력을 잃었다. 이는 만선사 역시 마찬가지였다. 학계는 물론 신문지상에서도 '만선'을 대신해

'만몽'이라는 용어가 각광을 받는 가운데 '만선' 또는 '만선사'라는 용어는 과거와 같은 영광을 누리지 못했다. 그렇지만 이러한 분위기에서도 스에마쓰 야스카즈, 나카무라 히데타카(中村榮孝, 1902~1984) 등 조선사편수회에서 『조선사』를 편찬하던 연구자들을 중심으로 조선사 연구는 지속되었으며, 이들에 의해 조선사에 대한 통사적 접근이 이루어지고 있었다. 만주사와 조선사에 대한 통사는 등장한 반면 '만선사'라는 이름으로는 통사는 고사하고 별다른 연구 성과가 제출되지도 않았음은 물론 언급 자체도 찾아보기 어렵게 되었다. 하지만 이나바는 만선사의 체계화를 시도한 이후 여전히 왕성한 저술활동을 벌였다. 특히 그가 조선사와 만주사에 대한 각각의 통사를 집필한 것은 흥미롭다. 이나바는 만선사학자임을 자임하며, 만선사에 대한 체계화를 시도한 이후 얼마 되지 않아 조선과 만주의 역사에 대해 각각 통사를 남긴 뒤 생을 마감한 것이다.[21] 그렇다면 당시 이나바가 주장했던 만선사적 조망은 다른 연구자들에게 어떠한 영향도 끼치지 못했음은 물론 그 스스로도 자신의 구상을 포기한 것이었을까? 이 책의 마지막에서는 이나바가 말년에 집필한 조선사와 만주사에 대한 두 권의 통사를 통해 그의 만선사 연구에 변화가 있었는지, 또 당시 발간된 다른 통사들과의 비교를 통해 다른 연구자들과 어떠한 영향을 주고받았는지를 살펴보며, 식민주의 역사학의 전개에서 이나바가 구상했던 만선사의 의미에 대해 정리할 것이다.

결국 이 책은 만선사라는 이름 아래 만주와 조선에 대한 연구를 진행한 연구자들, 그중에서도 특히 스스로 만선사가를 자처했으며, 지금까지도 그 대표자로 꼽히는 이나바 이와키치의 논의를 중심으로 만주와 조선의 역사에 대한 당시 일본인 역사가들의 연구를 살펴봄으로써 만선사가 무엇인지, 이나바로 대변되는 일본인 연구자들이 동아시아의 역사를 어떻게 그려냈는지, 또 그것이 의미하는 것이 무엇인지를 고찰하려는 것이다. 이를 위해 기존의 연구 성과를 활용하는 것은 물론 근대 이전 한국사와 동아시아사 연구자들에게 많은 질문을 던지고 도움을 얻을 것이다. 그것이 한국사, 그중에서도 근대사 연구자로서 필자의 한계를 보완하는 유일한 길이기 때문이다.

1장

만주사에 대한
일본인 연구자들의 접근

만주와 조선을 아울러 '만선(滿鮮)'이라고 칭하기 시작한 것이 정확하게 언제부터였는지는 불명확하다. 그렇지만 삼국간섭 이후 동북아시아에서 러시아 세력의 확대에 직면한 일본인들이 '만한교환론(滿韓交換論)', '만선교환론(滿鮮交換論)' 등을 언급한 것을 보면 적어도 19세기 말부터는 만주와 조선을 연결하여 사고하기 시작한 것으로 확인된다. 물론 이때 '만선'은 어디까지나 일본이 취할 수 있는 정치적·외교적 고려에서 등장한 지역을 지칭하는 용어였지 학술적인 용어는 아니었다.[1] 이 '만선'이라는 용어가 학술과 관련하여, 특히 역사학과 관련하여 본격적으로 사용되기 시작한 것은 러일전쟁 이후로 보는 것이 타당할 것이다. 주지하듯이 러일전쟁 이후 일본이 만주에 대한 이권을 확보하면서 외교적 사안의 처리를 넘어 만선을 하나의 학술적 대상으로 삼은 조사와 연구가 본격화되었다. 바로 시라토리 구라키치의 요청으로 1908년 1월, 만철 산하에 '만선역사지리조사부(滿鮮歷史地理調査部)'가 설치된 것이다. 시라토리는 러일전쟁 이후 요동(遼東)이 "한국의 생명"과 밀접한 관계가 있기 때문에 일본이 안정적으로 한국을 지배하기 위해서는 그 보장이 될 만한 만주를 영유할 필요가 있다고 생각하여, 만철의 초대 총재였던 고토 신페이(後藤新平, 1857~1929)를 만나 일본의 국익을 위해 만주 지방에 대한 학문적 연구기관의 설치를 적극 제안했다는 것은 잘 알려져 있다.[2] 한편, 고토는 러일전쟁을 전후해서 만주에 대한 적극적 경영을 통해 한국철도와 만주철도의 통일경영을 주장했던 인물로, '문장적 무비(文裝的 武備)'라는 말로 널리 알려져 있다. "문사적(文事的) 시설을 가지고 타국(他國)의 침략에 대비하고, 일단 유사시에는 무단적(武斷的) 행동을 돕는 편익(便益)을 아울러 강구해둔다"는 취지의 이 말은 다른 나라를 경영하는 데 각종 관습, 제도 등의 조사를 중요시한 그의 성향을 잘 보여준다.[3] 이런 인물이었기에 고토는 시라토리의 제안을 기꺼이 받아들였으며, 마침내 1908년 1월 도쿄 만철 지사에 만선역사지리조사부가 설치되기에 이르렀다.

그런데 만선역사지리조사부가 처음 구성될 당시 만주와 조선에 대한 연구를 모두 생각한 것은 아니었으며, 어디까지나 그 중심은 만주의 역사지리였다고 한다. 시라토리가 고토에게 만선역사지리조사부의 설치를 건의할 때에도 만주사 연구의 필요성은 언급했지만, 조선사에 대해서는 별다른 발언이 없었으며, 초기 연구의 주안점 역시 만주의 역사지리였지만 만주사 연구를 위한 필요에서 연구 범위를 확장해 조선에 대한 사항까지 포괄하게 된 것이다.[4] 이 때문에 초기 만선역사지리조사부의 구성원들이 연구원으로 임명되는 시기도 조금씩 차이가 있다. 만선역사지리조사부가 개설된 1908년 1월 당시 시라토리가 주임을 맡고, 만주의 역사지리를 담당하게 될 야나이 와타리(箭內亙, 1875~1926), 마쓰이 히토시(松井等, 1877~1937), 이나바 이와키치, 세노 우마쿠마(瀨野馬熊, 1874~1935)가 연구원으로 참여했다. 이후 같은 해 4월에 조선의 역사지리를 담당하는 이케우치 히로시(池內宏, 1878~1952)와 쓰다 소우키치(津田左右吉, 1873~1961)가 참여하며 진용을 갖추게 되었다. 즉, '만선'에 대한 역사학적인 관심은 만주에서 시작하여 조선으로 확장된 것이었다.

한편, 만선역사지리조사부의 연구원들은 시리토리와 사승(師承) 관계(야나이, 마쓰이, 이케우치, 쓰다)를 통해 또는 개인적인 친분으로 연결된 이들로, 대체로 1870년대 중반에 출생한, 당시 30세 전후의 전도유망한 소장 연구자들이었다. 하지만 만선역사지리조사부는 이윤 획득을 목적으로 하는 만철의 경영 방침에 부합되지 않는다는 이유로 1914년 3월, 만철이 기부금을 지원하는 조건으로 도쿄제국대학 문과대학으로 이관되었다.

만철 산하에 있던 6년여 동안 만선역사지리조사부는『만주역사지리(滿洲歷史地理)』제1 · 2권,『조선역사지리(朝鮮歷史地理)』제1 · 2권,『분로쿠 · 게이초의 역(文禄 · 慶長の役)』정편 제1(正編 第1)을 발간했다. 서명에 들어 있는 "역사지리"라는 용어와 시라토리가『만주역사지리』의 서문에서 "역사의 기초는 지리에 있다"고 밝힌 것에서 알 수 있듯이 각 왕조의 경계와 판도, 주요 하천과 교통로, 지명 등에 대한 사적(史的) 지리(地理)의 고증이 이 책들의 중심을 이룬다.[5] 이처럼 지리 고증을 통해 만주를 통치했던 정치권력의 세력 범위나 지명을 확정하는 것만으로 역사연구 혹은 역사서술이라고 하기는 어려울 것이다.[6] 하지만 이는 당시 만주와 조선에 대한 연구가 그다지 이루어지지 않던 일본 학계의 상황을 고려할 때 향후의 연구를 위한 초석을 놓는 작업으로서 중요한 것이었다. 지리 비정을 중심으로 했던 만선역사지리조사부의 작업은 만주와 조선의 역사연구를 위한 기본적인 자료를 수집하고,[7] 그 접근을 위한 관점을 제공했다는 점에서 의미가 있다. 그뿐만 아니라 일본에서 동양사 연구의 초창기라 할 수 있는 20세기 초반에 젊은 연구자를 모으고 이들을 만주사, 조선사 연구자로서 성장시켰으며,[8] 젊은 연구자들의 관심을 환기시켰다는 점에서 만선역사지리조사부의 역할은 지대했다고 하겠다.[9]

앞서 언급했듯이 1914년 3월 만선역사지리조사부는 만철에서 분리되어 도쿄제대로 이관되었는데, 이때 이나바는 퇴사했다. 퇴사 직후 그는 만주에 대한 본격적인 역사서를 집필했는데, 이 책을 통해 대륙의 역사에 대한 그의 기본적인 시각을 확인할 수 있다. 이후 이나바가 대륙과 조선의 불가분성을 전제로 만선사에 접근했다는 것을 고려할 때, 만주사에 대한 그의 초기 연구는 향후 만선사 전개의 토대였다고 하겠다. 그뿐만 아니라 이나바는 만주사를 서술하며 만몽의 불가분성은 물론 만몽과 조선의 불가분성 역시 언급했다. 따라서 만선사를 고찰하는 데 당시 이나바의 저술을 반드시 검토해야 한다.

한편, 이나바가 만주에 대한 역사서를 발간한 것과 거의 같은 시기에 도쿄제대를 졸업한 도리야마 기이치는 만주사의 일부로서 인식되었던 발해에 대한 통사를 발표했다. 발해는 당시 일본인들이 보기에 순수한 만주인들로 건국된 최초의 국가였다. 도리야마의 작업은 발해에 대한 이러한 시각을 바탕으로, 근대 역사학의 세례를 입은 연구자에 의한 발해에 대한 최초의 통사였다. 이후 그는 여진(금金나라)에 대한 연구를 지속했다. 물론 이는 직접적으로 만선사의 전개와 관련되지 않는 것처럼 보인다. 하지만 한국 강점을 전후한 시기, 이제 막 만주사 연구를 개시하여 성과를 내기 시작하던 당시 일본의 역사학계에서 만주사 연구를 통해 어떤 결론에 도달했는지를 확인할 수 있는 것으로, 그 당시 일본인 연구자들의 공통된 관심에 대한 이해는 이후 만선사의 전개 과정을 밝히는 데 좋은 열쇠가 될 것이다.

이에 1장에서는 1910년대 중·후반 이나바와 도리야마의 연구를 중심으로 당시 일본인 연구자들이 구상한, 만주로 대변되는 대륙의 역사에 대해 살펴보겠다.

1. 만주사에 대한 통사적 접근 시도

앞서 언급했듯이 '만선'이라는 용어가 역사학의 영역에서 본격적으로 사용되기 시작한 것은 만선역사지리조사부의 창설이 결정적이었으며, 대체적으로 당시 이곳에서 활동한 연구자들은 만선사학자로 평가되는 경향이 있다. 그중에서도 만선사라는 용어를 즐겨 사용하며, 그 체계화를 시도했던 유일한 연구자였던 이나바는 가장 대표적인 만선사 연구자로 평가된다. 그런데 만선역사지리조사부 해체 이후 그는 다른 연구자들과는 조금 다른 길로 나아갔다. 만선역사지리조사부에 함께 있었던 연구자들 대부분이 대학에 자리 잡은 반면, 이나바는 야마구치고등상업학교(山口高等商業學校)를 거쳐 육군대학교에서 동양사를 가르치다가 1922년 조선총독부에서 개시한『조선사』 편찬사업을 담당하기 위해 조선으로 건너왔다. 이후 15여 년간 조선에 머물며 연구활동을 벌이다가, 1938년 만주건국대학(滿洲建國大學)의 개교와 함께 교수로 부임해 그곳에서 강의와 연구를 하다가 만주로 건너간 지 3년여 만에 사망했다. 역사가로서 이나바의 본격적인 행보를 1908년 만선역사지리조사부 입사 이후로 본다면 그는 연구 기간의 절반 가까운 시간을 조선에서 보냈으며, 식민지기 조선사를 연구한 일본인 가운데 가장 오랫동안 조선에 머물렀던 인물이라 하겠다. 그렇기 때문에 그의 저작 가운데 상당 부분은 조선의 역사에 대한 것이었으며, 그의 주요 논고들 역시 조선에서 집필된 것이 많다. 만선사의 체계화를 시도했다고 이야기되는 「만선사 체계의 재인식」 역시 조선에 체류할 당시 집필한 것이다.[10]

이나바의 회갑을 맞아 발간된 『이나바 박사 환력기념 만선사논총(稻葉博士還曆記念 滿鮮史論叢)』의 첫머리는 이나바가 자신의 과거를 회고하는 글로 장식되었다.[11] 「나의 만선사 연구 과정(予が滿鮮史研究課程)」이라는 제목의 회고문에서 그는 러일전쟁이 발발했을 때부터 만주와 조선의 역사지리에 관심을 갖기 시작했다며 이후 1935년까지의 연구 과정을 정리했다. 이와 같은 기념논총과 회고문의 제목에서 알 수 있듯이 이나바는 자신을 만선사 연구자로 평가하는 데 주저함이 없었다.

그렇지만 이나바는 조선에 부임해 오기 전까지는 만주와 조선 가운데 만주 쪽으로 관심이 치우쳐 있었다.[12] 이나바가 역사학자의 길로 접어들게 된 결정적인 계기는 나이토 고난과의 조우였다. 도쿄외국어학교에서 중국어를 전공한 이나바는 국비 지원을 받아 중국으로 유학을 떠나는데, 유학을 전후하여 나이토를 만나 가르침을 얻게

되며, 그를 평생 스승으로 모시게 되었다. 그가 본격적으로 역사가의 길로 접어든 것은 만선역사지리조사부에 들어간 것이었는데, 이는 나이토의 추천에 의한 것이었다.[13] 여기서 이나바가 담당했던 것은 「한대의 만주(漢代の滿洲)」, 「명대 요동의 변장(明代遼東の邊牆)」, 「건주 여진의 원지 및 천주지(建州女眞の原地及び遷住地)」, 「청 초의 강역(淸初の疆域)」 등으로 주로 명대(明代)에서 청대(淸代)에 이르는 시기, 만주의 역사지리와 관련된 사항을 규명하는 것이 중심이었다.

이나바는 만선역사지리조사부에서 퇴사한 직후 그곳에서 이룬 성과들을 바탕으로 『청조전사(淸朝全史)』(상·하, 1914)와 『만주발달사(滿洲發達史)』(1915)를 저술·간행했다. 즉, 만선역사지리조사부에서 명·청대 만주의 역사지리 고증을 중심으로 연구를 진행했던 이나바의 이 두 저작은 『만주역사지리』에서 부족한 역사적 경과에 대한 서술이기도 하였다.

『청조전사』는 명대 중국인들의 만주 지역에 대한 경략과 여진족에 대한 정책 및 여진인의 변천에서 선통제(宣統帝)의 퇴위까지, 즉 청의 발흥에서 멸망까지, 청에 대한 최초의 통사라는 점에서 의미가 있다. 한편, 비슷한 시기에 이나바는 학계에서 처음으로 만주에 대한 통사를 집필했다. 1915년에 간행한 『만주발달사』가 그것이다. 총 12장으로 구성된 이 책은 목차만 보더라도 그 중심이 명대 이래 중국의 대(對)만주정책과 청조의 흥망에 있다는 것을 알 수 있다(목차는 〈표 1-1〉참조). 만선역사지리조사부 시절 이나바가 주로 담당했던 부분이 명·청대의 만주였음을 상기해보면, 그곳에서의 경험은 그가 퇴사 직후에 발간한 두 권의 저작, 즉 청에 대한 통사와 명·청대를 중심으로 한 만주에 대한 통사에서도 중심을 이루고 있다고 할 수 있을 것이다.

한편, 과거 만주를 중심으로 중국을 압박·지배했던 정치세력들과 중국 왕조의 만주와 관련된 주요 경계나 하천, 역사적 지명의 위치를 확인하고자 했던 만선역사지리조사부의 작업에서 추측할 수 있듯이 러일전쟁 이후 만주에서 이권을 확보하고 중국으로의 세력 확장을 모색할 수 있게 된 일본인들에게 과거 중국을 지배했던 이민족은 관심의 대상으로 떠올랐던 것으로 보인다. 이나바 역시 『청조전사』의 서두에서 "외이(外夷)로서 지나(支那) 본부(本部)에 군림한 것으로 몽고(蒙古)의 원조(元朝)가 있고 뒤에 바로 청조(淸朝)가 있는 것에 지나지 않는데, 그 통치가 교묘하여 오랫동안 지속한 것은 후자"였고, 자신은 1905년 아이신 교로(愛新覺羅)씨의 조묘(祖墓)와 영고탑(寧古塔) 일대를 답사한 이래로 이들의 조상이 "지나 본부를 공취(攻取)"하기에 이른 실마리를 발견하고 싶었다며[14] 집필 이유를 밝혀 그러한 관심을 가지고 있었던 것으로 확인된다. 즉, 만주에서의 이권 확보와 대륙으로의 침략이라는 시대적 정황은 이나바의 연구를 규정하는 주요한 요소 가운데 하나였다.[15]

『청조전사』와 『만주발달사』 가운데 학계에서나 사회적으로 파급력이 더 컸던 것은 『만주발달사』였다. 당시 학계의 거목이자 중국문제에 대한 최고 권위자였던 나이토는 직접 서문을 써주며 이나바의 성취를 상찬함으로써 이 책이 가진 학술적 가치를 보증해주었다.[16] 그뿐만 아니라 『만주발달사』는 출간된 지 20년이 흐른 1935년 — 이때는 만주국 건국으로 일본 사회에서 만주에 대한 관심이 고조된 시기이기도 하다 — 에 증보되어 재간되었으며, 중국어로도 여러 차례 번역될 정도로 중국인에게 상당한 영향을 끼친 것으로 보인다.[17]

『만주발달사』가 명·청대의 만주를 중심으로 하고 있음은 앞에서도 언급했다. 하지만 명 이전의 만주에 대해서도 서술하고 있는데, 이는 책의 전체 구성상 한 장을 할애한 것이지만 분량상으로는 전체의 5분의 1 이상을 차지할 정도다. 때문에 『만주발달사』는 일본에서 만주사 연구가 본격화된 초기라 할 수 있는 1910년대 중반 이나바로 대표되는 만주사 연구자들이 명·청과 같은 특정 시기를 넘어 만주 역사의 체계를 어떻게 설정하고 있었는지를 살펴볼 수 있는 만주 역사에 대한 최초의 통사라 하겠다.

그런데 『만주발달사』 이전에 통사의 형태까지는 아니더라도 명·청과 같은 특정한 왕조를 뛰어넘는 만주사에 대한 구상이 없었던 것은 아니다. 특히 당시 최고의 동양사학자로서 만선역사지리조사부의 책임자였던 시라토리의 언급은 향후 일본인 연구자들의 연구 방향을 제시한다고 할 수 있을 것이다. 그는 만선역사지리조사부 설치를 전후하여 만주의 역사에 대해 종종 언급했는데, 1907년 만주사를 전체적으로 조망하는 짧은 글을 하나 발표했다. 여기서 시라토리는 역사적으로 볼 때 만주는 "지나(支那), 몽고(蒙古), 퉁구스(ツングース)" 세 민족이 만나는 지점이었으며, 만주라는 공간에서 이 세 세력은 서로 주권을 다투었다고 보았다. 더욱 주목되는 것은 이들 중 누군가가 만주에서 벗어나 큰 세력을 이루면 그 위세를 만주에 떨치기 시작하는데, 그 예로 몽골종에 속하는 거란과 퉁구스에 속하는 여진을 든 반면 한인(漢人)이 송화강(松花江), 흑룡강(黑龍江) 유역까지 영유하는 것은 매우 곤란한 일이었다고 서술했다. 그는 원(元)이나 청이 만주 전체를 영유할 수 있었던 것은 이들이 몽골에서 일어났고, 만주에서 나왔기 때문이라며, 이러한 역사상의 사실을 볼 때 만주의 주권을 장악하는 것은 한인이라기보다는 몽골 또는 퉁구스라고 결론지었다.[18] 한편, 시라토리는 조사부 창립 다음 해인 1909년에 「만주 민족의 과거(滿洲民族の過去)」라는 글도 발표했다. 여기서 그는 만주 민족은 퉁구스족이 요하 유역에서 퍼져나간 이들이라며, 이들의 역사를 '고구려-발해-여진(금)-청'으로 계보화했다.[19]

조사부 창설에 결정적 역할을 했으며, 조사부 최고 책임자였던 시라토리의 이러한 구상은 러일전쟁 이후 이제 막 만주사를 연구하기 시작한 20세기 초반 일본인 연구자들의 연구 방향에 두 가지 길이 있었음을 보여주는 것이 아닐까 한다. 즉, 하나는 만주의 역사를 만주라는 지역을 중심으로, 이 지역의 패권을 둘러싸고 서로 다툰 한인, 몽골종, 퉁구스종의 경합과 투쟁 과정으로서 일종의 지역사에 가까운 형태로 정리하는 것, 또 다른 하나는 퉁구스종으로서 거대 세력화했던 왕조의 변천을 중심으로 일종의 민족사로서 만주 민족의 역사를 구상하는 것이다. 그렇다면 이나바는 만주의 역사를 어떻게 정리했던 것일까?

한편, 『만주발달사』가 만주에 대한 최초의 통사적 서술이었음을 생각해볼 때, 이나바는 책의 제목을 '만주통사(滿洲通史)' 혹은 ㅡ그가 직전에 발간했던 『청조전사』처럼 ㅡ '만주전사(滿洲全史)'로 할 수도 있었을 것이다. 하지만 그가 『만주발달사』라는 서명으로 책을 출간할 때는 '만주발달사'만의 의미가 있을 것이다. 이나바는 만주의 역사를 단순히 만주에 근거했던, 또는 만주를 지배했던 민족의 변화를 서술하는 것이라고 생각하지 않았다. 그에 따르면 '만주발달사'라는 것은 "이름대로라면 아시아 한쪽 모서리의 역사이지만 그 내용에 따르면 지나, 만주, 몽고, 조선, 러시아 및 우리 일본인과의 갈등의 일대 기록"이다.[20] 즉, 이나바가 말한 '만주발달사'는 공간적·민족적으로 만주의 과거만을 응시하는 것이 아니었으며 중국, 몽골, 조선, 러시아는 물론 일본까지 포함한 것으로, 궁극적으로는 대륙과 일본의 관계를 의미하는 것이었다. 『만주발달사』라는 서명은 이 관계를 통해 '만주의 역사'가 '발전'했음을 암시하는 것이라 하겠다.

이나바는 이렇게 '만주발달사'의 정의를 내리며, 만주는 물론 중국, 몽골, 조선, 러시아를 그 구성 요소로 거론했다. 하지만 그에게 만주의 역사를 정리하기 위해 가장 중요한 것은 만주와 불가분한 관계에 있다고 본 몽골이었다. '만주발달사'의 의미를 설명한 이후 이나바는 만주사를 이해하는 데에 가장 중요한 사항은 "만몽(滿蒙)은 불가분(不可分)"한 관계에 있다는 것을 인식하는 데에 있다고 역설하였다. 이나바가 제시한 '만몽불가분'이라는 용어는 당시 시대 정황과 밀착된 것이기도 했다. 청일전쟁과 이후 삼국간섭을 거치며 일본에서는 만주와 조선의 정치 상황을 분리하여 생각할 수 없음을 인식하게 된 결과 '만한(滿韓)', '만선'이라는 표현이 회자되었다고 한다. 그렇지만 이러한 상황은 러일전쟁 이후 일변하게 된다. 전쟁에서의 승리로 '남만주'는 일본의 세력 범위로, '북만주'는 러시아의 세력 범위로 상호인정한 선상에서 조선을 병합하게 되면서 제국 일본의 팽창은 서쪽, 즉 내몽골 방향으로 향하게 되었다. 특히 신해혁명을 계기로 외몽골의 독립운동이 번연하다가 마침내 독립을 선언하기에 이르자, 이러한 움직임이 내몽골까지 파급되는 것을 막기 위해 러시아와 일본은 내몽골을 분할하여 각자의 세력 범위를 확인했다. 1910년대 초반 이러한 국제 정세의 흐름 속에서 일본 사회에서는 남만주와 동부 내몽골을 포괄하는 새로운 지역 개념으로 '만몽'이라는 용어가 등장했고, 이는 사람들 사이에서 회자되었다.[21] 즉, 1915년이라는 시점에서 이나바가 제기한 '만몽불가분'이라는 시각은 당시 대륙에서 일본의 세력 확대와 그 방향 및 이에 대한 일본 사회에서 거론되던 지역 개념과 밀접하게 관련되어 있는 것이었다.

한편, 이때 이나바가 제시한 '불가분'이라는 개념 역시 주의를 기울여 살펴보아야 한다.

다음으로 생각하는 것은 만주몽고불가분설(滿洲蒙古不可分說)이다. 몽고에 우수한 부족이 일어나면 만주를 약취(略取)하고 반대로 만주에 웅강(雄强)한 국가가 나타나면 몽고를 병탄(倂呑)한다. 그런데 분량상(分量上) 몽고 방면의 세력은 만주의 세력에 비하여 탁월(卓越)한 것으로 보인다. 그 원인은 몽고와 만주 각각이 가지고 있는 지리(地利)와 부족(部族)의 내용에 관여한다. 몽고와 만주에 대략 역량이 필적하는 것이 동시에 나타나는 것도 있다. 이러한 경우 쌍방의 접촉선(接觸線)은 봉천(奉天)에서 장춘(長春) 일선(一線)에서 이루어지는 것이 많다. 지나인(支那人)이 이전에 요하(遼河) 하류에 근소한 식민지를 획득하여 만주 방면의 적국을 공격했지만 결과는 내몽고(內蒙古) 부족에게 커다란 발전을 주었으며, 이후 북방 지나는 그들의 말발굽에 위임되는 실책을 연출했다. (…) 지나인은 또 이전에 내몽고 방면으로부터의 압박을 제거하기 위해 만주인과 악수했다. 몽고는 제거했지만 지나인은 만주인에 의해 한층 강압을 받은 실책도 있다. 지나인의 입장에서는 몽고에 만주의 세력이 더해지지 않는 것이 이로웠다.[22]

이 인용문에서도 나타나듯이 "몽고"라고 하지만 이나바가 염두에 두고 있었던 것은 주로 "내몽고" 지역이었으며, 이점 역시 '만몽'이 부각된 당시의 시대 분위기를 반영하는 것이라 하겠다. 또 '불가분'이라고 표현한 만주와 몽골의 관계는 두 가지 경우로 나뉜다. 하나는 만주 세력과 몽골 세력 양자 가운데 어느 한쪽이 다른 한쪽을 압도할 정도로 강해 두 지역이 하나가 되는 경우, 다른 하나는 양측 세력이 엇비슷하여 양측의 가운데에서 중국이 양자를 저울질하고, 갈라놓으며 자신들의 이익을 극대화하는 경우이다. 즉, 이나바가 만주의 역사를 고찰함에 있어 만몽이 불가분이라고 말하는 것은 만주와 몽골의 일체화만이 아니라 만주와 몽골이라는 두 지역의 관계를, 양측의 균형자로서 중국까지 포함하여 주목하는 것이다. 중국은 "요하 유역이라는 만주의 일각만을 점유했지만 만몽의 경영을 계획했던 유일한 이들"이자 어느 한쪽이 커지면 다른 한쪽과 손을 잡고 견제하는 존재로서, 몽골-중국-만주는 마치 시소 같은 모양으로 연결되어 있다는 것이다. 이나바가 역설한 '만몽불가분'이 의미하는 것은 만주와 몽골의 일체화이기도 하지만 만주의 역사를 이해하기 위해서는 몽골에서의 세력들은 물론 만주와 몽골에 대한 중국의 태도를 함께 고려해야 한다는 것이다.[23] 이러한 의미에서 그가 『만주발달사』에서 말하는 '만주'는 몽골-중국-만주의 삼자구도 속에 위치한다는 것을 의미한다. 또 그가 이후에도 즐겨 사용하는 '불가분'이라는 표현은 일체화 또는 밀접한 관계를 의미할 뿐만 아니라 중국 같은 중간적 존재에 의해 조율되어 어느 한쪽이 다른 쪽을 견제하는 관계라는 의미 역시 내포하고 있음을 말해준다.

불가분의 관계에 있던 것은 만주와 몽골만이 아니었다. 이나바는 압록강과 장백산(백두산)은 만주와 조선의 경계로 그다지 의미가 없으며, 역사적으로 볼 때 만주와 조선을 구획 짓는 선은 대동강(大同江)에서 원산진(元山津)을 기준으로 한다는 것을 이유로 "조선과 만몽은 불가분"이라고 주장했다.[24] 이는 대동강에서 원산에 이르는 선의 이북 지역은 만주에 포함된다는 것이다. 이나바가 보기에 함경도 지역은 현재의 조선에 포섭된 지 얼마 되지 않은, 만주 색채가 강한 지역으로 만주사의 범위에 포섭되는 곳이며, 이럴 경우 실질적인 조선은 대동강 이남에 국한된다. 이러한 판도에서라면 조선은 지리적으로 '반도'에 갇히게 되는 형국이 된다. 메이지 이래 조선의 지리적 위치를 정치적 상황과 관련지어 해석해 '반도'를 대륙과 해양의 중간 지점에서 완성되지 않은 지역으로, 또 그 지역에 거주하는 사람들을 '미숙한 국민성'의 소유자로 인식했던 당시 일본인들의 지리관을 생각해볼 때,[25] 만몽과 조선의 불가분성을 이야기했던 이나바의 내면에 잠재해 있던 조선관 역시 짐작해볼 수 있을 것이다.

이처럼 『만주발달사』에서 이나바는 일본을 포괄하여 만주와 그 일대의 역사를 구상하고자 했다. 특히 주목되는 것은 만주의 역사를 만주, 몽골, 중국을 중심으로 하는 몇 개의 세력들이 만주라는 공간에서 벌인 투쟁 과정으로서, 만주사를 이들 세력의 역학관계 속에서 사고한다는 점이다. 그의 구상대로라면 만주의 역사는 만주라는 공간에 있던 이들만이 아닌 만주와 '불가분'의 관계에 있는 몽골, 지렛대로서 중국, 만몽과 역시 '불가분'의 관계에 있는 조선 및 이상의 대륙 세력들과 갈등한 일본, 이들이 만주라는 지역을 중심으로 벌인 상호관계 속에서 해명될 수 있는 것이었다. 이러한 의미에서 『만주발달사』는 만주라는 공간의 역사, 즉 일종의 지역사라 할 수 있을 것이다. 그렇기 때문에 만주라는 지역과 관계되어 있는 몽골, 중국, 조선, 일본 등이 등장하는 것은 이상한 것이 아니라 반드시 필요한 것이었다. 이러한 구상에서 서술된 『만주발달사』의 목차는 〈표 1-1〉과 같다.

목차를 보면 『만주발달사』는 만주를 중심으로 한 통사를 지향하면서도 만주와 일본의 관계(제7장), 만주와 그 주변의 주요 교통로(제8장), 몽골문제(제12장) 같은 부분은 해당 사항에 대한 역사적 경과를 모두 집약하여 제시하는 주제별 서술도 가미하고 있는데, 특히 만주 일대의 주요 교통로를 다루고 있는 제8장은 과거 만선역사지리조사부에서의 연구 경험이 단적으로 드러나는 것이다.

한편, 『만주발달사』의 첫머리 역시 세력들의 관계 맺음, 바로 한인과 만주에 있던 민족(동호족東胡族)의 접촉으로 시작된다. 이나바는, 중국인들이 주(周) 초부터 산동(山東)을 넘어 요동으로 들어갔다는 견해는 후대 요동을 지배하게 된 이후의 사정을 소급하여 추정한 것이며, 중국인과 만주에 있던 민족의 접촉은 전국시대 연(燕)의 진개(秦開)가 동호족을 시라무렌 북방으로 구축하면서부터라고 단언했다.[26] 이후 그는 명 이전 시기를 만주에 거처했거나, 만주를 장악한 세력을 읍루(挹婁), 부여(夫餘), 고구려, 발해, 거란(요遼), 여진(금金), 몽골(원元)의 순서로 여러 세력의 소장에 따라 그 추이를 서술했다. 특히 고구려에 대해, 후한(後漢) 응소(應劭) 이래 고구려를 진번(眞蕃)과 연결한 설명은 모두 오류라며, 고구려의 시조 주몽(朱蒙)은 부여의 망인(亡人)이었다는 것을 재론하는 한편, 후한시대 이래 발달한 고구려가 받아들인 전성기 북위(北魏) 문화가 일본에도 들어왔다며 일본을 만주와 연결 짓기도 했다.[27]

명 이전의 만주에 대해 이나바는 중국 한족이 아닌, 동호족이나

표 1-1. 『만주발달사』의 목차

제1장	총설
제2장	**명대(明代) 이전의 만주** 진대(秦代)의 만주 / 한인(漢人)의 식민지 및 그 경과 / 요동 속국의 창치(創置) / 초기 만주 이주 민족 / 모용씨가 요서에서 일어나다 / 고구려의 흥망 / 발해 및 흑수말갈 / 거란인 및 이들의 건국 / 금국(金國)이 크게 흥하다 / 금국의 쇠망 및 원대(元代)의 만주 통치
제3장	**명대의 만주 경영** 요하 유역에 창설된 정청(政廳) / 초기 우량카이(兀良哈, 오랑캐)와의 관계 / 초기 여진인과의 관계 / 영락제(永樂帝)의 대(對)여진정책
제4장	**명대의 요동 척식사업** 동북 방비의 근본이 파괴되다 / 요자형(凹字形) 변장(邊牆) / 여진인 방어와 동부의 변장 / 요하투(遼河套) 상실의 피해 / 동변(東邊) 전척(展拓) 요구
제5장	**여진과의 무역 경과** 명나라 사람들의 국제무역 관념 / 조공(朝貢) 및 공시(貢市) / 마시(馬市) / 대여진정책의 경과와 그 총평(總評)
제6장	**청조(淸朝)의 발흥** 여진인의 건국 경과 / 국호 개칭 문제 / 요서 쟁탈전의 계속 / 예친왕(睿親王)과 사가법(史可法) / 강희대제(康熙大帝)의 이한제한(以漢制漢)
제7장	**만주·조선과 일본의 역사적 관계**
제8장	**만주 교통 대계의 변천** 만주의 도로와 계절 / 요서도 및 그 변천 / 산동·요동 및 조선과의 교통로 / 발해국의 5대 교통로 / 동몽고의 도로들 / 송·금의 교통로 / 원대 및 명대의 교통로
제9장	**만주 봉금(封禁) 및 그 가치** 명대의 척지(拓地)가 황폐화되다 / 개척을 위한 조치의 효과가 없음 / 대지투성(帶地 投誠)을 어떻게 볼 것인가 / 봉금정책의 초기 / 유조변장(柳條邊牆)이란 무엇인가 / 봉금정책의 3대 원인 / 장백산 정계(定界) / 러시아 남하에 대한 방압(防壓)
제10장	**만주 봉금의 위기 도래** 팔기(八旗)의 생계 곤란 / 기지(旗地) 전매의 금지가 행해지지 않다 / 봉금 제2기의 경과 / 기인(旗人)의 만주 이주 문제 / 팔기 둔전(屯田)의 성적 부진
제11장	**만주의 개발 실현** 건륭(乾隆)의 이민금지령 / 몽고의 왕공(王公), 유민을 불러오다 / 어떻게 한인(漢人)의 척식을 볼 수 있을까 / 금비(金匪) / 만주인의 특별보호권이 사라지다 / 조선과의 국경문제 / 후란(呼蘭) 평야의 개간 / 개방된 만주
제12장	**동몽고문제**
부록	**사론(史論) 3종** 쩡궈판(曾國藩)론 / 청 말 인심의 해부 / 우리나라에 현존하는 명말청초의 사료

몽골에서 발원한 이들을 "새외 민족(塞外民族)"이라는 표현으로 포괄하며, 이들 새외 민족과 중국 왕조들의 관계, 주로 중국 왕조의 지배력 약화에서 기인하는 새외 민족들의 대두 과정을 중심으로 만주의 역사를 정리했다. 그런데 이는 중국 한족과 여러 새외 민족들 사이의 연쇄적인 관계였다. 이는 거란의 대두에 대한 서술에 잘 드러나 있다. 동몽골 일대에서 일어난 거란의 성장 배경에는 8세기 중반 이후 당(唐)의 혼란이 있다. 당시 당은 내란과 이에 따른 진번(鎭藩) 행정의 이완으로 새외의 민족들에 대한 관심과 경계가 약해진 것이다. 이처럼 이른바 "새외 민족"의 발전 원인을 중국 왕조의 약화에서 찾는 것은 특별한 것은 아니었으며, 이나바 역시 거란이 대두하기 한참 전인 고구려가 성장할 수 있었던 원인 가운데 하나를 중국 왕조의 혼란에서 찾았다. 그런데 이나바는 거란의 성장에 대해 중국 왕조의 약화 외에 또 다른 중요한 요건을 들었다.

> 당(唐)이 서쪽에서 거란(契丹)의 강적(强敵)인 돌궐(突厥)을 격파하고, 동쪽에서 고구려(高句麗)를 정복했던 결과, 이 민족(거란: 인용자)의 발전을 저지할 수 있는 하등(何等)의 것도 갖지 못했던 것이다. 역사의 경로로부터 말하자면 당은 거란을 위한 발전의 여지를 공급(供給)하게 되었다.[28]

이 인용문은 거란이 강성해진 이유에 대한 이나바의 설명으로, 당이 돌궐과 고구려 등을 제압한 것이 거란이 성장할 수 있는 배경으로 작용했다는 것이다. 이에 대한 역사적 사실 여부는 차치하고 볼 때, 이러한 서술은 이나바가 단순히 중국(당)과 거란의 역학관계만이 아니라 거란을 둘러싼 몽골 방면(돌궐), 조선의 북방을 포괄하는 만주 방면(고구려) 등의 세력들과의 관계, 바로 만몽불가분, 만몽과 조선의 불가분의 관계를 고려하는 가운데 만주의 역사적 전개를 구상하고 있었음을 보여준다.

거란은 대두 과정에서 만몽의 불가분, 만몽과 조선의 불가분을 보여줄 뿐 아니라 새외 민족들이 중국인과 중국의 문화·제도를 어떻게 이용하는지에 대한 전범을 마련했기에 더욱 눈에 띄는 존재였다. 새외 민족들은 중국인과 그들의 제도를 적극적으로 채용하여 급격한 성장을 이루는 것이 특징인데, 거란의 요(遼) 이후로는 독특한 양상을 보인다는 것이다. 거란 이전의 고구려와 발해도 중국의 문화를 섭취하며 발전을 이루었다. 그러나 이나바는, 거란이 이전의 새외 민족들이 일찍이 시도해본 적 없는 독특한 정치·행정조직 — 바로 남면(南面)과 북면(北面)이라는 2대 정청(政廳) — 을 구축한 점에 주목했다. 이는 "국제(國制)로 거란인을 이(理)하고, 한제(漢制)로 한인을 대(待)한다는 근본의(根本義)"에 기초하여 "북면은 구부족(舊部族)이나 속국(屬國)의 정치를, 남면은 한인의 주현(州縣), 조세나 병역 등을 담당"하게 한 것으로, 자신들과 한인을 구분하여 한인의 제도를 채용하는 양상은 이후 여진에게도 동일하게 나타난다는 것이다. 그뿐만 아니라 새외 민족이 중국을 공격할 당시 한군(漢軍)을 앞세우는 것 역시 거란에서부터 등장하여 이후 여진인들의 금·청에서 동일하게 반복된다고 설명했다.[29] 이나바는 이를 "한인이용(漢人利用)정책"이라며, 그 결과 거란의 재력, 병력, 문화는 현저하게 발전했을 뿐 아니라 뒤에 오는 여진인에게는 성장을 위한 좋은 모범을 제공했다고 평가했다.[30] 이처럼 이나바는 발전된 중국의 제도를 수용하고 한인을 이용하면서도 새외 민족 고유의 제도라 할 수 있는 "국제"를 유지한 점에 주목했으며, 이를 중국을 압박·지배한 새외 민족의 특징으로 상정했다.

하지만 적 혹은 피지배민족인 한인을 관료와 군사로서 기용하고, 또 그들의 제도를 이용한다는 것은 위험성 역시 내포하는 것이다. 일찍이 요의 태조 아보기가 한인을 이용하는 방법이 잘못되었을 때 국가의 근본을 상실한다고 한 것은 이를 경계하기 위한 것이었다.[31] 즉, 중국인과 그 문화를 이용하게 되면 자신들 본연의 것을 잃게 된다는 것이다. 그럼에도 불구하고 거란과 이후의 금·청은 위험을 감수하면서도 한인과 한제(漢制)를 이용할 수밖에 없었다. 바로 "국인(國人)의 수가 처음부터 적었"기 때문이다. 즉, 소수의 새외 민족이 다수의 한족을 상대하다 보니 어쩔 수 없이 한인을 기용하게 되고, 그에 따라 중국의 제도와 문화를 이용할 수밖에 없다는 것이다. 특히 대정벌, 대행군이 있으면 부족한 병력을 보충하기 위해 한군(漢軍)을 편제하고 늘릴 수밖에 없었다. 그런데 이는 새외 민족들에게는 양날의 칼이었다. 금은 매우 빠른 속도로 중국을 제패했지만 황하 유역을 점령한 이후 여진인들의 급속한 한인화(漢人化)가 이루어지면서 자신들의 본성을 상실한 결과 성장 속도만큼이나 빠르게 민족의 원기가 쇠퇴하게 되었다는 것이다.[32] 이와 같이 이나바는 만주·몽골 방면의 민족들은 전국시대 이래 중국 민족과 서로 접촉해왔고, 세력 균형을 이루다가 어느 한쪽 방면이 강대해지면 다른 쪽까지 병합하고 중국 민족까지 공격·장악하는 운동력을 보이는데, 이 과정에서 새외 민족들은 자신들에게 이중적인 — 급속한 발달을 가져다주면서도 중국에 동화되어 자신들의 본성을 잃게 되는 — 한인과 그들의 제도를 사용하여 급속한 성장과 쇠퇴를 반복했음을 이야기했다.

한편, 앞서 언급했듯이 『만주발달사』의 대부분을 차지하는 것은 명·청대의 만주이다. 특히 이 부분은 '만몽불가분'이라는 이나바의 인식과 만주사를 만주에서 벌어진 만주, 몽골, 중국 방면의 세력들의 경합 과정으로서 정리하는 그의 태도가 가장 잘 드러나는 부분이기도 하다. 그에 따르면 명의 전성기를 이끈 영락제(永樂帝)의 성공 비결은 만주족을 비롯한 새외 민족에 대한 정책을 효과적으로 운용했기 때문이다. 영락제는 즉위 과정에서 일어난 '정난(靖難)의 변(變)' 당시 몽골인 집단(우랑카이兀良哈)은 물론 북만주의 여진인들을 이용했다. 황제가 된 이후에는 만주의 여진인이 몽골인과 연결되면 위험하게 된다는 것을 일찍이 예측하여 오이라트를 공격할 때 여진인들을 종군시켜 양자의 관계 단절을 도모했을 뿐 아니라 건주위(建州衛), 해서위(海西衛) 등을 창설한 이래 거듭 새서(璽書)를 발급하며 여진인들의 결합을 미연에 방지함으로서,[33] 명의 패권과 안정을 찾았다는 것이다. 즉, 영락제는 만주의 여진인과 몽골인이 연결되는 것을 우려했으며, 몽골 방면의 쟁란이 만주 방면에 영향을 미치지 않도록 하는 데 주의했다는 것이다. 영락제가 왕조의 기틀을 닦으며 전성기를 구가할 수 있었던 것은 만몽의 불가분성을 정확히 인식하고, 만몽의 분리를 이루었기 때문이다. 이러한 의미에서 영락제의 대외정책은 몽골-중국-만주의 삼자구도 속에서 파악해야 한다고 보았던, '만몽불가분'이라는 이나바의 구상을 잘 보여준다. 그뿐만 아니라 영락제는 여진인의 결집이 자신들 한족(漢族)에게 미칠 수 있는 위험성 역시 예단하여 이를 저지하기 위한 정책을 펼치며 왕조의 안정을 보장했다는 것이다. 이는 만몽과 여진인의 결집 같은 새외 민족들의 결합을 막아야만 중국의 왕조가 유지될 수 있음을 의미할 뿐 아니라, 이나바를 비롯한 당시 일본인들의 현실적인 관심사 — 이민족은 어떻게 중국을 지배했는가 — 와 관련해서도 시사하는 바가 크다. 즉, 중국을 제어하기 위해서는 만주만이 아닌 몽골과 결합해야 한다는 점을 보여주는 것이다.

그렇지만 이나바에 따르면, 이러한 명의 대외정책은 영락제 사후에 급속하게 붕괴했다. 바로 오이라트가 몽골 방면을 통할하면서 이들의 세력이 만주까지 미친 것이다. 더군다나 몽골 정벌을 함께한 공을 인정하여 여진인들에게 나누어준 새서는 정통(正統)·천순(天順) 연간(1436~1464)을 거치며 무의미해지며, 명의 대(對)여진정책 역시 효력을 상실했다. 이러한 가운데 가정(嘉靖) 연간(1465~1522) 다얀 칸(Dayan Kahn, 達延汗)이 몽골 방면을 통일한 후 명을 압박했으며, 16세기 말에 발발한 임진왜란은 명의 재정에 근본적인 타격을 주어 요동에 대한 명의 위력이 크게 약화되고 누르하치가 두각을 드러내기 시작했다는 것이다.[34]

이렇게 보았을 때 중국, 즉 명이 전성기를 구가할 수 있었던 것은 바로 만주와 몽골을 분리하고, 여진인들이 서로 결집하는 것을 막았던 대외정책의 결과로, 만몽불가분이라는 만주사의 원리에 입각한 것이었다. 그뿐만 아니라 15세기 중엽이 되면 이미 몽골과 만주에 대한 중국 왕조(명)의 지배력이 현격히 약해진 결과, 몽골과 만주의 민족은 독자적인 정치체로서 활발한 활동을 벌인다는 이나바의 서술은 자못 의미심장하다. 즉, 만주와 몽골에 대한 중국 왕조의 지배력은 일시적인 것으로, 15세기 중반 이래 중국의 영향력은 만주와 몽골에 미치지 못했다는 이나바의 지적은 만주와 몽골은 중국과는 별개였음을 이야기하는 것이기도 했다.

만몽불가분이라는 원리는 청의 건국 과정에 대한 서술에서도 마찬가지로 나타난다. 청 태조는 건주(建州)에서 일어난 이래 서방으로 진출함에 따라 티베트(西藏)의 라마승을 불러오고 몽골 방면의 코르친, 카라친과 연이어 회맹한 이후 이들의 협력을 얻으며, 즉 만몽의 결합 이후에 베이징(北京)을 공격했다는 것이다.[35]

청의 건국 과정을 이렇게 설명한 이후 이나바는 청대를 여진족의 흥망성쇠가 아닌 청 조정이 만주라는 지역에 대해 펼친 봉금(封禁)정책과 그 해체 과정으로 만주사 서술의 후반부를 꾸몄다. 이는 『만주발달사』에서 이나바가 만주사를 '만몽불가분'으로 대변되는 몽골-중국-만주 방면의 세력들이 만주라는 지역의 패권을 둘러싸고 벌인 다종다양한 관계 속에서 사고했음과 더불어 철저히 '만주'라는 지역의 역사로서 보았음을 말해준다. 즉, 만주족의 흥망성쇠가 아닌 만주를 차지한 청 왕조가 만주라는 공간에 대해 펼친 정책을 통해 청대의 만주사를 구성한 것이다.

『만주발달사』에 따르면, 명에 승리를 거둔 지 얼마 되지 않아 청은 어려움에 부딪친다. 명과의 오랜 교전의 결과 재정은 악화되었고, 징병으로 인해 북만주 일대의 농업은 쇠퇴했으며 군량도 부족해졌기 때문이다. 청 조정은 이를 중국인들의 경작력을 이용하여[帶地投誠: 한인이 투항하면 그들의 소유지에 대한 경작권을 인정하는 것] 극복하고자 했지만, 한인이 대거 몰려들면서 오히려 한인의 경제력만 상승하게 되는 결과를 낳았다. 더군다나 청 황실의 제왕(諸王)들까지도 자신의 세력을 강화하기 위해 한인을 이용하여 토지를 개간하고 이를 경작하기에 이르렀다. 강희제(康熙帝)는 이를 금지했지만, 한인의 투항이 계속 이어지는 바람에 만주에 대한 봉금이 실행된다는 것이다.[36] 즉, 만주에 대한 봉금은 베이징으로 천도한 이후 닥친 재정적 · 경제적 위기를 벗어나기 위해 한인의 노동력을 이용하려던 정책이 의도와 다른 방향으로 흘러가자 나온 결과이다. 한인을 이용하려 했지만 오히려 한인의 배만 불려주고 그들의 내투가 가속화됨에 따라 만주인들이 중국 문화를 더 쉽게 접하고, 더 빠르게 빠져든 결과 세태는 "문약(文弱)"으로 흘러버렸다. 이러한 가운데 청 조정은 자신들의 발상지를 지켜 국속(國俗)을 보호한다는 차원에서 만주에 대한 봉금을 단행한 것이다. 그렇지만 만주에 대한 봉금이 만주족 고유의 국속을 보호한다는 차원에서만 시행된 것은 아니었다. 한인은 물론 몽골인, 조선인을 방압(防壓)하여 만주 지역의 인삼이나 초피(貂皮), 동주(東珠) 같은 천산물을 독점하겠다는 경제적인 이유 역시 만주를 봉금하게 된 주요한 원인이었다.[37] 하지만 만주팔기(滿洲八旗)의 수는 증가했고 물가는 앙등했다. 더군다나 중국 문화에 빠져 사치와 낭비벽에 빠진 기인(旗人)들은 대량의 토지를 한인에게 전매(專賣)했으며, 이로 인해 청을 지탱하던 무력까지도 약화되었다. 그 해결책으로 옹정제(雍正帝)는 지나치게 수가 늘어난 기인을 만주로 보내 둔전(屯田)을 경영하는 방안을 논의했고, 이는 건륭제(乾隆帝) 초반(건륭 9년, 1744)에 실행되었다. 하지만 만주로 간 기인들이 만주의 토지마저도 한인에게 넘겨버리는 바람에 만주 봉금은 무의미해졌고, 1842년 난징조약(南京條約) 체결 이후로는 서구 열강들까지 만주에 개입하여 혼란이 격화되는 가운데 만주는 국제사회에 내던져졌다. 특히 러시아는 삼국간섭 이후 동청철도(東淸鐵道) 부설권을 획득하고 만주로의 대규모 이민까지도 계획할 정도로 만주는 위기에 빠졌지만 일본

이 러일전쟁을 통해 저지했다는 것으로 책은 마무리된다.[38]

이러한 서술은 만주족이 한문화를 접하면서, 특히 만주에 대한 봉금이 붕괴되면서 청의 몰락이 가시화되었음을 의미한다. 청의 쇠퇴를 가져온 만주 봉금의 붕괴는 기인들의 토지 전매, 바로 중국인들이 만주에 들어와 이곳을 경영하고 세력을 키운 탓에 일어난 것이었다. 만주 봉금의 붕괴는 "한인의 민족적 복수"였으며, 결국 청조는 몰락했다. 이는 "만주라는 풍옥(豊沃)한 처녀지(處女地)에 일대 농원(農園)을 건설하는 것이 지나인 최대의 숙제"였고, "만주라는 처녀지가, 저들(지나인: 인용자) 참각(慘刻)한 황무자(荒武者)에게 접시(接侍)되어, 순간에 그 번영하는 생명이 수축"된다는,[39] 중국은 만주와 별개일 뿐만 아니라 만주를 보호하기 위해서는 만주를 중국인들의 손에서 벗어나게 해야 한다는 당시 일본인 연구자들의 시각이 드러난 것이라고 할 수 있을 것이다. 또한 청의 몰락=만주 봉금의 붕괴 이후 만주는 서구 열강들의 이권 획득을 위한 무대가 되어버렸으며, 이 무대의 구원자이자 주요 등장인물로 일본을 등장시킨 것이기도 했다.

이상에서 살펴보았듯이 『만주발달사』에서의 만주는 만주, 몽골, 중국 방면의 세력을 중심으로 여러 세력이 교차하는 지역이었으며, 그 역사는 만주라는 공간을 둘러싸고 벌어진 이 세력들 간의 경쟁과 투쟁의 과정이었다. 이나바는 만주의 역사를 만주-중국-몽골을 축으로 하는 몇 개 세력들의 역학관계 속에서 보아야 한다며, 만주사를 이러한 세력들의 관계 속에서 정리하고자 했다. 이때 대륙의 역사적 전개에서 중국의 존재는 절대적인 지위를 지니지 못한, 대륙에 존재했던 여러 세력 가운데 하나로서 상대화된다. 중국의 왕조가 직접적으로 만주를 통어한 것은 극히 제한적인 시기에 국한될 뿐만 아니라 중국이 만주사의 전개와 밀접한 관계를 맺고 있다고 해도 그것은 만주나 몽골 방면의 세력과 마찬가지로 만주사를 사고함에 있어 필요한 하나의 구성 요소로서의 의미를 지니는 것이었다. 또 이러한 시각은 역사적으로 몽골, 만주 등의 새외 민족들을 중국사로부터 분리된 역사적 실체로 보고, 이들을 중국 왕조와는 별개인 하나의 정치세력으로서 상정한 것이다. 만주의 역사는 이 민족-세력들 간의 관계, 즉 만주라는 공간을 둘러싸고 있던 만주·몽골 등의 새외 민족들, 한족 등의 세력 관계 속에서만 의미를 띠는 것이었다. 이처럼 만주의 역사가 세력들의 관계 속에서만 설명될 수 있다는 생각은 만주를 근거로 생활하며 그 역사를 만들어온 이들의 역사적 역량을 고려하지 않은 것이었다. 무엇보다도 만주를 여러 세력의 투쟁 장소이며, 그 역사를 투쟁과 경합의 과정으로 정리하는 것은 19세기 중반 이래 만주에서 벌어진 제국주의 국가들의 이권 획득 경쟁, 그리고 이에 참여하여 만주에서 철도 부설권을 비롯한 각종 이권을 획득했던 일본의 행위에 역사성을 부여하는 것이기도 했다.

2. 새로운 연구자의 등장과 '발해-금'에 대한 연구

만선역사지리조사부가 결성되어 역사지리학적인 조사·연구가 진행되던 당시 만주의 역사를 연구하는 새로운 연구자들이 등장했다. 그 가운데 하나가 바로 훗날 경성제대의 교수이자 발해사 연구자로 널리 알려지는 도리야마 기이치이다. 발해사는 만주사·만선사 연구에서 중요한 일부였다. 뒤에 살펴볼 만선사의 체계화에서 중요

한 위상을 부여받는 고구려와의 관련성은 물론 발해와 일본의 외교
는 만주와 일본의 우호적인 관계를 보여줄 수 있는 역사적 소재였기
때문이다.[40]

'실증'이라는 근대 역사학의 방법론이 도입된 초기, 발해사 연구
에서 일본인 연구자들은 상대적으로 유리한 위치를 선점할 수 있었
다. 발해는 제2대 무왕(武王) 이래 멸망할 때까지 지속적으로 일본에
'조공(朝貢)'을 했으며(34회), 이에 대한 화답으로 일본 역시 발해에
종종 사신을 보냈는데(14회), 이 기록이 일본의 사료인 『속일본기(續
日本記)』에 남아 있기 때문이다. 이러한 사료가 있다는 것은 발해사
를 규명하는 것뿐 아니라 일본의 만주에 대한 역사적 관련성을 부각
하며, 일본사의 범위를 대륙으로 확장할 수 있는 무엇보다도 중요한
기반이었다. 더군다나 발해사 연구가 러일전쟁(1904) 이후, 그리고
만주국 건국(1932) 이후, 이 두 시기에 집중된다는 것은 이미 1930년
대 일본인 연구자들에 의해서도 지적되고 있었다.[41] 즉, 대륙 침략이
라는 시대 상황으로 고조된 만주에 대한 관심은 일본의 역사가들을
발해사 연구로 안내하며, 일본사를 대륙과의 관계 속에서 해명해나
가도록 이끌었다.

도리야마는 20세기 이후 근대 역사학의 방법론으로 발해사 연구
를 시작해 이 분야의 최고 권위자로 평가되었다. 발해사와 관련된 그
의 연구활동은 지금도 그 학술적 가치를 인정받고 있다. 특히 그를
위시한 일본인 연구자들이 진행했던 발해 관련 유적에 대한 학술 조
사는 발해에 대한 보다 분명한 인식과 이해를 가능케 했을 뿐만 아니
라, 중국 당국의 비협조로 인해 발해 유적에 대한 접근이 어려운 현
재에도 소중한 성과로 평가되고 있다.[42]

도리야마가 도쿄제대 사학과에 입학한 것은 만선역사지리조사부가 조직된 1908년이었다. 1911년 졸업을 앞둔 도리야마는 발해를 졸업논문의 주제로 선택해 「발해왕국의 연구(渤海王國の研究)」라는 논문을 제출했다. 이후 그의 졸업논문은 증보·개정을 거쳐 1915년 4월 『발해사고(渤海史考)』라는 이름으로 출간되었다. 이 책은 근대 역사학적 방법론으로 이루어진, 발해에 대한 최초의 저작이자 통사이다. 『발해사고』 간행 직후 수년간 도리야마는 금에 대한 일련의 논문들을 발표하며 여진족의 역사를 좀 더 깊이 탐색해 들어갔다. 이후 중·고등학교 교사를 거쳐 경성제대 교수로 부임한 뒤에도 그는 '발해왕'이라고 불릴 정도로 발해 및 그와 관련된 거란, 여진 등에 대한 연구를 지속함은 물론 만주에 산재한 발해와 금과 관련된 유적지들을 조사하여 수많은 저술을 남겼다. 특히 『발해사고』 및 그 출간 직후 발표한 금에 대한 일련의 연구 성과들은 향후 그의 연구 기반을 이루는 것이자, 이나바의 『만주발달사』와 더불어 당시 일본인 연구자들이 만주와 북방 민족의 역사에 대해 가진 기본적인 시각과 관심의 방향을 잘 보여준다.

도리야마가 학부를 졸업할 당시는 일본의 한국 강점 직후로, 만선역사지리조사부의 연구 성과물들이 처음으로 쏟아져 나오던 때였다. 발해를 주제로 한 연구 성과들 역시 이 무렵부터 등장했다.[43] 이러한 시대 분위기는 도리야마에게 강한 영향을 주었던 것으로 보인다. 그는 『발해사고』의 첫머리에서 한국 강점으로 일본의 "대(對)만주문제"는 한층 긴절해졌으며, 이러한 때를 맞아 "일찍이 그 땅에 근거하여 우리에게 신사입조(臣事入朝)한 국가의 역사를 회고하는 것은 우리 국민으로서 무익한 일은 아닐 것"이라고 연구의 의의를 밝

했다.[44]

『발해사고』에서 도리야마는 발해를 조성한 주력은 말갈족임을 이야기한 뒤[45] 발해의 개국 이후 국망까지의 과정, 발해의 문화, 발해와 일본의 교류, 5경(京)의 위치와 발해의 판도라는 4가지 사항에 관해 서술했다.[46] 이를 위해 도리야마는 일본의 자료는 물론 당시 활용할 수 있는 중국의 역대 문헌들과 한국의 자료들을 대폭 활용했다.[47] 도리야마의 저작이 등장했을 당시 발해 관련 연구들은 발해를 구성한 민족의 실체와 발해의 강역 및 5경의 위치에 대한 것들이 주를 이루고 있었다. 『발해사고』의 상당 부분 역시 이러한 내용으로 채워져 있다. 그런데 발해와 관련된 역사지리적 사항들에 대한 서술을 보면 도리야마가 만선역사지리조사부의 성과들로부터 크게 영향을 받았던 것으로 보인다. 일례로 발해 5경의 위치 비정에 대한 부분에서 도리야마는 기존의 논의들을 일일이 제시하고 그 문제점을 지적하는 반면, 『만주역사지리』 1권에 실린 마쓰이 히토시의 논의(「渤海國の疆域」)에 대해서는 대체로 동의하고 있기 때문이다. 이처럼 도리야마는 발해에 대한 당시 학계의 관심을 공유하고, 최신의 연구 성과를 흡수하고 있었다. 이러한 토양 위에서 도리야마는 당시 활용 가능한 사료들을 망라하여 그때까지 미지의 영역이었던 발해의 정치 체제나 문화, 발해와 일본과의 관계로까지 발해사의 연구 범위를 확장했다.

식민지기 일본인들의 발해사 연구는 일본이 우위에 선 양국의 교류를 규명하여 만주와 일본의 오래된 관계를 확인하는 한편, 미개한 말갈족이 일으킨 나라가 당의 문화를 흡수하여 개화했듯이 문명화된 일본인들이 만주족을 개화해야 한다는 논리를 이끌어내기 위한 것이었다고 지적되고 있다.[48] 도리야마가 대학을 다니던 한국 강점을 전후한 시대 일본인에게 만주문제가 이미 중요한 현안이었다는 것, 또 그가 직접 밝혔듯이 자신은 이러한 시대를 맞아 일본에 "신사입조"한 발해사를 연구하게 되었다는 것은 그 역시 침략을 정당화하기 위해 역사를 연구했다는 혐의에서 자유로울 수 없음을 말해준다.

실제로 『발해사고』에서 도리야마는 "이적(夷狄)"이 세운 발해가 "해동성국(海東盛國)"이라 불릴 정도로 급격한 발전을 이룰 수 있었던 이유는 당(唐) 곧 중국의 선진적인 문화를 흡수했기 때문이라며, 발해의 교육 · 문학 · 미술과 공예 등에서 당의 영향을 확인하고 있다. 그뿐만 아니라 당시로서는 최초의 시도인 3성 6부로 이루어진 발해의 중앙관제에 대한 그의 분석 역시 이러한 시각에 입각한 것이었다. 그는 발해의 관제는 기본적으로 구조와 명칭, 기능에서 모두 당의 제도를 모방한 것이라며, 당의 관제에 기반하여 발해의 관제를 꼼꼼히 정리했다. 또 발해가 5경을 둔 것 역시 당의 문화를 모방한 것으로 보았다. 후술하겠지만 도리야마는 대조영을 비롯한 발해의 상류층은 고구려계라고 보았으며, 5경에 대한 서술에서도 고구려의 5부와의 연관성을 시사하면서도 별다른 설명을 더하지 않은 채 "당의 문화에 심취하여 그 제도의 모방에 힘쓴 발해의 사정에서 추측해보면 그 의식적 모범은 역시 당의 4도(四都)에 있다"고[49] 전제한 후 5경의 위치를 비정했다.

발해와 일본의 관계에 대해서도 발해가 일본에 "공헌(貢獻)하여 인교(隣交)를 구한 것", "저들(발해: 인용자)이 말을 낮추고 (…) 결코 대등한 관계에서 이루어진 것이 아니라 주종적(主從的) 관계"라며 발해와 일본의 관계는 시종일관 일본이 우위에 서서 이루어졌다는 것

을 분명히 했음은 물론이다.[50]

그렇지만 발해에 대한 도리야마의 논의가 여기에 한정된 것만은 아니었다. 그는 사료들을 꼼꼼히 정리하는 한편, 당시 발견된 발해 유물들을 살펴며 자신만의 입론을 만들어갔다. 도리야마는, 발해의 다수는 말갈족이지만 건국자 대조영은 선대부터 고구려에 판적(版籍)을 가지고 있던 인물로, 고구려 문화에서 양성되었으며 국가의 수뇌는 고구려 유민이라는 것을 간과해서는 곤란할 뿐만 아니라 발해 국망 후 상류층이 고려에 내투(來投)했던 것 역시 이러한 역사적 사실과 관련되어 있을 것이라고 추측했다.[51] 이러한 건국자와 지배층에서 보이는 고구려 문화는 말갈(속말말갈粟末靺鞨)의 문화에 강대한 힘이 되었고, 이러한 기반이 있었기 때문에 우등한 당의 문화를 소화할 수 있었던 것으로 판단했다.[52] 즉, 발해의 고구려적 요소를 주목했던 것은 당시 발표되었던 다른 발해사 연구들과 구별되는 지점이라 하겠다.

또 도리야마는, 발해는 중국 문화의 영향을 받아 연호를 사용했지만 국초부터 독자적인 연호의 사용에서 알 수 있듯이 건국 이래 당(중국)에 대한 독립적인 태도를 분명히 한 독립 국가라는 것을 지적하는 한편,[53] 문화적으로도 그러한 측면이 있다는 것을 이야기했다. 그는 발해의 다수를 이루는 말갈의 민족성은 "전투적(戰鬪的), 모험적(冒險的), 상무적(尙武的)"인 것이라면서,[54] "당풍(唐風)의 영향을 받고 어느 정도까지 융합조화를 이루지만 당의 양식을 수입하는 것 이외에 발해 민족의 미적 재능을 발휘하는 것도 있었을 것"[55]이라고 추측하며, 고구려 상류사회의 내투와 당 문화의 영향은 어디까지나 지배계층에게 한정되며 전래의 기층문화가 다수의 하층에게는 일반적

일 것이라고 보았다. 물론 다수의 하층이 향유했을 문화에 대해서는 "원시적(原始的)", "구래(舊來) 저급문명"이라며 중국 문화에 비해 열등한 것이라는 시각을 전제하고 있다. 그렇지만 이는 중국 문화와 구별되는 발해만의 고유한 문화와 민족성의 존재를 인정하는 것이었다. 이러한 서술을 볼 때 적어도 도리야마가 상층의 고구려 유민과 하층의 말갈인들이라는 발해의 이중적 민족 구성과 그에 따른 상하층의 문화적 차이를 인식하고 있었음은 명백해 보인다.

그뿐만 아니라 도리야마는 발해와 일본의 관계에 대해서도 중요한 지적을 했다. 양국의 관계는 일본이 우위에 섰다면서도 발해가 일본에 조공한 목적에 대해 상세하게 고찰한 것이다. 발해가 처음으로 일본에 조공한 것은 제2대 무왕대(武王代)이다. 도리야마는 무왕의 건원 사실과 당과의 무력 충돌에 주목하며 초기 발해가 일본에 조공한 목적은 군사적인 것이라고 설명했다. 그렇지만 발해가 안정을 찾자 다음 왕인 문왕대(文王代)에 접어들어서는 그 목적이 이미 상업적 이윤 획득을 위한 것으로 전환되었으며, 이후 양국 관계에서 이러한 경향은 더욱 강해져 발해가 멸망할 때까지 지속했다고 보았다. 당시 발해에서 보낸 국서는 "일견 공순하고 속방의 단성(丹誠)을 지극히 한 것으로 보이지만 필경 외교적 사령(辭令)에 지나지 않는 것으로 상려(商旅)의 목적을 수행하는 것이 본심"이며, "발해의 내조(來朝)는 이미 상리(商利)가 주안이 되었고 모화래공(慕化來貢)이라는 것은 그 표면적인 호사(好辭)에 지나지 않기" 때문에 일본의 조정에서는 이에 대한 반발이 있었음을 지적했다.[56] 물론 앞에서도 언급했듯이 발해와 일본의 대외관계를 설명했던 도리야마에게 발해가 조공을 보냈다는 점에서 일본이 우위에 있었음은 양국의 관계를 사고하는 기본적인 전제였다. 하지만 도리야마는 대일본 외교에서 조공이라는 형식을 빌려 상업적 이윤 획득을 추구한 발해의 적극성 ― 도리야마는 이를 "상리주의(商利主義)", "중상주의(重商主義)", "통상주의(通商主義)" 등이라고 서술했다 ― 역시 부각한 것이라고 하겠다.

한편, 이처럼 급속하게 성장하여 '해동성국'이라 불렸던 발해가 급격하게 멸망하게 된 이유는 무엇일까? 발해와 관련해서는 사료가 적은데, 특히 멸망 당시 기록은 더욱 드물기 때문에 이 문제는 설명이 곤란한 부분이었다. 그렇지만 도리야마는 자신이 바라본 발해만의 특성, 바로 발해 주민 구성과 문화의 이중성, 발해의 저변을 이루는 북방 민족 고유의 민족성의 존재, 상업적 이익 추구의 심화 속에서 그에 대한 답을 찾았다. 도리야마는 발해의 멸망을 설명할 경우, 일반적으로 북방 민족의 소장성쇠(消長盛衰)를 이야기할 때와 마찬가지로, 중국 문화의 영향을 받아 개명했다가 쇠퇴할 때는 보통 "문약(文弱)"이라고 말해버리는데, 이러한 설명은 구체적이지 않다며 발해를 멸망으로 이끈 "문약"의 실체를 이렇게 설명했다.

도회의 귀족은 당풍(唐風)의 의식주를 즐길 때 (다수의 대중은: 인용자) 의연히 어피(魚皮)를 엮고 수초(水草)를 축(逐)하는 정도에 그치고 있었고, 그 정조(情操)는 원시적 악기와 가요에 의해 길러지고 초자연적 안심은 샤먼교에서 얻었던 것이다. (⋯) 대체로 이 두 가지 상격(相隔)된 사회의 존립에 대해 그것이 결합 매개를 이룰 수 있는 사회 ― 중류사회는 있었겠지만 매우 미력(微力)하여 그 사회적 효과를 거두기에는 충분하지 않은 것으로 보인다. 발해의 사회는 종종 결함을 가지고 있어도 이 폐해가 최대한 것이라 하겠다.[57]

발해의 제도가 정비되고 문화가 찬연한 것도 상류 일부에 한정된 현상이다. 위에는 한풍(漢風), 아래는 어피(魚皮) 상하(上下) 현격(懸隔)은 모든 점에서 심했다고 보인다. 이는 이미 국가의 존립에 결코 바람직한 현상이 아니다. (⋯) 이렇게 보면 발해왕국은 그 국가조직 속에 붕괴의 배자(胚子)를 포함해 그 싹을 키웠다는 것을 부정할 수 없다. (⋯) 무력적 승리자로서 국가의 핵심을 작(作)한 상류사회는 한인문명(漢人文明)의 여폐(餘弊)에서 발생하는 새로운 욕구에 의해 과거 국가의 융운(隆運)을 낳은 특성의 많은 것을 잃고, 혹은 국초에서 머지않아 국가가 채택한 일종의 중상주의적 정책은 상무적 국민의 고유성을 변개시켜 (⋯) 의용(義勇), 견인(堅忍), 근검(勤儉) 등 무릇 고대 국가의 유지에 필요한 국민적 요소와 아래를 이끄는 권력(權力)에 결함이 발생해 내면으로부터의 파괴력으로 작용하여 국가의 물질적, 정신적 번영의 중심이 붕괴된 것이라 생각한다. (⋯) 저 '문약(文弱)'이라는 상투어는 필경 이러한 내적 원인의 개괄평어로서 외적 파괴력에 대한 저항력의 쇠약을 의미하는 것이기도 하다.[58] (밑줄은 인용자)

상하층이 분리되어 서로 섞이지 않았던 발해 사회, 또 "한인문명"의 도입과 중상주의 정책에 따른 부작용으로서 상무적 국민성의 상실이 바로 "문약"의 실제 내용이라는 것이다. 이러한 결과 거란이라는 외부 충격에 대한 저항력이 약화되어 국망을 맞으며, 국망 이후 그 문화 역시 자취를 감추게 되었다는 것이 발해의 멸망에 대한 도리야마의 결론이었다.

발해에 대한 그의 이러한 생각은 이후에도 변하지 않았던 것으로 보인다. 수차례 진행된 발해 상경용천부(上京龍泉府) 유적에 대한 조사에서 도리야마는, 성의 구조는 "장안(長安)을 모방"한 것이라며 유물에서 당 문화의 흔적을 강조했다. 그러면서도 벽돌과 기와에 새겨진 문양에 대해 "(당의 문화를 수용했다는 점에서 동일하지만: 인용자) 경주에서 발견된 신라의 것이 세련되면서도 지나치게 섬세한 것과 달리 조금은 비(鄙)하고 무골(武骨)한 느낌"이 드는 것이 집안현(輯安縣) 국내성(國內城) 터에서 수집된 고구려의 기와편들과 비슷하며, 이는 발해 건국자나 지배계급이 당의 것을 받아들이는 동시에 고구려 문화에 영향을 받았다는 방증이라고 누차 이야기했다.[59] 또 발해와 일본의 외교에 대해서도 초기에는 군사적 목적이 있었지만 제3대 문왕 이래 "경제적 관계를 주로 하는 조공의 사실로 시종"했고, 일본은 "(발해의) 통상주의(通商主義) 경향을 시인하면서 한편으로는 당과의 교통에 일조(一助)하는 것으로 이를 이용했"지만, 그 "형식은 어디까지나 문자 그대로 조공으로서 수납(受納)해온 것"이라며, 양국의 관계에서 언제나 일본이 형식적 우위를 점했다며 연구 초기의 논의를 말년까지도 지속했다.[60]

즉, 발해가 당으로부터 강한 영향을 받았으며, 발해와 일본의 외교는 시종일관 일본이 우위에 서서 진행되었다면서도 발해 사회는 그 구성에서 고구려와 관련이 깊은 지배층과 말갈족인 피지배층이 서로 다른 이중성을 보인다는 것이다. 때문에 문화적 측면에서도 중국의 문화만이 아니라 고구려의 영향이 엿보이는 지배층의 문화와 저급하지만 소박하고 상무적인 피지배층의 문화라는 이중성이 나타나며, 일본과의 관계의 본질은 상업적 이윤에 대한 추구였다는 것이 발해사에 대하여 도리야마가 이야기한 것이다. 도리야마는 연구 초기 문헌에 대한 실증을 중심으로 발해에 대해 이러한 역사상을 정립한 이래 1920년대 이후 발해에 대한 학술조사나 연구를 통해 자신의 견해를 개별 유물·유적에 의거하여 구체화·강화해 나아갔다고 하겠다.

한편, 도리야마는 발해의 문화나 멸망의 원인을 거론하며 문자나 유적·유물로 남아 있지 않아 실체를 확인하기 어렵지만 하층 문화로서 북방 민족 고유의 문화, 민족성을 이야기하기도 했다. 또 이를 저급한 것으로 평가하면서도 중국 문화의 수용이 심화됨에 따라 이러한 고유한 성질을 상실한 결과 발해가 멸망한 것으로 보았다. 도리야마의 이러한 언급은 발해 혹은 북방 민족 고유문화를 야만스럽다고 보면서도 그 존재와 가치를 인정하는 것이라고 하겠다. 도리야마는 북방 민족만의 고유문화에 대한 자신의 견해를 『발해사고』 출간 직후 발표한 여진, 금에 대한 연구 논문들을 통해 보다 선명히 드러냈다.

1915년 『발해사고』를 통해 자신만의 영역을 구축한 도리야마는 그 직후인 1916년과 1917년 연이어 금에 대한 두 편의 연구를 세상에 내놓으며 연구자로서의 활동을 본격화하는 한편, 연구 영역을 확장했다.[61] 발해 주민의 다수를 이루는 말갈이 금과 종족적으로 연결된다고 보았던 도리야마가 발해사를 정리한 이후 금에 대한 연구에 착수한 것은 당연한 수순이었다.[62]

국가를 구성하는 주요 요소인 "인민의 지배와 보호는 위정자가 가장 고심하는 것으로, 그 요(要)는 소수의 정복자가 다수의 피정복자에 임할 때 가장 긴절"하며,[63] 여러 민족으로 이루어진 국가에서 "국가의 핵심을 이루는 내족(內族)과 정복이나 기타의 사정으로 종속적 관계에 서게 되는 외족(外族)의 관계는 정치적, 경제적, 사회적으로 중대한 문제"[64]라는 도리야마의 지적에서 알 수 있듯이 그의 주된 관심사는 수적으로 다수인 중국 한족을 지배했던 여진족의 통치 방식이었다. 이는 — 도리야마 스스로 밝힌 발해사 연구의 의의와 마찬가지로 — 러일전쟁 이후 시대 상황에서 이민족의 중국 지배에 대해 관심을 보였던 이나바의 태도와도 유사한 것이라 하겠다.

당시 도리야마는 금의 궁민(窮民) 보호정책과 대(對)외족정책에 대한 논문들을 발표했다. 하지만 궁민 구제책은 "지리상 물자에서 천혜(天惠)가 적"으며, "생활의 안이(安易)를 전화(戰禍)로 보증받고 다시 산망(散亡)하는 상황"을 반복하며 고통받았던 여진족이 "건국 이후 전란(戰亂)으로 인한 인심의 동요를 진정"시키는 것으로, 사실상 "민족 보호"였다는 것에서도 드러나듯이 금 제국 건설 이후 여진족이 자민족에 대해 취한 정책을 말하는 것이었다.[65] 때문에 이 두 편의 논문은 여진족이 금 건설 이후 펼친 동족[內族]과 이민족[外族]에 대한 정책으로 서로 짝을 이룬다고 하겠다. 즉, 도리야마는 금과 같이 소수의 지배민족이 한족으로 대변되는 다수의 이민족을 지배할 때 자민족=지배민족을 보호함은 물론 피지배민족을 적절히 회유하는 것이 국가 유지에서 가장 중요한 사항이라 파악하고, 이를 각각 동족과 이민족에 대한 정책으로 나누어 살펴보고자 한 것이다.

이를 위해 도리야마는 금 역대 황제들의 주요 지배정책을 검토했는데, 그가 특히 주목하며 서술의 대부분을 할애한 시기는 세종(世宗, 제5대 황제)과 장종(章宗, 제6대 황제)의 시대였다. 세종은 금 건국 초 이래 회유주의에 입각했던 외족에 대한 정책을 바꾸어 내족중심주의(內族中心主義)의 기치 아래 외족배제(外族排除), 내족옹호(內族擁護)

정책과 국수보존 정책을 시행하여, 병정(兵政)의 실권을 모두 내족에게만 한정했다. 특히 국민 가운데 중심을 이루는 맹안·모극(猛安·謀克)을 각별히 배려하여, 이들을 빈궁과 타락에서 구제한 결과 그의 치세기 동안 그 호수(戶數)가 두 배 이상 증가했다는 것이다.[66] 그렇지만 이러한 정책들로 인하여 인종적 반감이 고조되었을 뿐 아니라 다음 황제인 장종은 전대와 같이 농본정책을 취하고 양정(良丁)의 증가에 주의하며 선대(世宗) 여진족 중심주의에 입각한 정책들을 유지했지만 "보다 강하게 한인을 동황(憧憬)"하여 "학교를 일으키고, 공자의 후예를 우대했으며, 유서(遺書)를 수집한 것이나 관제·법도에 한제(漢制)를 채(採)"하여 "번욕(繁縟)의 극(極)은 안으로는 재(財)를 상(傷)하고 민(民)을 해(害)하며, 밖으로는 구적(寇敵)의 봉(鋒)을 입기에 이르렀다"고 평가했다.[67] 이후 금의 황제들은 국력이 약화됨에 따라 이민족의 힘을 빌리기 위해 내족에게만 허락되었던 특권들을 외족에게도 허용했지만 이미 실추된 국력을 만회할 수 없었다는 것이다.

> 여진인에게 한문화(漢文化)는 대세가 되었다. 더군다나 금국민(金國民)이라고 해도 그중에는 적지 않은 다수의 한인(漢人)을 포괄할 때에는 이 대세에 저항하여 국수(國粹)의 유지를 꾀하는 것은 비상(非常)한 사안이다. 세종(世宗)의 자(資)와 결정적인 정책으로도 궁극은 실패로 돌아갔다. 장종(章宗)은 이 사이에서 자기가 좋아하는 바를 따라 한인풍(漢人風)의 시설(施設)을 이룬 것이 많았다고 할 수 있지만 국수의 유지도 생각했다. 이 모순된 정책, 불철저한 정책은 애초 국가를 안태(安泰)로 이끌 수 있는 지침은 아니었다. 장종이 두 가지

상반된 목표 사이에서 방황하는 사이에 그 휘하에 있는 위정자가 독자적으로 결정적 정치를 할 수 있을 리 없다. 상하 모두 국조(國祚)의 장구(長久)를 유지하기 위한 책(策)은 없고 한때를 안락(安樂)으로 하여 후(後)의 쇠망(衰亡)의 단(端)을 열었다.[68] (밑줄은 인용자)

결국 도리야마가 보기에 여진족은 국수(國粹)의 보존과 중국 문화의 채용이라는 두 가지 길 사이에서 방황했다. 이 상반된 정책 사이에서 여진족들은 자신들의 국수를 상실했으며, 그 결과 통치력이 이완되어 멸망했다는 것이다. 이러한 태도는 금의 독자적인 국수를 전제하고 있는 것이며, 중국 문화의 파괴력을 이야기하는 것이기도 하다.

이상에서 살펴보았듯이 만선역사지리조사부의 초기 활동이 끝난 1910년대 중반 만주의 역사에 대한 본격적인 연구서들이 등장하며 만주의 과거는 더욱 구체화되었다. 당시 출간된 연구서들을 보면, 만주의 역사를 연구했던 당시 일본인 연구자들은 정치적 · 문화적으로 만주를 중국에서 분리해냈다. 만주의 역사를 '만주-중국-몽골'이라는 세 방면의 세력을 중심으로 한 여러 세력의 역학관계 속에서 만주라는 지역을 둘러싼 경쟁 과정으로써 인식하려 했던 이나바의 시도는 적어도 만주, 몽골 방면의 세력, 즉 새외 민족을 독자적인 활동 주체로서 인식하는 것이었다. 특히 그가 만선역사지리조사부에서 담당했던 명 · 청대의 만주에 대해서는 중국(명)이 구축한 새외 민족에 대한 지배구조가 15세기 중반이면 이미 붕괴되었다며 후금이 건국되기 이전, 상당히 이른 시기부터 중국의 정치적 영향력으로부터 몽골과 만주가 독자성을 가지고 있었음을 이야기했다. 그렇지만 거란의 요 이후 여진의 금, 청에서 반복적으로 나타나듯이 이들 새외 민족이 발전하기 위해서는 중국의 문물과 제도, 중국인을 필요로 할 수밖에 없었다는 것은 새외 민족이 문화적으로 저열했으며, 이들이 새로운 왕조를 개창하여 중국을 위협·정복할 수 있을 정도로 세력화할 수 있었던 것은 주로 '무력'에 의한 것임을 의미한다. 이는 이나바역시 '동양'의 역사를 '남쪽의 문(文)'과 '북쪽의 무(武)'로 대별하여양자의 경합 과정으로 보았던 시라토리의 '남북이원론'의 관점에서만주의 역사를 보고 있었음을 말해준다.

한편, 이나바가 주로 만주에 근거한 민족들의 정치적 독자성을 이야기하고자 했다면 도리야마는 더 이른 과거부터 말갈-여진의 문화적독자성을 부각했다고 하겠다. 관련 사료가 극히 부족한 발해의 문화에 대해 도리야마는 발해의 기층에 비록 "저급"하고 "야만"스럽지만"의용", "견인", "근검"한 자신들만의 고유문화와 국민성이 잠재했으며, 금 역시 중국 문화와는 대별되는, 자신들의 오래된 풍속에 근거한 국수가 있었다고 추정했다. 하지만 발해와 금의 고유문화·국수는 중국 문화의 유입에 따라 변질되었고, 그 결과는 왕조의 멸망이었다. "국민 고유의 상무적 성정을 차차 변개해 군사적 덕성이라고 할만한 의용, 검인(儉忍) 등의 미풍 — 다수의 국민에게는 무의식에 존재하는 — 을 붕괴시킨"[69] 결과 발해가 멸망했다는 언급에서도 드러나듯이 도리야마는 새외 민족이 건국한 왕조가 유지되기 위해서는그들의 고유한 국수가 유지되는 것이 필수 조건이라고 생각했다. 이처럼 러일전쟁 전후 '만선'이라는 용어가 처음 등장한 이래 그 역사에 대해 학문적 접근이 시작되던 20세기 초반, 일본인 연구자들은 정치적·문화적으로 만주를 중국과 분리된 공간으로 상정하고 있었다.

3. 대륙과 일본의 오래된 교섭

여기서 다시 『만주발달사』를 "지나, 만주, 몽고, 조선, 러시아 및 우리 일본인과의 갈등의 일대 기록"이라고 정의했던 이나바의 언급을 떠올려보자. 이에 따르면 만주의 역사는 몽골-중국-만주의 삼자 구도 외에도 조선, 러시아 등과의 관계 속에서 의미를 갖게 되지만, 여기에 다시 일본과의 관계까지를 고려해야 완성되는 것이다.

사실 자타를 구분하여 자민족의 경계를 확정하는 것에서 멈추는 것이 아니라 자타를 일원적인 진화론적 시간축 위에 배열하여 타민족의 '정체/퇴보'를 통해 자민족의 '진보'를 확인하는 근대 역사학의 속성을 생각해볼 때, 결국 근대 역사학은 일국사/일민족사의 범위를 넘어 타국/타민족의 역사로 시선을 돌렸다가 다시 자국사/자민족사를 응시하게 된다. 더군다나 자국/자민족의 현실적인 이익/이권이 타국/타민족의 영역에 걸쳐 있다면 이익/이권을 옹호·확대하려는 목적으로 타국/타민족의 지리적 영역에 대해 자신들의 역사적 연고권을 주장하게 된다면 이러한 시선은 더욱 강렬해질 수밖에 없는 것이었다. 앞서 살펴본 이나바나 도리야마 역시 중국으로부터 독자성을 띠는 만주라는 지역과 일본의 관계를 역사적으로 고찰하고자 했다. 이는 일본사의 범위를 확인하고, 그를 정립하기 위해서도, 또 만주에서 획득한 일본의 권익에 정당성을 부여하기 위해서도 필요한 일이었다.

발해사에 집중했던 도리야마는 일본에 대한 발해의 지속적인 조공에 주목하여 이 문제에 대한 답을 구했다. 물론 발해와 일본의 관계는 '조공'이라는 단어에서 단적으로 드러나듯이 일본의 우위에 입각한 것이었다. 하지만 발해가 일본에 '조공'의 형식을 취한 것은 상업적 이윤을 획득하기 위한, 어디까지나 전략적 선택이었다는 것이 도리야마의 설명이었다. 이러한 서술은 보기에 따라 일본에 '조공'을 보낸 발해의 선택은 영리한 것이었으며, 오히려 일본은 이러한 발해에 이용당하는 존재로 비추어질 수도 있다. 그렇다면 발해와 일본의 대외교류를 강조한 역사서술이 내포하는 것은 무엇일까?

우선, 만주에 대한 일본의 교섭은 매우 오랜 역사를 갖고 있으며, 당시 일본의 위상을 보여줄 수 있다는 점을 들 수 있다. 즉, 8세기 초부터 200여 년간 계속된 발해의 대일본 '조공'은 당시 발해인들이 — 진심이든, 전략적 선택이든 — 일본을 자신들보다 우월한 존재로 대우하고 상대해야 한다는 것을 알고 있었으며, 이는 당시 국제질서에서 일본이 우위에 있던 시대상을 말해주는 것이었다. 이는 만주와 일본 관계의 유구함과 밀접함은 물론 8~10세기 만주에 대해 일본이 우월한 위치에 있었음을 보여주는 역사적 선례였다.

이렇게 유구한 만주와 일본의 관계는 만주에 대한 일본의 역사적 위상을 드러낼 뿐만 아니라 일본에게 실익을 안겨주는 것이기도 했다. 도리야마에 따르면, 일본은 발해의 '조공'이 상업적 이윤을 위한 것임을 간파하고서 이를 허용해서는 안 된다는 논의가 있었음에도 불구하고 발해와의 관계를 단절하지 않았다. 그 이유는 발해와의 외교를 통해 일본이 단순히 '조공'을 받는다는 외교적 허영심을 충족할 수 있어서가 아니라 실질적인 이익을 거둘 수 있었기 때문이다. 발해의 '조공'을 받아들이면서 일본이 얻었던 실질적 이익은 바로 대륙, 즉 중국의 문물과 정보의 취득이다. 일본은 발해와의 외교를 통해 견당사(遺唐使)가 폐지된 이후에도 선명력(宣明曆)으로 대변되는 중국의 선진문물을 수입할 수 있었을 뿐 아니라 안사(安史)의 난 같은 중국의 정치 상황에 대한 정보를 빨리 획득할 수 있었다는 것이다.[70]

이와 같이 발해와 일본과의 외교에 대한 도리야마의 서술은 비록 8세기 이래 200여 년의 기간에 한정되는 것이지만 만주와 일본의 오래된 관계를 보여줌은 물론 당시 국제적으로 일본이 만주에 대해 우월한 지위를 인정받고 있었고, 이 관계를 통해 중국의 문물을 수용하여 국가 발전을 도모했음과 동시에 국제 정세의 변화에 빠르게 대처할 수 있었음을 내포하는 것이었다.

이처럼 만주 혹은 대륙의 역사를 일본사와 관련지으며 일본사의 위상을 드러냈던 것은 이나바 역시 마찬가지였다. 발해사를 연구했던 도리야마의 시도는 발해가 존속했던 200여 년의 시간에 한정된 것이라면 만주의 통사를 지향했던 이나바는 훨씬 더 긴 시간 속에서 대륙과 일본의 역사적 관계를 설명하고자 했다.

앞서도 언급했듯이 이나바는 『만주발달사』의 첫 머리에서 '만주발달사'를 대륙과 일본 사이의 역사로 정의했다. 즉, 그에게 일본사는 대륙의 역사를 설명하는 또 다른 축이었다. 일본과 대륙과의 역사적 관계를 규명하는 것은 일본사를 대륙과 연결 지어 더욱 풍성하게 하는 것에서 그치는 것이 아니라 일본사의 유구함을 증명하는 길이기도 했다. 도리야마가 그러했던 것처럼 이나바 역시 눈에 띄는 만주와 일본의 오래된 교섭, 바로 발해와 일본의 교통에 주목했다.[71] 이나바는 광개토대왕릉비를 거론하며 왜(倭, 일본)라는 이름이 만주에 알려진 것은 오래된 과거이지만 "순수 만주에서 성립한 국민과 우리 일본인과의 교빙은 발해국에서 시작되었다"며 발해와의 교통이 일본사에서 가지고 있는 역사적 의미를 부각하는 한편, 발해의 멸망으

로 200여 년간 지속된 관계가 단절되었을 뿐만 아니라 일본의 외교
도 퇴영을 거듭했다며 애석해했다.[72]

이처럼 발해와의 교섭을 통해 만주에 대한 일본의 역사적 관련성
을 부각할 수는 있을 것이다. 하지만 이것을 제외하면 역사적으로 볼
때 그다지 눈에 띄지 않는 만주와 일본의 외교나 교통을 어떻게 설명
할 수 있을까? 이나바는 이 역시 만주의 역사를 접근하는 자신만의
시각에서 그 해결책을 찾았던 것으로 보인다.

앞에서 살펴보았듯이 이나바는 만몽불가분 및 만몽과 조선의 불
가분을 주장했다. 즉, 만주의 역사는 기본적으로 '만주-중국-몽골'
이라는 역학관계 속에 위치하며, 여기에 조선은 만주와 떨어질 수 없
는 관계에 있다는 것이다. 이러한 시각에서 바라본다면, 비록 이나바
가 발해와 일본 사이에 있었던 교빙의 역사적 의의를 설명하며 사용
했던 "순수 만주"는 아니지만, 그가 설정한 "만주"의 범위 즉, 만주의
과거에 접근하기 위해 함께 살펴보아야만 하는 범위는 만주라는 공
간에 영향을 미쳤으며, 이 지역을 장악하기 위해 경쟁했던 대륙의 여
러 세력으로 광대해진다. 결국 '만주-중국-몽골' 등의 세력들의 움
직임이나 정책은 만주라는 지역을 둘러싸고 서로 맞물려 있기 때문
에 이들 여러 세력과 일본의 관계는 궁극적으로 만주와 일본의 관계
라는 맥락에서 정리가 된다.

이러한 시각에 입각해 이나바는 일본사의 시작부터 대륙과 일본
의 관계를 설명했다. 그가 주목한 것은 바로 한(漢) 무제(武帝)에 의
한 한사군의 설치였다. 주지하듯이 기원전 108년 한 무제는 위만조
선을 공격하고 4군을 설치했다. 이처럼 한 무제가 "조선 남반(朝鮮南
半)의 산천"을 아우르게 되자 "해표(海表)는 동요하여 비로소 낙랑해

중(樂浪海中)에 있었다고 보이는 왜인(倭人)이 한(漢)에 사빙(使聘)하는 것은 30여 국(國)에 이른다는 지나 기록이 전해"진다는 것이다. 즉, 한 무제의 4군은 조선의 남부 지역까지 미치고 있었기 때문에 중국은 일본의 존재를 알게 되었을 뿐만 아니라 일본은 이때부터 중국에 외교관계를 가지게 되었다는 것이다. 그뿐만 아니라 반도가 더 이상 일본을 향하는 대륙의 무력적 압박을 막아줄 수 없게 되었기 때문에 일본인들은 한의 강압에 직면하게 된 결과 새로운 단계로 접어들었다는 것이 이나바의 설명이었다.

한(漢)의 강압은 의심할 것도 없이 국민적 관념의 각성을 환기해 조국(肇國)의 사상(思想)과 같은 것이 스스로 풍위원(豐葦原)의 내외(內外)에서 이회(理會)되었을 것이다. 저 무제의 조선 정벌을 단지 한인(漢人)의 식민경영(植民經營)과 같은 것이라고 해석하는 것은 내가 하지 않는 것이다.[73]

대륙의 압박은 일본인들의 "국민적 관념"을 환기해 "조국(肇國)"으로 연결되었다는 것이다. 즉, 이나바에게 한사군의 설치는 단순히 외세에 종속된 조선의 역사를 부각하기 위한 것만이 아니라 대륙과 일본의 교섭이 유구했다는 것을 설명하는 데에 매우 중요한 사건이었다. 이나바의 표현을 그대로 빌리자면 "일본의 통일, 문화의 발전 등은 대륙 세력의 압박으로부터 외에는 고량(考量)할 수 없"는 것이기 때문에 "대륙의 압박"은 "일본에 행복을 초래"했다는 것이다.[74]

이나바는 일본사의 시원에 대한 자신의 이러한 구상에 대한 증거로 1784년 당시 지쿠젠국(筑前國)의 나카군(那珂郡, 현재 후쿠오카 서부이바라키현)에서 발견된 '한위노국왕(漢委奴國王)'이라는 명문이 새겨진 한인(漢印)을 제시했다. 이나바는 이에 대한 구구한 해석들을 제시한 후 당시 후한(後漢)의 정세를 고려하여 이 한인을 보아야 한다며, 이를 야마토 조정이 한(漢)에 조공할 당시 받은 것으로, 한에 대한 통교권(通交權)을 보증해주는 징표로 일종의 감합부(勘合符)라고 설명했다.[75] 이러한 서술은 이미 기원 직후에 중국과 일본의 조정이 서로 교통했다는 것으로, 매우 획기적인 것이다. 즉, 일본의 중앙정부인 야마토(大和) 조정은 기원 직후의 시점에 중국에 직접 조공할 정도의 국가체제를 형성했으며, 또 이를 통해 중국의 선진문물을 직접 수용했음을 의미하는 것이었다.

이와 같이 일본이 기원전부터 대륙(중국)과 직접 통교하며 문화적으로 발전했다는 것은 바로 일본에서 국가의 형성 역시 매우 이른 시기에 이루어졌다는 것을 의미하는 것이기도 하다. 이른 시기에 국내의 정치적·사회적 정비가 이루어졌기 때문에 기원 전후로 추정되는 스진(崇神)·스이닌(垂仁)대에 일본은 해외 경략, 바로 반도의 남단에 영토를 확보할 수 있었다.[76] 이처럼 이나바는 한사군 설치를 국가 성립에 대한 일본인들의 각성의 계기로 평가하고 대륙과 일본의 유구한 교섭을 주장함으로써 일본사의 상한, 즉 일본에서 국가 건설의 시기를 획기적으로 상향할 수 있는 가능성을 열었음은 물론 일본의 반도 점유인 임나일본부 역시 유구한 것임을 설명해냈다.

이처럼 이나바는 도리야마와 마찬가지로 일본이 우위에 선 발해와의 외교를 주목했음은 물론 만몽불가분, 또 만몽과 조선의 불가분이라는 구상을 통해 '만주'의 공간적 범위를 확장해 만주-대륙과 일본의 관계를 기원전으로 소급하여 일본에서 고대 국가 형성의 시기를 끌어올렸다. 그렇지만 아무리 만주의 공간적 범위를 확장한다고 할지라고 실질적으로 많지 않았던 만주-대륙과 일본의 접촉을 일관적으로 제시할 수는 없었다. 이러한 가운데 그나마 만주-대륙과 일본의 관계를 언급할 수 있는 소재는 고려 말 조선 초의 왜구(倭寇)와 임진왜란 정도였다.

이나바는 명대(明代)의 왜구는 원대(元代)부터 계속된 것이라며, 원대 이래의 일본 해적에 주목했다. 그의 설명은 원, 명에 걸쳐 계속해서 왜구가 일어난 것은 대륙 세력(원, 명)이 자초한 측면이 크다는 것이었다. 원 당시에는 지속적으로 무역 창구가 줄어들고 있었으며, 명대에도 극히 제한적인 무역만이 허락되었다. 이처럼 "일지무역(日支貿易)의 조류를 우매한 관리나 낮은 술수로 희롱했기 때문에 거기서 '왜구'라는 일종의 폭풍이 일어"났다는 것이다.[77] 즉, 원·명대의 왜구는 대륙과 일본 사이의 무역이 활발하지 못한 결과였으며, 그 원인은 대륙의 무역 제한이었다는 것이다. 그뿐만 아니라 원대의 일본 해적은 원에게 상당히 위협적인 존재였던 것으로 그려진다. 수도가 베이징(北京)이었던 원은 남중국에서 재배한 미곡을 북방으로 공급하기 위해 양쯔강 하구에서 발해만 톈진(天津)까지 바다를 통해 미곡을 운반했다. 그래서 이 해도(海道)를 보호하는 것이 원 조정의 중대한 과제였는데, 일본 해적이 바로 이 해도를 공격했다는 것이다. 원의 조정에서 도원수부(都元帥府)를 세운 것은 일본 해적 때문이었으며, 쿠빌라이가 일본 공격을 실패한 이후에도 화친을 위해 사절을 파견한 것 역시 일본 해적을 두려워했기 때문이라는 것이 이나바의 설명이다. 이는 당시 일본 해적이 대륙의 원을 압박할 수 있을 만큼 강력한 세력이었음을 말하는 것이기도 하다. 그뿐만 아니라 이러한 서술은 대륙과 일본의 교섭을 저해하는 것이 오히려 대륙에게 고통과 두려움이 될 수 있다는 것을 의미하는 것으로도 비친다.

한편, 임진왜란은 대륙과 일본의 관계를 거론하기 위해 이나바가 제시한 마지막 역사적 선례였다. 이나바는 분열되었던 일본의 통일 이후 팽창력이 극대화되자 임진왜란이 일어나게 되었다면서, "조선반도(朝鮮半島)"의 역할, 바로 일본을 대륙으로 인도하는 "교량(橋梁)"임을 잘 보여준 사건이라고 그 역사적 의의를 들었다. 그렇지만 이나바는 이 전쟁에 참여했던 일본 장수 가토 기요마사(加藤清正, 1562~1611)가 만주 지역에 발을 들였다는 것 정도만을 언급하는 데 그쳤다. 이나바는 가토의 만주 출병이 "발해국 멸망 이래 그 발끝[脚先]을 만주에 들이지 못하던" 일본인이 만주에 발을 들였다는 것에 역사적 의미를 부여했을 뿐,[78] 가토가 만주까지 들어간 이유나 만주에서의 활동 등 이 사건을 둘러싼 사항들에 대해서는 아무것도 언급하지 못했다. 당시 일본 학계에서도 이케우치에 의해 임진왜란의 원인 정도만이 연구되었을 뿐이며, 아직 전쟁의 전개에 대해서는 본격적인 연구가 되지 못한 가운데 만주와 일본의 관계를 이야기하고자 했던 이나바가 서술할 수 있는 것은 이 정도뿐이었던 것으로 보인다.[79]

이처럼 1910년대 이나바, 도리야마로 대변되는 만주사 연구자들은 만주와 일본의 유구한 역사적 관계를 설명하고자 했다. 일차적으로 이것은 만주에서 이권을 다투던 그 당시 만주에 대한 역사적 연고권을 확인하고자 하는 시도였다고 하겠다. 그렇지만 이러한 시도는 만주와의 역사적 연결고리를 제시하여 침략을 역사적 필연으로 포장하기 위한 것 외에 또 다른 의미를 가지고 있다. 도리야마는 비록 8~10세기라는 제한된 시기에 국한되었지만, 발해와의 외교를 통해 만주와 일본의 유구한 역사적 관계와 당시 만주에 대한 일본의 위상을 보여주었다. 그뿐만 아니라 견당사가 폐지된 이후에도 한동안 일본은 발해의 조공을 통해 중국의 문물을 받아들이고, 대륙의 정세를 바르게 파악할 수 있었다는 것이다. 즉, 과거 일본은 만주를 통해 선진문물과 새로운 정보들을 입수했음을 이야기했다.

이나바는 여기서 한 발자국 더 나아갔다. 만주사를 만주라는 지역을 둘러싸고 불가분한 여러 세력의 경쟁 과정으로 정리함으로써 19세기 중반부터 지속된, 20세기 들어서는 일본도 참여한, 만주에서의 이권 획득을 위한 제국주의 열강들의 경쟁에 역사성을 부여했을 뿐 아니라, 만주와 일본의 역사적 관계를 만주와 불가분한 여러 세력과 일본과의 관계로 치환했다. 이를 통해 그는 일본이 대륙과 역사적으로 관계를 맺은 계기를 한사군의 설치까지 소급해버렸다. 이는 대륙에 대한 일본의 역사적 관련성이 유구하다는 것을 말하는 데에 그치는 것만은 아니었다. 이나바는 오래된 대륙과 일본의 교통을 일본에서 국가 형성의 문제와 연결지으며, 고대 국가의 형성 시기를 획기적으로 소급했을 뿐만 아니라 '반도 남부 경영'의 근거인 임나일본부의 존재 시기 역시 끌어올렸다. 이와 같은 이나바의 설명은 일본사를 대륙과의 교섭 과정 속에 위치시킴으로써 동아시아 역사 무대에 일본을 주요 등장인물로 내세우려는 것이기도 했다. 그렇지만 역사적으로 찾아보기 어려운 만주-대륙과 일본의 접촉을 제시할 수는 없었다. 이러한 가운데 이나바는 왜구와 임진왜란을 통해 일본의 대륙 접촉을 언급할 수 있을 뿐이었다. 왜구와 임진왜란은 발해 멸망 이후 그다지 눈에 띄지 않았던 대륙과 일본의 역사적 관련성을 이야기할 수 있는, 또 대륙과 일본의 관계를 원·명대로 확장할 수 있는 소재였다. 그렇지만 왜구와 임진왜란에 대한 이나바의 서술은 일본의 국가 탄생과 임나일본부에 대한 설명만큼 구조화되지 못했다. 이는 만주 사를 포함한 일본사에 대한 당시 일본 학계의 수준을 드러내는 것이 기도 했다.

한편, 이나바는 임진왜란에 주목하여 조선은 일본을 대륙으로 이 끌어주는 "교량"이라는 시각을 분명히 했다. 이는 일본과 대륙의 관 계를 구체화하기 위해 조선의 역사를 살펴볼 필요성을 제기하는 것 이기도 했다. 머지않아 그에게 기회가 찾아왔다. 『조선사』 편찬을 위 해 조선에 부임하게 된 것이다.

2장

조선 강점 이후 조선사 연구와
서로 다른 시각들

그간의 연구들이 지적해왔듯이, 만주에서의 이권 확보가 주요 관심사로 부상한 19세기 말 이래 일본인들 사이에서 '만선'이라는 지역 개념이 등장하고 러일전쟁 이후 '만선'에 대한 역사학적 접근이 본격화되었지만 '만선'을 통일성을 갖춘 하나의 역사문화권으로서 아우른 역사서술은 이루어지지 못했다. 앞서 언급했듯이 만선역사지리 조사부는 만주에 대한 연구에서 시작했지만 그 연구 범위를 조선으로 확장했다. 한편, 만선사의 체계화를 시도한 유일한 연구자이자 만년에 자신의 연구 과정을 '만선사' 연구였다고 회고할 정도로 만선사 연구자로서 정체성을 분명히 드러냈던 이나바 이와키치 역시 연구 초창기에는 만주 및 대륙과 일본의 관계에 관심을 기울였다. 즉, '만선'이라는 용어가 등장하고, 그에 대한 역사학적 연구가 이루어지기 시작한 초기에 연구자들의 관심은 만주와 조선 가운데 만주의 역사 및 만주와 일본의 관계사를 향해 있었다.

사실 대부분의 개념이나 용어들이 그렇듯이 '만선사'라는 개념 내지 용어 역시 처음부터 명확하게 정의가 내려져 있었던 것은 아니었다. 만선사 연구라고 할 수 있는 『만선지리역사연구보고서』에 실린 논문들 역시 만주사, 조선사, 만선관계사는 물론 몽골사, 중국사상사나 한일관계사에 해당하는 다양한 주제를 포괄하고 있다는 것은 당시 연구자들이 생각했던 만선사의 범위가 매우 넓었다는 것을 말해주는 것이다. 즉, 당시 연구자들은 만주와 조선의 역사를 중심으로 이를 해명하는 데 필요한 다양한 분야사와 몽골, 중국은 물론 일본과의 관계사까지도 만선사의 범주에 포함하고 있었다. 이처럼 만선사라는 개념은 폭넓은 것 또는 느슨한 것이었으며, 시대의 변화와 연구의 진전에 따라 그 모습을 서서히 드러냈다고 보는 것이 사실에 가까울 것이다.

1장에서 살펴보았듯이 러일전쟁 이후 '만선사'라는 용어가 등장하게 되며, 일본인 연구자들 사이에서 만주사에 대한 연구가 본격적으로 개시되었다. 만주에 대한 최초의 통사인 『만주발달사』나 만주에 있었던 대국으로서 일본과 지속적으로 사신을 교환한 발해에 대한 최초의 통사인 『발해사고』 등을 통해 알 수 있듯이 이들의 연구는 만주사의 해명과 더불어 일본과 대륙의 관계를 규명하는 것이기도 했다.

특히 대표적인 만선사학자로서 평가되는 이나바는 만주사를 만주라는 지역에 영향을 미쳤던 다양한 세력의 관계와 그들 간의 경쟁 과정으로 보았다. 그가 이야기한 '만몽불가분', '만몽과 조선의 불가분' 같은 표현은 이러한 입장을 단적으로 드러낸다. 그는 만주와 몽골 중 어느 한 방면에 강력한 세력이 일어나면 다른 한쪽을 병탄하지만 양측에 역량이 비슷한 세력이 출현할 경우 양자 사이에 중국이 끼어들어 어느 한 측이 강력해지지 않도록 저울질한다고 보았다. 이러한 기본축을 중심으로 조선 역시 만주사의 전개에서 빠질 수 없는 존재이기에 만주와 몽골, 조선, 중국을 모두 포함한 관계를 만주사의 범위로 보았다. 하지만 그가 구상한 만주사의 범위는 여기서 그치지 않는다. 그는 이렇게 다종다양한 세력들의 관계로 얽힌 만주와 일본의 관계까지 고려해야 만주의 역사적 전개를 완벽하게 이해할 수 있다고 보았다. 그렇다면 만주사의 범위는 매우 넓어지게 된다. 만주 방면의 세력으로서 만주족의 역사를 비롯해 만주에서 세력을 다툰 몽골과 중국의 역사 및 만주와 관련된 이들의 상호관계는 물론, 조선이나 일본이 만주 또는 만주에 영향력을 행사했던 몽골, 중국 등과 교류하며 만주사의 전개에 영향을 미쳤다면 이들과 조선·일본의 관계사까지 포괄될 수도 있을 것이다.

만선역사지리조사부를 거쳐 만주사를 연구하던 1910년대의 이나바는 조선과는 별다른 연고가 없었다. 당시의 이나바는 조선의 역사에 대해서도 특별한 관심을 보이지 않았으며, '만선사'라는 용어도 사용하지 않은 채 만주사 연구에 집중하고 있었다. 그런데 이러한 이나바가 1920년대 들어서자 조선에 부임하여 1938년 만주건국대학의 교수로 부임하기 전까지 조선에 머물게 된다. 바로 조선총독부의 역사편찬사업이었던 『조선사(朝鮮史)』 편찬사업의 실무를 총괄하게 된 것이다. 이 『조선사』 편찬을 위해 15년이 넘는 기간을 조선에 머물면서 이나바는 방대한 양의 연구 성과를 발표했는데, 그 가운데 상당 부분은 조선의 역사에 대한 것이었다. 즉, 만주사 연구자였던 그가 조선사를 연구하게 되면서 명실상부하게 '만선'의 역사를 아우르는 '만선사' 학자가 된 것이다. 만선사에 대한 체계화 역시 이나바가 『조선사』 편찬과 조선의 역사에 대한 연구에 종사한 지 10여 년이 지난 1933년에 이루어졌다. 이러한 측면을 고려할 때 조선 부임은 그가 만선사 연구자로 거듭날 수 있는 결정적인 계기였다고 하겠다.

비록 이나바가 조선으로 건너오기 전까지는 조선의 역사에 대한 연구 경험이 없었으며 '만선사'라는 용어도 사용하지 않았지만, 당시 만주사에 대한 그의 구상 속에 이미 만선사의 싹이 내재되어 있었으며, 조선의 역사를 보는 기본적인 시각 역시 드러나 있었다. 만주와 몽골 사이의 불가분의 관계가 만몽과 조선 사이에도 있다고 본 것이 그것이다. 그가 사용하는 '불가분'이라는 표현이 하나의 통일된 역사, 문화, 정치권으로서 일체화만이 아니라 두 세력 사이에 또 다른 하나의 세력이 게재하여 양자의 결합을 저지하는 역학관계가 작동함을 의미하는 양의적 표현이었다는 것을 생각해볼 때, 만몽과 조선이 불가분의 관계에 있다는 이나바의 서술은 만선사를 향하고 있는 것이기도 했다. 비록 '만선사'가 아닌 '만주사'의 해명을 위한 것이지만 만몽과 조선이 불가분인 이상 적어도 만주-대륙과 조선의 관계사에 대한 이해를 요하기 때문이다.

그리고 만주-대륙과 조선의 관계는 대륙에서 조선을 향하는 것이 대세였다. 이나바는 만몽과 조선의 불가분성에 입각하여 19세기 말에서 20세기 초 일본의 정계에서 이야기된, 조선만 장악하면 일본의 국방은 안전하기 때문에 만주로의 진출에 무리할 필요가 없다던 '만몽방기론(滿蒙放棄論)'을 역사적으로 오류라고 강하게 비판했다.[1] 이는 일본의 안보를 역사적인 견지에서 판단한 것으로, 역사적으로

볼 때 대륙의 힘은 조선을 거쳐 일본을 향한다는, 일본에 대한 대륙
으로부터의 위협을 이야기한 것이었다. 이나바가 보기에 조선은 일
본을 대륙으로 이끌어주는 "교량"이기도 했지만, 끊임없이 대륙 세
력들이 영향을 미치는 장소로서, 경우에 따라서는 그들을 일본으로
안내하는 발판이 되기도 하는 것이었다. 즉, 이나바가 조선의 역사에
대하여 본격적으로 연구를 시작한 것은 아니었지만, 1910년대 그의
만주사에 대한 구상에 기대어볼 때 만주를 비롯한 대륙의 세력들이
조선 방면에 미친 영향력을 고려하는 것이 조선의 역사를 이해하기
위한 가장 중요한 요소라는 것이 조선 부임 당시 조선사에 대한 이나
바의 기본적인 시각이라 하겠다.

그런데 '만선', '만선사'라는 용어나 개념들이 등장하기 이전부터,
또 이나바가 조선에 부임하기 이전에도 조선사에 대한 연구는 일본
학계에서 활발히 전개되고 있었다. 그렇다면 이러한 연구들은 조선
의 역사를 어떻게 파악했는가? 특히 1910년 강점 이후 조선총독부
가 조선에 대한 각종 조사와 연구를 주도하게 되면서 완전히 일본의
일부가 되어버린 조선의 역사를 어떻게 정리했는가? 또 이러한 상황
에서 조선에 부임한 이나바의 시각은 기존의 조선사 연구와 어떠한
차이가 있었으며, 이나바는 무엇을 연구했는가?

1. 19세기 이래 강점 전후 일본인 연구자들의 조선사 연구

에도(江戶)시대 이래 일본인 가운데서는 일본의 역사와 문화를

설명하기 위해 조선이 일본 문화에 미친 영향력에 주목하며 조선의 역사와 문화에 관심을 표명하는 이들이 등장했다고 한다. 18세기에 아라이 하쿠세키(新井白石, 1657~1725)는 유교적 합리주의에 입각하여 『고사기(古事記)』·『일본서기(日本書紀)』를 독해하여 규슈 지역에 신라와 고구려 사람이 많이 살고 있다고 판단했으며, 실증을 중요시했던 고증학자 도 데이칸(藤貞幹, 1732~1797)은 고대 일본 문화에 나타나는 한국적 요소에 주목하며 그 영향을 중요시했다는 것이다.[2]

조선에 대한 관심은 19세기 후반 일본의 조선 침략 및 서구화에 따른 근대 학문의 수용·전개가 맞물리며 새로운 면모를 띄게 되었다. 강화도조약 체결 이후 조선에 대한 군사 조사활동이 활성화된 이래 1882년에는 조선에 대한 군사 밀정체제를 정비했으며, 이후 조선에 파견된 정탐 장교들을 중심으로 조선에 대한 지지(地誌), 지도를 제작했다. 또 중국(청)으로는 '주재무관(駐在武官)' 혹은 '어학선생(語學先生)'의 명목으로 군인들을 파견했는데, 그중 한 명이었던 사코 가케아키(酒匂景信, 1850~1891)가 1884년 광개토왕 비문의 탁본을 가지고 일본에 돌아온 이후로는 광개토왕 비문 연구를 중심으로 하는 한국 고대사 연구가 본격화되었다.[3]

한편, 1877년 근대 학제의 최고 학부로서 제국대학(이후 도쿄제국대학)이 설립되었다. 1887년에는 제국대학에 사학과가 설치되고, 2년 후에는 국사과가 증설됨과 아울러 학내에 '사학회(史學會)'가 조직되었다. '사학회'에서는 회지(會誌)로 『사학회잡지(史學會雜誌)』(이후 『사학잡지』)를 창간했는데, 이는 일본 최초의 역사학 전문 학회와 학술지라 하겠다. 이처럼 근대 역사학의 전개를 위한 제도적 기반들이 하나둘 마련됨에 따라 조선의 역사에 대한 연구 역시 활발하게 이루어졌으며, 이는 『사학회잡지』에서 다수를 차지하는 조선사 관련 연구를 통해서 확인할 수 있다. 당시 『사학회잡지』에 실려 있는 조선사 관련 논문들은 고대사와 관련된 것들이 절대다수를 차지했다.[4]

그 이유에 대해서는 고대 일본의 조선 남부 지방 경영, 즉 '임나일본부'의 실체를 밝히려는 열망이 강한 가운데 광개토왕 비문의 탁본은 이를 해명할 수 있는 열쇠라고 생각되었기 때문에 고대사에 대한 연구가 집중적으로 이루어졌다고 이야기되었다.[5] 이러한 고대사 중심의 연구는 침략과 병합의 역사적 연고권을 주장하여 그 근거를 마련하기 위한 것임과 동시에 일본의 기원을 밝히기 위한 것이기도 했다. 일본의 기원을 해명하고, 일본사의 범위를 설정하기 위해서는 조선의 고대사에 대한 연구가 필수적이었다. "『일본서기』를 처음 읽었을 때 거기에 조선 관계 기사가 너무 많아서 정치사는 물론 문화사적으로도 조선의 문화를 알지 못하면 우리 고대사의 여러 문제들이 아무것도 해명되지 못한다는 점을 통감했다"는[6] 미시나 쇼에이의 언급은 자신들의 기원을 해명하기 위해 한국의 고대사를 연구해야만 했던 일본인 연구자들의 상황을 단적으로 보여준다. 일본사의 기원과 출발, 고대사를 해명하기 위해 일본인 연구자들은 『고사기』와 『일본서기』에 무수히 등장하는 '한(韓)'에 직면할 수밖에 없었으며, 이를 먼저 해명하지 않고서는 자신들의 역사를 설명해나갈 수 없었던 것이다. 더군다나 대학에 사학과가 설치되고 학회와 학술지 등이 등장하며 근대 역사학이 도입되어 전개되던 당시, 자신들의 기원을 포함하여 자국사의 범위를 시공간적으로 확정하는 일은 이제 막 형성되어가던 학계의 중요한 현안이었다.

고대사를 중심으로 하는 조선의 역사에 대한 관심은 청일전쟁을 전후하여 더욱 고조되어 조선의 역사에 대한 통사적 접근을 시도한 학술서들이 등장하기에 이르렀다. 하야시 다이스케(林泰輔, 1854~1922)의 『조선사(朝鮮史)』(1892)나 요시다 도고(吉田東伍, 1864~1918)의 『일한고사단(日韓古史斷)』(1893) 등의 등장은 이를 단적으로 보여준다. 그런데 이러한 저술들은, 조선인은 단일민족이 아닌 몇 개의 인종의 혼합체이며 역사적으로 일본과 밀접한 관계를 맺고 있었다는 데 동의하고 있었다. 서구식 역사서술을 모방하여 서술된 한국사에 대한 최초의 통사로 평가되는 『조선사』에서 하야시는 조선인에 대해 "북방의 산간에 사는 사람들은 대단히 강한(强悍)하며, 남부 중앙 사람들은 성질이 관대하고 순하다"며 지역에 따라 조선인의 성격이 다르고, "조선인의 시조는 북에서 남으로 이동"했으며 그 역사의 중심 역시 남쪽으로 이동했다고 보았다.[7] 조선이 남과 북에 걸쳐 다른 인종으로 구성되었으며, 그 역사의 중심은 남쪽에 있었다는 것은 일본 역사지리학의 선구자라고 이야기되는 요시다에게서 좀 더 분명히 나타난다. 『일한고사단』은 조선의 인종에 대한 논의부터 시작한다. 요시다는 조선의 인종을 남부 지역은 "한종(韓種)"인 "도종(島種)", 북부 지역은 연(燕)·제(齊)·숙신(肅愼)과 접한 "육종(陸種)"으로 유형화하고 신라, 임나, 마한 등은 "도종"(=한종), 예맥·옥저·부여·고구려는 "육종"에 속한다며 "이 두 종의 흥망성쇠는 이후 고사(古史)의 수미시말(首尾始末)을 이루는 것이다 (…) 도종의 일파인 신라가 반도를 통일하고 고구려, 백제의 육종을 동화(同化)한 것이며, 이후 1200년 반도를 엄유(奄有)한 것은 신라 도종의 자손"으로 "우리(일본: 인용자)와 동일한 도종"이라며[8] 한국의 인종을 남과 북으로 대별하는 한편, 그 역사의 중심을 일본과 가까운 한국의 남부에 두었다.

　조선과 일본의 밀접한 교통 이상의 인종적·혈연적 공통성을 주장하며 조선인과 일본인은 '동일한 선조에서 나온 가까운 혈족', '언어·풍속·신앙·습관 등도 본래 동일'한 '일가·일족'이고, 한일 양국은 '거주 지역을 같이해 국토의 구별이 없었'다는 일선동조론(日鮮同祖論)[9]에 입각한 역사서술은 조선 침략에 따라 이미 아카데미즘 안에서 등장·확산되고 있었다. 비록 일본사를 정리하는 것이었지만 1890년 도쿄제국대학 국사학과 교수였던 시게노 야스쓰구(重野安繹, 1827~1910), 구메 구니타케(久米邦武, 1839~1931), 호시노 히사시(星野恒, 1839~1917) 3인이 함께 저술한 『국사안(國史眼)』에서는 『고사기』와 『일본서기』를 토대로 스사노오 미코토(素盞嗚尊)가 한(韓)으로 건너가 그곳을 통치했으며, 이나히노 미코토(稻永命)는 신라의 왕이 되었고, 그 아들인 아메노히보코(天日槍)가 일본에 귀복했다며,[10] 조선과 일본 양측을 혈연적으로 묶어내는 한편, 조선에 대한 일본의 우위 속에서 일본의 기원(신대神代)을 설명했다.

　그런데 일본인과 근원을 함께하는 사람들이 존재한다는 논의는, 이른바 '만세일계의 천황'이 존재하며 '군민동조'에 입각한 가족국가라는 것을 다른 나라에서는 찾아볼 수 없는 일본 고유의 특징이자 국체라고 보았던 이들에게는 용납될 수 없는 것이었다. 이는 구메의 필화 사건이 잘 보여준다. 1892년 구메는 「신도는 제천의 고속(神道は祭天の古俗)」이라는 논문을 발표했다. 이 논문은 신도(神道)가 옛날부터 내려오는 일본 고유의 종교가 아니라 동아시아에 공통적인 하늘을 모시는 풍속 중 하나라는 내용을 담고 있다. 이렇게 신도를 동아시아인들이 공유하는 풍속으로 보는 것은 일선동조론적인 시각에 입각

한 것이었다고 한다. 신도가(神道家)들은 이러한 구메의 논의는 국체를 훼손한 것이라고 간주하여 구메를 향해 엄청난 비판을 가했으며, 그 결과 구메는 대학에서 추방되기에 이르렀다. 이후 구메와 호시노는 일선동조론적인 주장을 담은 논문을 한동안 발표하지 못했다고 한다. 이처럼 일선동조론은 사회적·학문적으로 그 기반이 불안정한 것이었다.[11]

하지만 일선동조론은 일본의 기원 해명과 관련될 뿐만 아니라 조선으로의 침략과 지배를 정당화해줄 수 있는 논의이기도 했기 때문에 조선 강점은 그 부활과 확산의 계기였다. 구메는 강점 직후「합병이 아니라 복고이다(合併にあらず復古なり)」라는 짧은 글을 발표했다. 제목에서 드러나듯이 강점을 '과거로의 회귀'라는 취지의 이 글에서 구메는 조선과 일본과의 관계는 기록상으로 스사노오에서 시작한다며,『일본서기』의 일서(一書)에 "스사노오가 이즈모(出雲)에서 신라왕으로서 조선의 소시모리(ソシモリ)에 거(居)했다"는 기록을 바탕으로 자신의 주장을 전개했다. 그는 스사노오가 조선에 강림한 장소 "소시모리(ソシモリ)"는 한국어 "소의 머리"와 비슷하다며, 그곳을 강원도 춘천에 있는 우두성(牛頭城)으로 비정하며, 역사의 기원에서부터 시작되는 조선과 일본의 근친성을 강조했다.[12] 이뿐만 아니라 일본역사지리학회(日本歷史地理學會)에서는 강점을 기념하여 당시 유수의 학자들로부터 기고를 받아『역사지리 조선호(歷史地理 朝鮮號)』를 출간했다. 강점 당시 조선에 대한 일본인 연구자들의 인식을 살펴볼 수 있는 좋은 단서인 이 책에는 구메와 함께『국사안』을 저술했던 호시노의 논문이 실려 있다. 그의 논의는 당시까지 전개된 고대 "일한동역(日韓同域)"에 대한 논의를 집약한 것이었다. 호시노는 "일한동

역의 징증(徵證)"을 ① 스사노오가 한지(韓地)에 좌(坐)한 것, ② 이타케루 미코토(五十猛命)가 한지에서 일본으로 건너온 것, ③ 아메노 오시호미미(忍穗耳尊)가 신라에서 도래해왔다는 전설, ④ 이나히노 미코토(稻飯命)가 신라국주(新良國主)에서 출급(出給)했다는 것, 이렇게 네 가지라고 정리하면서 조선은 일본의 "구국(舊國)이어서 언어와 풍속이 동일했기 때문에 복종은 빠르고 오래되었"고, 일본이 "신라·임나·가라·진한·모한(마한) 여러 나라를 통치"하여 "일한동역이었던 증거"는 명백하다고 서술했다.[13] 이처럼 일본의 우위에 입각하여 조선과 일본의 혈연적·정치적 일체성을 주장하는 일선동조론류의 논의는 강점 당시 일본의 언론과 학계에서 쉽게 찾아볼 수 있다.[14]

그렇다고 강점 당시 일본의 모든 학자가 일선동조론류의 논의에 동의를 표하고 있었던 것은 아니다. 호시노의 글이 실린 『역사지리 조선호』에는 일본에서 고문서학을 수립했으며, 1922년 이후 조선사편찬위원회·조선사편수회를 거치며 진행되었던, 조선총독부의 역사편찬사업인 『조선사』 편찬을 진두지휘했던 구로이타 가쓰미의 논문 역시 실려 있다. 그는 여기서 일본은 외국의 압박에서 벗어난 "도국(島國)"이라는 지리적 특성과 "만세일계의 천황"을 받들었기 때문에 타이완인이나 조선인과 같게 볼 수 없다고 단언했다.[15] 즉, "도국", "만세일계의 천황"이라는 일본/일본인만의 국체와 특성은 새롭게 제국 일본에 편입된 타이완(인)/조선(인)과도 공유할 수 없는 것이며, 일본만의 특성 속에서 역사와 민족을 형성해온 일본 민족과 유사한 민족이 다른 곳에 있다는 것은 상상할 수 없는 일이었다. 그뿐만 아니라 태고 조선과 일본의 관계를 『고사기』, 『일본서기』에 근거로 스사노오나 단군을 들먹이는 것 역시 수긍하기 어렵다며, 『고사기』나 『일본서기』에 근거한 일선동조론에 대해 확고한 거부를 표시했다.[16] 그렇다고 그가 고대 조선과 일본의 근친성을 완전히 포기한 것은 아니었다. 구로이타는 고대 조선의 남부부터 쓰시마(對馬島), 규슈(九州), 산인(山陰) 등지에 걸쳐 동일한 종족이 같은 문명·풍속·언어를 가지고 할거했다며, 이를 "일한문명동역설(日韓文明同域說)"이라고 표현했다.[17]

이처럼 강점 당시 일본인 연구자들의 조선사 연구는 고대사에 집중되는 가운데 조선과 일본의 관계를 일본이 우위에 선 혈연적·정치적 동족과 동역(同域)에서부터 동일 종족의 동일 문명 등과 같이 조금씩 다르게 설정하고 있었다. 단 그것이 혈연적·정치적 수준이든, 문명의 수준이든 양자가 서로 영향을 주고받는 밀접한 관계였다는 것이 다수의 의견이었으며, 반도 남부에 일본의 세력권이 있었다는 것에는 대부분의 연구자가 동의하고 있었다.

이렇게 조선과 일본의 근친성을 부각하는 것은 조선 강점 이후에도 마찬가지였다. 조선총독부는 이미 강점 직후부터 당시 도쿄와 교토의 제국대학에 소속되어 있던 도리이 류조(鳥居龍藏, 1870~1953), 세키노 다다시(關野貞, 1868~1935), 구로이타 등의 학자들에게 촉탁(囑託)하여 조선의 주요 유물·유적에 대한 조사를 진행했다.

강점 직후 이들의 조사는 크게 조선의 인종과 선사시대 유물에 대한 조사 및 고분과 산성을 중심으로 하는 유적·유물 조사, 두 가지로 나누어볼 수 있다. 조선의 인종 및 선사시대 유물에 대해 조사한 도리이 류조는 조선 각지에서 조선인의 신체를 측정하며 조선의 인종을 두 종류로 나누었다. 하나는 충청북도와 강원도 이북 지역의 북방형-만주 퉁구스계이며, 다른 하나는 전라도, 경상북도, 충청남도에서 주를 이루며 충청북도에 접어들어 줄어드는 미지의 'X형'이다. 그는 일본인 역시 조선인과 마찬가지로 북방형과 X형이 있는데, 일본의 북방형은 조선에서 건너왔고, X형은 일본과 그 부근에서 조선으로 건너간 것이라고 추측했다. X형 인종의 발원지는 타이완·필리핀·수마트라의 인도네시아 혹은 자바·싱가폴 등의 말레이 중 하나로 보이지만, 이를 확실히 하기 위해서는 조선과 일본의 X형에 대한 비교가 필요하다고 전망했다.

이렇게 남북으로 대별되는 조선과 일본의 인종적 유사성은 조선에서 발굴되는 석기시대의 유물에 의해 지지되었다. 바로 형태를 달리하는 고인돌의 분포, 그리고 일본의 야요이식(彌生式) 토기와 비슷한 마제석기(磨製石器) 유물들이 그것이다. 조선의 고인돌 역시, 인종 분포처럼 남부와 북부의 양식이 다르다는 것이다. 특히 도리이는 조선의 석기는 마제석부(磨製石斧)가 많고, 조선의 남부 지역에서 발견되는 토기는 야요이식 토기와 비슷하며, 양자는 깊은 관계가 있다는 결론에 도달했다.[18] 즉, 인종과 석기 유물을 통해 조선의 남부 지역과 일본의 밀접한 관련성을 이야기하기에 이른 것이다. 조사 이후 "일선의 관계는 석기시대로부터 있었다고 하노니 (…) 그런즉 저 스사노오의 소시모리로써 일선 간의 연락을 번(繁)할 필요도 없게 되야 학술상에 크게 밀접한 관계를 인득(認得)할 것이로다"[19]라는 도리이의 발언은 그의 조사 결과를 집약한 것이다. 그는 한국과 일본의 밀접한 관련성을, 강점 당시 호시노가 정리했듯이, 역사가들이 조선과 일본의 관련성을 논하며 최초의 일로 꼽는 스사노오의 시대보다도 더 오래된 것으로, 양자의 관계가 역사시대를 넘어서는 유구한 것임을 실재하는 선사시대 유물을 통해 표방한 것이었다.

도리이가 주로 인종과 선사시대 유물에 대해 조사를 했다면 세키노와 구로이타는 산성과 고분을 중심으로 조사활동을 벌여나갔다. 특히 세키노는 야쓰이 세이이치(谷井濟一, 1880~1959), 구리야마 슌이치(栗山俊一, 1882~1958) 등을 이끌고 1909년부터 1915년까지 매년 조선 각지에서 조사활동을 벌였다. 그중 대동강 유역과 낙동강 일대의 유적과 유물에 집중했는데, 평안도와 함경도 등 조선의 북방을 대상으로 했던 1913년과 1914년의 조사에는 다음 절에서 살펴볼 이마니시 류도 참여하여 중요한 역할을 했다. 당시 대동강 유역을 조사했던 이마니시가 낙랑군과 대방군의 세력이 미쳤던 범위를 확정하는 데 결정적인 유물들을 발견한 것이다.

사실 강점 당시까지 세키노로 대변되는 일본 학계는 대동강 유역의 고분들을 모두 고구려의 유적으로 파악했다. 물론 당시에도 그 고분들이 고구려가 아닌 낙랑군의 유적이 아닌가 하는 반론이 제기되기도 했지만, 오히려 도쿄제대 교수였던 세키노의 견해에 반론을 제기하는 것 자체가 비난을 받을 정도로 대동강 유역의 고분을 고구려의 것으로 보는 것이 주류적인 견해였다. 그런데 강점 직후의 조사를 통해 이러한 견해가 뒤바뀐 것이다. 대동강 유역의 고분에는 고구려의 것만이 아니라 낙랑군의 것이 상당수 된다는 것을 확인하게 되면서 조선 북부에 드리워진 중국의 영향력을 확인한 것이다.

대동강 유역에 대한 조사를 통해 한사군, 특히 낙랑군의 군치(郡治)까지 확인하는 성과를 거두었다면, 임나일본부의 존재를 확인하고자 했던 낙동강 일대 남부 지역의 고분을 중심으로 한 유물·유적 조사에서는 별다른 성과를 거두지 못했다. 구로이타는 1915년 5월 초부터 7월 말까지 조선 남부 지역 곳곳을 조사했지만 임나일본부의 실체를 보여줄 수 있는 유물은 발견되지 않았다. 유물이나 유적이 발견되지 않은 가운데 구로이타는 지형, 교통 관계를 근거로 일본부의 위치를 김해 주촌면(酒村面)에서 함안(咸安) 읍내로 이동했을 것이라고 추정할 뿐이었다.[20] 그는 조사를 마치고 1년이 지나 "조선 남부의 역사가 어느 지점에서 출발했는지 알고 싶어 다양한 조사를 하여 하천 문명의 방면에서 임나, 백제 문명을 관찰해보았지만 충분한 결과를 얻을 수 없었다"[21]고 회고했는데, 이를 통해 임나일본부의 흔적을 찾는 데에는 실패했다는 것을 알 수 있다. 그렇다고 당시 낙동강 유역을 중심으로 한 조사가 아무런 소득 없이 끝난 것은 아니었다. 임나일본부의 흔적을 발견하지는 못했지만 일본의 유물과 비슷한 유물들이 상당히 발견된 것이다. 세키노 등은 가야의 고분에서 발굴된 유물들이 일본의 것과 차이가 있음을 인정한다면서도 "형상과 구은 방법이 일본의 고분에서 출토된 것과 유사하였고, 낙랑, 대방, 고구려 고분과 구조, 부장품 등에서 크게 달랐"으며, "가야 민족이 일본에 깊은 연유가 있고, 고구려, 중국 민족과의 관계는 매우 소원했다"[22]며 일본과의 깊은 연관성을 제시한 것이다.

이러한 조선과 일본의 관련성은 산성에 대한 조사와 그 결과의 활용을 통해서도 확인된다. 당시 세키노 등은 조선 각지의 산성들을 조사한 뒤, 평지나 구릉에 왕궁을 두고 전쟁 대비를 위해 왕궁 후방의 산에 산성을 쌓는다는 것, 산성 주변에 다수의 고분이 있다는 것, 산성은 골짜기를 포용해 물이 부족하지 않도록 한다는 것 등을 그 특징으로 정리했다. 흥미로운 것은 조선의 산성에 대한 이러한 파악을 통해 세키노는 일본의 고고이시(神籠石, 돌을 쌓은 유적)를 이해했다는 것이다. 조선의 남부 지방에 면해 있는 후쿠오카(福岡縣)와 사가

(佐賀縣)에 주로 분포하는 고고이시에 대해서는 당시 일본 학계에서도 이것이 성(城)의 흔적인지, 종교적 시설물인지 의견이 분분했는데, 세키노는 일본의 고고이시가 조선의 산성과 유사한 특징을 갖추고 있는 산성지라고 파악한 것이다.[23] 세키노가 조선식 산성이 일본에 나타난 이유에 대해서는 명확하게 언급하지 않았다. 하지만 세키노의 연구는 조선의 남부 지방과 그에 면한 일본 지역들의 친연성, 적어도 두 지역의 밀접한 관계를 이야기하는 것으로, 당시 이 분야의 연구자 가운데 고고이시에 대한 세키노의 연구가 내포한 의미를 이해하지 못하는 이는 없었을 것이다. 또 당시 학계에서 세키노의 위상을 고려하면 그의 연구가 다른 일본인 연구자들에게도 큰 영향을 미쳤을 것이다.[24]

이처럼 제국대학이 개교하여 사학과, 국사학과 등이 개설되고, 학회가 조직되어 학술잡지가 발간되는 등 근대 역사학의 성립·전개를 위한 각종 제도적 장치가 마련되어 전문 연구자들이 성장함에 따라 19세기 후반 이래 군부가 주도하던 조선에 대한 연구와 조사는 점차 이들에 의해 진행되었다. 강점을 전후해 대학에 자리 잡은 연구자들에 의해 조선에서 현지 조사가 전개되었으며, 강점 이후에는 총독부의 지원을 받으며 더욱 활발해졌다.

이상에서 살펴보았듯이 당시 조선에 대한 연구와 조사는 조선의 남부 지역과 일본의 인종적 근친성을 강조했다. 이는 하야시 다이스케, 요시다 도고 등에 의한 역사서술에서만이 아니라 도리이 류조 같은 인류학자의 인종 조사에서도 나타났다. 한편, 강점 이전부터 식민지 조선의 유적과 유물을 조사했던 세키노는 강점 이후 조선의 고분과 산성 등에 대한 조사를 주도하며 대동강 일대에서 한사군의 흔적을 찾는 한편, 낙동강 일대에서 일본과 관련된 임나일본부 관련 유물·유적을 찾고자 했다. 즉, 강점 초반 조선총독부에서 주도한 조선의 인종·선사 유물, 고분·산성에 대한 조사는 조선의 남부와 일본의 인종적·문화적 친연성을 강조하는 한편, 한반도에 드리워진 중국(漢)의 영향력을 확인하는 것이었다. 그렇지만 세키노는 물론 반도의 남부 지역을 조사했던 구로이타 역시 임나일본부와 관련된 어떠한 흔적도 찾지 못했다. 그렇지만 이들은 반도의 남부에서 발굴된 유물들과 산성 등을 근거로 이 지역과 일본의 근친성을 주장했다. 반면, 대동강에서의 조사활동은 낙랑군과 대방군의 유적·유물을 발견하는 등 상당히 성공적이었다. 이 과정에서 결정적인 역할을 했던 인물이 바로 세키노의 유적 조사에 참여했던 이마니시 류였다. 1913년과 1914년 세키노의 현지 조사단에 참여한 이마니시는 대동강 남안에서 그 유명한 '점제현 신사비(秥蟬縣 神祠碑, 점제현은 낙랑군의 속현이다)'를 발견했으며, 그 일대에서 채집된 기와 조각을 근거로 대동강 유역에 낙랑군의 군치가 있었음을 확정한 것이다.

이후 이마니시는 1915년 조선총독부에서 최초로 시도한 역사편찬사업인 '조선반도사 편찬사업'에 참여했음은 물론 이후에 전개된 『조선사』 편찬에서도 중요한 역할을 했다. 이마니시가 이러한 사업들에서 활약하며 중요한 역할을 담당했던 것은 당시 일본 학계 내 조선사 연구에서 최고의 권위자로 인정받고 있었기 때문이다. 실제로 그는 일본에서 조선사를 주제로 박사학위를 취득한 최초의 연구자였으며, 조선사에 대한 연구 논문도 가장 많이 발표한 학자 가운데 하나였다. 그뿐만 아니라 이마니시는 경성제대 법문학부가 개설되었을 당시 교수로 부임하여 경성제대만의 특징인 '조선사학' 강좌(제

1강좌)를 담당했다. 즉, 이마니시는 당시 일본인 연구자들의 조선사 연구를 주도하며, 해당 분야에서 최고의 권위를 지녔던 것이다. 그렇다면 그는 조선의 역사를 어떻게 보았던 것일까?

2. 조선총독부의 역사편찬사업과 이마니시 류

식민주의 역사학을 다루는 대부분의 연구에서는 이마니시 류를 식민지기 한국사 연구의 최고 권위자로 평가하는 데에 주저하지 않는다. 그는 조선 강점 이후 조선총독부에서 전개한 각종 조사·연구 사업에 주도적으로 참여했을 뿐 아니라 1922년 일본에서 최초로 조선사를 주제로 한 연구로 박사학위를 취득했다. 이러한 이마니시가 언제부터, 왜 한국사에 관심을 가지게 되었는지는 알려지지 않았다. 다만 흥미로운 것은 1902년, 그가 대학 2학년 시험논문으로 「긴메이 천황 이전 일본과 조선 3국 등과의 관계(欽明天皇以前に於ける日本と朝鮮三國等との關係)」라는 제목의 글을 제출했다는 사실이다.[25] 이를 통해 적어도 이마니시가 학부 시절부터 고대 한일관계에 관심을 가졌다는 것을 알 수 있다. 1903년 대학 졸업 이후 그는 조선사 연구를 본격화했다. 잘 알려져 있듯이 조선사 연구 초기 이마니시는 유물과 유적에 대한 답사와 조사활동에 열심이었다. 강점 이전인 1906년에 그는 일본에서 문과 계열의 연구자로서는 처음으로 조선을 조사할 수 있는 기회를 얻어 경주 일대를 답사했고, 1907년에는 김해 패총을 발견했으며, 1909년에는 도쿄제대 교수였던 하기노 요시유키(萩野由之, 1860~1924)와 함께 평양 주변을 조사하기도 했다.[26] 이렇게 조선

의 고대사에 관심을 기울이던 이마니시에게 '한(韓)'은 삼남 지역 일대의 삼한이었다.[27]

앞서 한반도 남부와 일본의 근친성을 주장하는 일본인 연구자들 사이에도 몇 가지 층위가 있다는 점을 서술했다. 두 지역의 밀접함을 어떤 이는 인종적 동질성으로, 어떤 이는 동일한 문명의 공유 등으로 설명한 것이다. 강점 당시 이마니시는 이러한 논의와 거리를 두고 있었던 것으로 보인다.

이마니시는 강점 직후 두 편의 글을 발표했다. 「단군 설화에 관하여(檀君の說話に就いて)」와 「일한상대문화와 그 관계에 관하여(日韓上代文化と其關係に就て)」가 그것이다. 제목만 보아도 서로 다른 주제에 대한 글이지만, 이마니시가 이 글을 집필한 이유는 두 가지 점에서 공통되었다. 하나는 "상대 신라가 일본보다 진보해 있었다는 사고나 일본의 문화가 모두 반도를 거쳐 온 것이라는 속설"을 인정할 수 없다는 것이었다.[28] 고대 일본이 발달된 한국으로부터 문화를 수입했다는 이야기는 강점을 전후하여 상당 기간 만연했던 듯하다. 이나바 역시 조선에 부임한 지 얼마 되지 않은 시점에 조선을 여행한 후 "반도가 지나에 근접하여 우리(일본: 인용자)에 비해 진보한 문화를 소유했기 때문"에 "일본인은 고대 몽매할 당시 반도로부터 문화를 수입했다"는 것이 "일반에 퍼져 있는 통론"이라며, 이러한 "무자각"하고 "반성해야" 할 상황에 대한 조선총독부의 대책을 요구하기도 했다.[29] 후술하겠지만 이나바와 이마니시는 조선의 역사를 보는 관점이 서로 상이했다. 그렇지만 이들은 강점 이래 조선인에 대한 '동화(同化)'를 내세우며 유포되었던, 한일의 밀접한 관계에 기반하여 발전된 문화가 한국으로부터 일본에 유입되었다는 식의 논의에 공통적으로

거부감을 표했으며, 이마니시는 매우 이른 시기부터 이 상황을 지적했다고 하겠다. 이는 당시 학문 외적인 사안에 대해서는 말을 아끼던 학계의 인사들이 '동화'로 대변되는 조선총독부의 통치정책과 선전에 어떠한 입장을 보였을지 추측할 수 있는 단서이기도 하다.

한편, 이마니시가 강점과 동시에 두 편의 글을 발표한 더욱 중요한 이유는 강점을 전후하여 맹위를 떨치던 "일한상대동역설", "일한동민족설"을 부정하기 위해서였다. 「단군 설화에 관하여」에서 이마니시는 "스사노오와 단군 사이에 어떠한 연관이 있다고 하기도 하고, 혹은 동일한 신이라고도 하여, 이를 조선 경성에 합사함으로서 일본·조선의 종교적 결합을 이루어야 한다는 자가 있"어, "이러한 형세로 나아가면 이후 동역론의 응용도 행해져 수년 전 합사론의 재연에 그치지 않을 것"이라며, 당시 신도가들을 중심으로 일본의 신화에 기반한 일선동조론류의 논의가 유포되던 상황을 전하는 한편, 자신의 논문이 이러한 동역론에 반대하기 위한 것임을 밝혔다.[30] 특히 「일한상대문화와 그 관계에 관하여」에서 이마니시는 강점 이전에 경험했던 조선에 대한 답사 경험을 바탕으로 조선과 일본의 민족적 근친성을 부정했다. 여기서 그는 조선 남부 지역에서 고대 일본인이 거류했다고 생각되던 낙동강변을 제외하면 곡옥(曲玉)이 나오지 않는 것을 근거로 일선동조는 성립하지 않는다고 주장했다. 이는 곡옥을 차는 원시적인 풍속이 한민족에게는 없고 일본 민족에게만 있었음을 말해주는 것이라며, 조선과 일본의 민족은 이러한 원시적인 풍속도 다를 정도로 별개라는 것이다. 그렇다고 이마니시가 한국과 일본의 밀접한 관계까지 부정한 것은 아니었다. "일본과 신라 남한 지방 고분으로부터 발견한 상대의 토기가 유사하다는 사실"을 근거로 "일한민족의 이동(異同)"을 말하는 것은 어불성설이지만, 이는 양측의 민족이 "교통(交通)이나 통상(通商)" 등으로 직간접적으로 접촉한 사실을 보여주는 것이라며,[31] 한일 유물의 유사성을 통해 양자 사이의 밀접한 관계를 인정하고 있었으며, 이를 "교통", "통상" 같은 용어로 표현했다. 즉, 두 지역에서 비슷한 유물이 등장한 이유는 서로 왕래가 잦았기 때문이라는 것이 강점 당시 그의 생각이었다.

하지만 이후 조선총독부에서 주도하는 각종 사업에 참여하게 되면서 이마니시의 이러한 생각은 변화했다. 앞서 언급했듯이 이마니시는 강점 직후 조선총독부의 촉탁으로서 세키노의 조사단에 참여하여 대동강의 남안에서도 낙랑군 관련 유적·유물을 다수 찾아냈다. 이렇게 한반도 북부를 조사하며 중국의 흔적을 찾아낸 이마니시는 1916년부터 조선총독부에서 진행한 고적조사사업에 고적조사위원으로 참여해 조선의 남부 지역인 경상도 일대를 조사하는 기회를 갖게 되었다. 1917년 이마니시는 고적조사위원으로서 임나일본부와 관련된 선산(善山), 달성(達成), 고령(高靈), 성주(星州), 김천(金泉), 함안(咸安), 창녕(昌寧) 등지의 유물·유적을 조사했다. 이후 그는 강연에서 답사 결과를 이야기하며 "낙동강 유역의 고물(古物)은 (일본의 유물과: 인용자) 매우 유사하다 (…) 민족이 같기 때문에 같은 것인가, 다른 곳에서 영향을 받아 동일한 것인가, 갑에서 을로 이동한 것인가, 을에서 갑으로 이동한 것인가 하는 것도 생각지 않으면 안 된다"[32]며 한국의 남부 지역과 일본의 민족적 동질성에 대해 유보적인 입장을 보인다. 즉, 강점 이후 한국의 남부와 일본의 인종적·문화적 친연성을 보여주는 조사 결과가 속속 제시되는 한편, 이마니시 자신이 직접 한국의 남부를 조사하면서 강점 당시 한국과 일본의 민족적 동질성을 단호히 거부하던 입장에서 한 발 빼는 모양새를 취했던 것이다. 이러한 한국의 남부 지역과 일본의 관계에 대한 이마니시의 태도는 조선총독부에서 주도한 역사편찬사업에서 그의 활동과 당시 연구에서 보다 분명하게 드러난다.

조선총독부는 고적조사사업을 벌이는 한편, 조선의 역사를 '조선반도사(朝鮮半島史)'라는 이름으로 정리하고자 시도했다. 1915년에 개시된 '조선반도사 편찬사업'(이하 '반도사 편찬')이 그것이다. 조선총독부는 1916년 7월 최초의 역사편찬사업인 '반도사 편찬'에 대해 '병합의 은혜'를 알려 '조선인의 정신적 동화'를 목표로 하고 있음을 알림과 동시에 편찬의 주안점으로 다음 세 가지 사항을 제시했다.[33]

제일(第一). 일선인(日鮮人)이 동족(同族)인 사실을 밝힐 것.
제이(第二). 상고(上古)에서 이조(李朝)에 이르기까지 군웅(群雄)의 흥망기복(興亡起伏)과 역대(歷代)의 역성혁명(易姓革命)으로 인해 중민(衆民)이 점차 피비(疲憊)해지고 빈약(貧弱)에 빠진 실황(實況)을 서술하여 금대(今代)에 미쳐 성세(聖世)의 혜택(惠澤)으로 비로소 인생(人生)의 행복(幸福)을 다할 수 있었다는 사실(事實)을 상술(詳述)할 것.
제삼(第三). 편성(編成)은 모두 신뢰할 만한 사실을 기초로 할 것.

'반도사 편찬'의 목표에서도 알 수 있듯이 이 사업은 '동화'라는 조선총독부의 통치 목표를 이루기 위해 시작된 것이었다. 이는 편찬의 주안점으로 제시한 첫째 사항, 바로 "일선인이 동족" 관계임을 명시하라는 것에서 단적으로 드러난다. 그뿐만 아니라 두 번째 사항은 강점의 원인을 조선 내부의 역사적 과정에서 찾아 강점을 합리화하려는 것이자 조선이 총독부의 통치 결과 발전하게 되었다는, 당시 일본인들이 자임했던 이른바 '문명개화의 사명감'을 조선의 역사를 통해 확인하려는 것이었다.[34] 즉, '반도사 편찬'은 총독부의 통치 기조였던 '동화'를 진전시키고, 강점과 총독부의 통치를 조선의 '문명개화' 과정으로 선전했던 그간의 논의를, 조선의 역사에 대한 서술을 통해 제시하겠다는, 식민통치책으로서의 성격을 분명히 한 사업이었다.[35]

'반도사'는 조선의 역사를 '상고 삼한', '삼국시대,' '통일 후의 신라', '고려시대', '이조시대', '최근세시대'의 6편(編)으로 나누어 서술할 예정이었으며, 고대사에 해당하는 1·2·3편은 이마니시가 집필을 담당했다. 그렇지만 이 사업은 사료 수집의 곤란 등을 이유로 결국 중단되었으며, 원고 역시 완성되지 못했다.[36] 다만 이마니시만은 자신이 담당했던 부분의 원고를 완성했으며, 원고 작성을 전후하여 자신이 재직하던 교토제국대학에서 조선의 역사에 대해 강연을 진행하기도 했다. 당시 강연 내용과 이마니시가 작성한 '반도사 편찬'의 원고를 보면 조선과 일본의 관계에 대한 흔들리고 있던 그의 견해의 종착점, 바로 조선의 역사를 보는 그의 시각을 확인할 수 있다.

> 조선인과 일본인은 인종(人種)으로서는 가장 가까운 것이라는 점은 언어·체질에 있어 의심할 것이 아니다. 인종학자는 Koreo-Japanese group을 인정하며 오인(吾人)도 여기에 이의(異議)가 없다. 그러나 일본인과 조선인이 나눠진 것은 역사시대 이전 매우 오래된 것으로 겨우 그 흔적을 언어와 체질에 남긴 것에 지나지 않아 필경 인

종의 문제이며 역사의 문제는 아니다. (…) 세상의 일한동역론자(日韓同域論者)의 설(說)과 같은 것은 채택할 수 없는 것이다. 양 민족의 분리는 매우 유구한 상고에 있었다고 하겠다.[37] (밑줄은 인용자)

현재 한종족(韓種族)이 조선반도 남부에서 서부에 걸쳐 정주(定住)하였으며, 이른바 예맥족(濊貊族)은 (…) 조선반도의 구석진 지역 일부 지방만을 차지하고 있던 데 불과하며, 조선반도의 주요 주민은 한종족이었던 것이다. (…) (한민족과 일본 민족은: 인용자) 종족이 달라지지는 않았다. 두 민족이 조선-일본단(朝鮮-日本團, Korea-Japanese group)을 이룬다는 사실에는 동서의 학자들도 의견이 일치한다. 한·일 상대동역론(上代同域論)은 따르기 어렵지만 두 민족이 동종(同種)이라는 점에는 아무도 이설(異說)을 주장하지 않는다. (…) (언어, 용모, 체질, 상대上代의 토속 면에서: 인용자) 이렇게까지 유사한 종족은 찾아보기 어렵다. 언어가 동일계라는 점이 국토의 인접이나 교통의 결과에 의한 것이 아니라는 사실은 한민족이 일본보다도 훨씬 더 많은 접촉과 교통을 한 중국·만주 지역의 민족과 커다란 차이가 있다는 점을 통해서도 알 수 있다. (…) 부여·예맥·한(韓)·일본은 민족상 커다란 일단(一團)을 이루지만, 부여·예맥은 다시 말해 통고사족(通古斯族, 퉁구스족: 인용자)으로 이른바 만주족으로 불러야 할 것이다. 이들과 한(韓)·일본 사이에는 분명한 단절이 있으며 (…) 삼한의 종족은 지금의 조선 민족을 형성한 주체이다. (…) 삼한 민족과 당시 중국인이 왜(倭)라고 부른 일본 민족은 동일 종족에서 갈라진 종족에 지나지 않아, 옛날부터 (…) 빈번하게 교통하고 왕래하면서 밀접한 관계를 가졌다. (…) 또한 최근 일본·조선 양쪽의 고분 유물

조사가 진행됨에 따라 한종족(韓種族)이 거주한 남부 조선의 유물은 북부 조선의 유물과 전혀 다른 것으로, 일본열도에서 발견된 유물과 완전히 동일한 종류에 속한다는 것을 알게 되었다.[38] (밑줄은 인용자)

거의 비슷한 시기에 쓰인 것으로 추정되는 이 인용문은 각각 1919년 8월 4일부터 9일까지 이마니시가 교토제대에서 행한 '조선 사개설(朝鮮史概說)'이라는 강연과 '반도사 편찬'에서 이마니시가 작성한 원고 중 일부이다. 이마니시는 여전히 "(일한)동역론"과는 선을 그으면서도 인종학자들의 "Korea-Japanese group", "朝鮮-日本團(조선-일본단)" 같은 표현을 빌려가며 조선인과 일본인이 종족으로는 하나라고 보고 있다. 주목되는 지점은 이에 대한 근거로 조선과 일본 사이의 "교통"을 드는 것이 아니라 언어를 중심으로 용모, 체질, 상대(上代) 토속의 유사성을 꼽고 있다는 것이다. 조선인과 일본인은 원시적인 풍속도 공유하지 못할 정도로 별개였으며, 양측의 유사성을 잦은 "교통"의 결과로 보던 강점 당시 이마니시의 논의와 비교했을 때 1910년대 말에 작성된 강연문과 '반도사 편찬'의 원고는 180도 달라져 있다고 하겠다. 그렇지만 이마니시는 조선과 일본의 유사성은 인종 또는 종족의 문제로, 동종의 사람들이 아주 오래전 한국인과 일본인으로 갈라졌기 때문에 역사 이전의 문제, 즉 인종학의 문제이지 역사에서 다룰 대상이 아님을 분명히 하고 있다. 즉, 이마니시의 입론에 따르면 한국과 일본의 인종적·문화적 유사성을 강조하는 일선동조론류의 논의는 인종학 내지 언어학, 체질인류학 등에서 다룰 대상이지 역사학의 연구 대상은 아니다. 그런데 "조선-일본단"이라고 할 때 '조선'에 해당하는 것은 반도 남부의 '한종족(韓種族)'으로, 이들은 일본과 하나로 묶이지만 부여·예맥 등 북방의 퉁구스족과는 구별되는 종족이다. 이는 일본의 고분 유물과는 동일하면서도 조선의 북부에서 발견된 유물과 현격히 차이가 나는 "한종족이 거주한 남부 조선의 유물"들에 의해 증명된다.

이렇게 한국의 주류 인종을 '한종족'으로 정의하고, 이들과 일본의 민족을 하나의 종족으로 아울러 "조선-일본단"이라 지칭하는 것은 이마니시가 가지고 있던 한국사에 대한 시각을 단적으로 보여준다. 조선사의 주체를 "반도의 남부에서 서부"의 "한종족"으로 설정할 경우 고구려와 발해 역사는 한국사에서 배제될 수밖에 없다. 이는 이마니시가 작성한 '반도사 편찬' 원고에서도 뚜렷하게 드러난다. 백제는 "그 왕실 및 일부 귀족은 부여족의 후예이지만, 그 백성은 마한인"이며, 신라는 "진한을 통일"했고, 가야, 임나는 변한족이므로, 이들은 "조선 민족의 나라"라며 백제와 신라의 역사는 한국사에 포함된다고 보았다. 반면, 고구려와 발해에 대해서는 "고구려의 경우에는 부여 민족이 대륙을 근거지로 하여 조선반도 북쪽에 나라를 세우면서 시작된 것으로, 후대에 이르러 고구려가 멸망하자 그 국인(國人)은 대부분 발해로 들어갔던 반면, 신라로 들어가는 자는 적었"기 때문에 "고구려는 조선 민족의 역사를 이루는 요소가 아니"라는 것을 분명히 했다. 물론 이마니시는 자신이 집필한 '반도사 편찬'의 원고에서는 고구려의 역사를 기술했다. 하지만 그 이유는 한국사에 고구려사로 대변되는 북방의 역사가 포함되어서가 아니라 "고구려사를 조선 민족의 역사 속에서 다루지 않으면 복잡한 당대의 역사를 설명할 수 없"기 때문이다.[39]

조선의 인종을 남과 북으로 나누고 그 역사의 중심을 일본과 가까운 남부의 '한종족'에 두는 것은 조선의 역사적 범위를 대폭 축소하는 것으로, 이러한 시각은 오다 쇼고(小田省吾, 1871~1953) 같은 인사들에게서도 동일하게 나타난다. 오다 쇼고는 강점 이래 총독부 학무과에 부임하여 교과서 편찬, '반도사 편찬' 등에 관여했을 뿐 아니라 3·1운동 이후 이른바 '식민사관'의 보급을 목표로 재조일본인 연구자·교사들을 망라하여 조직된 조선사학회(朝鮮史學會)의 회장이었다. 조선사학회에서는 조선의 역사를 통사적으로 정리했는데, 여기서 "반도의 북부와 남부는 연혁상 완전히 별개의 경로를 취하며 각각 출발점과 성질을 달리하"며, "조선 민족과 만주 주민과의 관계를 단언하기에는 자료가 아직 부족"할 뿐만 아니라 인종적으로 남부에 있던 "한족(韓族)"이 조선의 원주민이자 역사의 주체라면서 이들의 거주지와 일본 관서 지방의 유물 및 임나일본부 등을 강조했다. 양자의 인종적·문화적 연관성을 중심으로 조선의 고대사를 체계화하고자 한 이들의 시도는 이마니시의 관점과 상통하는 것이자 당시 일본인들이 가지고 있던 조선사에 대한 인식을 잘 보여준다.[40]

이처럼 한국사의 범위를 고구려사로 대변되는 북방의 역사를 제외한 채 반도 남부에 있었던 한종족의 역사[41]라고 보았던 이마니시는 단군을 부정할 때도, 『조선사』 편찬 당시에도 그 시각을 그대로 유지했다. 앞서 언급했듯이 이마니시는 강점 당시 단군의 실재를 부정하는 짧은 논문을 발표했다. 여기서 그는 평양 지역의 일개 신인(神人)이었던 '선인왕검(仙人王儉)'에 고려 중반에 '단군'이라는 존호(尊號)가 붙여지고 창시의 신인으로 여겨졌다고 보았다.[42] 이처럼 단군을 평양 지역의 신인으로 보는 시각은 1929년에 발표한 「단군고(檀君考)」에서 확대·강화되어 나타났다.[43] 여기서 이마니시는 "단군 전설"은 역사적 형성물이라며, 이러한 전설이 만들어진 연혁을 추적했다. 그에 따르면 『삼국유사』 이래 여러 사료에 실려 있는 단군 전승이 나타나는 지방은 모두 "고구려의 옛 땅이었던 곳이고, 그 관계도 퉁구스족인 부여 종족에 관계하고 있으며, 현대 조선 민족의 선조인 한종족에는 관계가 없다"는 것이다. 또 '단군 전설'과 같이 "시조 신인이 신수교혼(神獸交婚)의 생자(生子)"였다는 형태의 전설은 아시아 북방 대륙 민족에 공통되지만 "일한족(日韓族, Koreo-Japanese groups)을 이루고 부여종·여진 등 소위 퉁구스종과 대립"하는 이들에게서는 나타날 수 없다고 보았다. 즉, 단군은 고구려–퉁구스종과 관계된 것으로, 신수교혼으로 위인이 탄생하는 것은 조선과 일본을 이루는 종족들과는 무관하며, "신화 전설에 비추어보아도 한민족(韓民族)의 신인은 혹은 하늘에서 내려오고 정지(淨地)에서 나오는 등 일본의 것과 유사하다"는 것이다.[44]

고구려사로 대변되는 반도 북부에 있었던 북방 민족의 역사를 조선사의 범위에서 제외했던 이마니시의 시각은 이후에도 지속되며 조선의 역사에 대한 조선총독부의 공식적인 입장으로 자리 잡은 것으로 보인다. '반도사 편찬'의 실패 이후 조선총독부는 새로운 역사 편찬사업으로 『조선사』 편찬을 추진했는데, 그중 제1·2편 '신라 통일 이전'과 '통일 이후의 신라'의 편찬 책임을 이마니시가 맡았다. 『조선사』는 조선의 역사와 관련된 주요 사건과 이를 전하는 사료 또는 사료의 소재지를 정리하여 제시한 사료집·색인집 성격의 책자이기 때문에 『조선사』를 보아도 앞서 살펴본 강연이나 '반도사 원고'처럼 명확하게 편찬의 이유를 확인할 수는 없다. 하지만 편찬을 둘러싼 상황들과 사료의 배열 방식을 보면 그것이 이마니시의 견해에 충실히 따르고 있음을 확인할 수 있다.

단군을 한민족(韓民族)이 아닌, 북방 민족의 '전설'이라고 보았던 이마니시가 『조선사』의 첫머리에 단군을 싣지 않으리라는 것은 충분히 예상된다. 『조선사』 편찬이 한창 진행 중이던 1930년 8월 22일 제4회 편수회의가 열렸는데, 이때 편수위원의 자격으로 회의에 참석한 최남선은 『조선사』의 시작에 해당하는 제1·2편과 관련하여 그 포괄 범위 — 보다 정확히는 "반도와 밀접한 관계를 가지고 있는 민족", "조선사의 기원과 밀접한 관계가 있는 숙신족", "발해" 등을 어떻게 기재할 것인지에 대해 질문했다. 이에 대해 이마니시는 『조선사』 "제1편은 민족을 중심으로 편찬"하며, 고구려의 경우 "중심이 되는 민족(한민족: 인용자)의 이동에 관계가 있고, 이를 설명하는 데 필요"하기 때문에 집어넣지만, "숙신은 연대 문제상 역사학에서 취급하기보다는 인류학·민족학의 연구 범위"이며, "발해도 조선사에 관계가 없기" 때문에 생략한다고 답했다.[45] 이러한 답변은 조선과 일본의 동일성을 종족 차원이라 말하면서 그에 관한 연구는 인종학이나 언어학의 분야로 넘겨 역사학의 연구 대상에서 제외하는 한편, 조선의 역사는 반도 남부의 한종족의 역사라며 고구려로 대변되는 북방의 역사를 한국사의 범위에서 제외했던 이전의 태도와 동일한 것이다.

실제로 이마니시가 주임으로서 최종 원고를 결정한 『조선사』 제1·2편을 보면 한국사에 대한 그의 시각이 여실히 드러나 있다. 『조선사』 제1편은 『삼국사기』의 기년을 따르며, 『삼국사기』의 구성과 마찬가지로 신라-고구려-백제의 순으로 관련 사료를 배열한다는 것을 원칙으로 했다. 이에 따라 제1편은 '신라 시조 혁거세거간 원년'에 해당하는 『삼국사기』 해당 기사로 시작하며 조선사의 시작이 신라였음을 명시하고 있다. 한편, 조선총독부가 편찬한 『조선사』에 대해 많은 사람이 오해하는 것 가운데 하나가 여기에 단군에 대한 기사가 없다고 생각하는 것인데, 실제로 『조선사』에 단군의 기사가 있다. "갑자 신라 시조 혁거세거서간 21년, 고구려 시조 동명성왕 원년 (甲子 新羅 始祖赫居世居西干 21年 高句麗 始祖東明聖王 元年)" 항목에, "이 해, 신라는 금성을 쌓았다. 고구려 시조 주몽이 서다(是歲, 新羅, 金城ヲ 築ク. 高句麗, 始祖高朱蒙立ツ)"라는 강문(綱文) 아래 관계 기사로 등장한 다.[46] 즉, 단군 사료를 고구려 건국과 관련된 동명왕 기사 다음 부분에 제시함으로서 단군이 고구려 관련 사항으로 읽힐 수 있도록 사료를 배치한 것이다. 또 '통일 이후의 신라'를 다루는 『조선사』 제2편에서 '발해'는 단 한 차례도 등장하지 않는다. 이는 한국사를 반도 남부의 한종족 중심의 역사로 보았던 이마니시의 시각과 정확히 일치하며,[47] 이것이 바로 조선총독부의 공식적인 입장이었다고 할 수 있을 것이다.

이상에서 살펴보았듯이 강점 이후 조선총독부의 각종 연구·조사사업에 참여했으며, 조선사 연구자의 최고 권위자였던 이마니시는 조선의 역사를 한반도 남부를 중심으로 하는 한종족을 중심으로 정리하려 했다고 하겠다. 그는 반도 남부의 '한종족'의 역사를 조선의 역사라고 생각했는데, 이는 발해는 물론 고구려까지도 한국사의 범위 밖에 두는 것이었다.

3. 이나바의 조선 부임과 시각의 엇갈림

조선사 연구의 측면에서 이야기하자면, 만선사가인 이나바는 앞에서 살펴본 이마니시와는 연구의 출발점이 달랐다. 이마니시가 조선에 대한 고고학적 조사와 역사연구를 거치며 조선사 연구자로서 탄탄한 입지를 다졌다면, 이나바는 만주의 역사·지리를 조사·연구하며 만주사 연구자로 성장했다. 1914년 만선역사지리조사부의 사업이 도쿄제국대학으로 이관되자 조사부를 나온 이나바는 참모본부의 촉탁을 맡았다(1915). 1916년 이후에는 야마구치고등상업학교와 육군대학교에서 강의를 맡아 동양사를 가르치면서[48] 만선역사지리조사부에서 자신이 진행했던 성과들을 바탕으로 『청조전사』, 『만주발달사』를 저술했다. 그러던 중 1922년, 그가 평생의 스승으로 모셨다는 나이토 고난의 추천을 받아 조선사편찬위원회 간사(幹事)로 한국에 왔으며, 1925년 기구개혁으로 조선사편수회가 설치되자 수사관(修史官)으로 임명되어 『조선사』 편찬을 총괄했다.

이러한 이력을 볼 때 이나바는 『조선사』 편찬을 위해 조선총독부에 부임하기 이전까지는 조선과 별다른 연결점이 없던 인물이었다. 그뿐만 아니라 1910년대 내내 이나바는 조선의 역사에 대한 글을 발표하지도 않았다. 그가 조선사에 대한 글을 발표한 것은 1920년에 접어들어서였으며, 이는 3·1운동 이후 고양된 조선인들의 역사의식을 비판하기 위한 것이었다고 한다.[49] 이후 이나바는 조선 부임에 즈음하여 조선의 역사에 대한 자신의 생각을 명시적으로 밝힌 이래 『조선사』 편찬을 진행하며, 조선의 역사에 대한 연구를 본격화했다.

그 출발점은 바로 1922년에 발표한 「만선불가분의 사적 고찰(滿

鮮不可分の史的考察)」이다. 그는 『만주발달사』에서도 만몽과 조선은 불가분이라는 견해를 보였는데, 조선 부임에 즈음하여 '만선'이라는 용어를 사용함과 아울러 만주와 조선으로 국한하여 논의를 전개한 것이다.

이 논문은 특정한 사건 내지 주제에 대한 정치한 분석이라기보다는 조선의 역사에 대한 시론적 성격의 글로, 청(淸)이 흥기한 이후 만주인들은 압록강을 경계로 양측 주민들이 서로 "교착(交錯)"하지 못하도록 했다는 것으로 시작한다. 이는 두 가지 이유 때문인데, 첫 번째는 정치적(군사적) 원인으로 조선과 명의 관계를 단절하기 위해서이다. 만주와 몽골 세력이 손을 잡으면 중국인들에게 위협이 되듯이 조선과 명의 관계가 긴밀해지면 만주인들에게 정치적·군사적인 압박이 되기 때문에 이를 방지하기 위해서였다는 것이다. 또 한 가지는 경제적인 이윤을 독점하기 위한 것으로, 인삼으로 대변되는 장백산(백두산) 일대의 자연 산물들을 독차지하기 위해 압록강 일대에 "중립지대"를 설정했다는 것이다. 그렇지만 이와 같은 "두 가지 정치적·경제적 이유는 조선인들이 요동 방면으로 발전할 기회를 잃게" 하는 결과를 초래했다. "청조 300년의 정책"은 "자연"이자 "대세"인 조선인의 요동·만주 방면으로의 진출을 막았다는 것이다.[50] 즉, 이나바는 지난 300년간 청의 이러한 정책이 역사적으로 언제나 섞여들었던 만주인들과 조선인들을 갈라놓으며, 조선인들의 만주 진출을 저지했다는 것으로 포문을 열었다.

이후 그는 민족적·정치적·경제적 방면에서 만주인과 조선인의 불가분한 관계를 역사적인 측면에서 제시했다. 민족적으로 만주와 조선의 민족은 "대륙의 실패자"라는 점에서 동일하고, 정치적으로도 반도에서 건국된 왕조들은 ― 심지어 조선 왕조 역시 ― "북부 만인 (滿人)에 의하거나 북방 중국인의 콜로니"로 "이들이 왕성할 경우 언제라도 만선을 타(打)하여 일국"이 되며, 만선의 갈등은 천산물 채취를 위한 조선인의 범월·월간(犯越·越墾) 및 조선 내 노동력 부족으로 인한 만주인 노동력에 대한 수요와 이들에 대한 만주 측의 쇄환 (刷還) 요구라는 경제적인 문제에서 연유한다는 것이다.[51]

이렇게 민족적·정치적·경제적으로 밀접한 관계를 거론한 이나바가 주목한 것은 바로 당시 만주로 이민을 떠나는 조선인이 해마다 증가하는 것이었다. 그는 만주 이민 증가의 원인을 "총독정치의 불비(不備)"에서 찾는 것은 잘못이라고 단언했다. 그가 보기에 조선인의 만주 이주는 오랜 역사를 지녔으며, "혈관 중에 고구려인이나 발해인, 여진인의 피가 포함되어 있"는 조선인들에게는 선천적인 것이기 때문에 총독정치가 잘못되어서 벌어진 상황이 아니었다. 그는 오히려 총독정치가 성공적으로 이루어져 조선의 인구가 증가하면 만주로 이주하는 조선인은 더욱 증가할 것이라고 전망했다.[52] 그가 보기에 진정한 문제는 만주에서 증가하고 있는 "조선인을 보호할 방도가 충분하지 않"은 것이었고, 그 방법을 강구해 조선인이 "민족적 일대 사명"을 도와주는 것, 즉 조선인이 만주로 진출할 수 있게 해주는 것이 일본인의 사명이라며 글을 마무리했다.[53]

20세기 초 일본의 안보에 대한 해결책으로 제시되었던 '만한교환론'을 강력하게 비판하며 만몽과 조선의 불가분성을 주장했던 것과 조선인의 만주 이민 증가라는 현실을 역사적으로 당연한 추세로 서술하는 것. 양자는 대륙과 조선의 불가분성을 역사적으로 이야기한다는 점에서 동일하다. 그렇지만 대륙-만주와 조선의 불가분성을 주장하는 이나바의 시각은 민족·정치·경제의 측면으로 확장되었다. 확장된 것은 그것만이 아니다. 앞에서 서술했듯이 이나바가 이전에 언급한 만몽-조선의 불가분에서의 조선은 대동강에서 원산을 잇는 선의 이북, 평안북도와 함경도에 한정된 것이었다. 이렇게 북방에만 한정되었던 만몽과 불가분했던 조선의 영역은 '만선불가분'을 주장하면서 더욱 확대되었다. 그는 "고조선은 접어두고 고구려·백제·신라의 삼국분립시대를 고찰하면 만주 방면의 이주민이 아닌 것이 없다"며 민족적·정치적으로 만선의 불가분을 주장했다.[54] 즉, 만주와 불가분했던 조선은 북방만이 아닌 최남단의 신라까지 포함한 것이었다. 이처럼 이나바는 만주(대륙)와 조선이 맺고 있던 밀접한 관계, 바로 불가분성의 폭을 시간적·공간적으로 확장했으며, 이를 즈음하여 『조선사』 편찬을 위해 조선에 부임하여 이후 15년간 조선에 머물며 조선사편찬위원회와 조선사편수회의 사무를 총괄하는 한편, 조선과 그 주변의 역사, 일본사에 관한 수많은 글을 쏟아냈다.

조선의 민족을 이야기하며 고구려를 포함하여 백제는 물론 신라까지도 만주 방면에서 연유한 민족이라고 하는 것은, 조선의 주류 민족을 인종적으로 일본과 동일한, 조선 남부에 거처했던 한종족으로 설정하면서 고구려를 조선의 역사적 범위에서 제외했던 이마니시로 대변되던, 당시 조선사 연구자들의 견해와는 완전히 상반되는 것이었다. 이나바는 자신의 시각을 조선 부임 이후 조선사에 대한 글을 발표하며 더욱 구체화했으며, 이마니시를 비롯한 기존 견해들과 대립각을 세웠다.

이나바는 조선에 온 지 4년째인 1925년 『조선문화사연구(朝鮮文化史硏究)』라는 책을 발간했다. 이는 그가 조선에 부임한 이래 발표한 조선사와 일본사는 물론 한일관계, 대륙과 한국·일본의 관계 등에 대한 글 18편을 묶은 것이었다. 책의 서문에서 이나바는 조선사에 대한 과거의 연구를 비판하는 가운데 자신의 접근법과 목표를 분명하게 밝혔다. 당시까지 일본인 연구자들의 조선사 연구를 "조선사를 일본사적(日本史的)으로 관찰하는 편견"에 빠져 있다고 비판하는 한편, 조선의 문화를 이해하기 위해서는 "지나 및 만몽 방면의 문화사를 참작"하고 "대륙 방면의 기록에 비교"해야 한다며, 이를 통해 "조선사의 동양사화(東洋史化)"를 이루어야 한다고 주장한 것이다.[55] 즉, 이나바는 이마니시로 대변되는 조선과 일본의 인종적·문화적 동일성을 규명해왔던 당시까지 일본인들의 연구들을 조선의 역사를 일본사와의 관련 속에서 접근하는 것이라고 규정하면서 만선불가분이라는 구상하에 조선사를 취급하여 그 역사를 일본사(국사)의 범주가 아닌 '동양사'의 일부로 위치 지우고자 한 것이다.

조선의 역사에 대해 기존의 다른 일본인 연구자들의 반대쪽에 위치한 이나바 역시 비판으로부터 자유롭지 못한 것으로 보인다. 특히 신라 민족에 대한 부분에서 그러했다. 조선 부임 즈음 신라를 만주에서 연유한 민족이 세운 왕조라고 했던 이나바는 1927년 한 강연에서 "삼국의 역사를 반복해서 보면 신라를 제외한 나머지는 전부 만주로부터 남하"했다거나, "신라는 이들(고구려와 백제: 인용자)과 성격을 달리"했으며, "신라 왕족의 자손은 만주 방면의 영향을 받지 않았"다고 했는데, 이는 신라까지를 포함한 조선의 모든 민족은 만주 방면에서 남하했다는 이전의 견해에서 한발 물러선 것이라고 할 수 있다. 하지만 그는 여전히 "남부 조선과 북부 조선이 다르다고 하지만 나는 그것이 확실하다고 말할 수 없다"면서 "삼국시대의 2/3는 만주 민족이 이 영토(조선: 인용자)에 이주하여 당시의 문화를 식부(植付)"했고, "현재의 조선 민족 중에 다수의 만주 민족이 포함되어 있다는 것은 역사상 논쟁할 것이 없는 사실"이라며 자신의 견해를 고수하며,[56] 오히려 대립각을 세웠다.

이는 단군에 대한 견해에서 잘 드러난다. 물론 당시 단군의 실재를 인정한 일본인 역사가는 없었으며, 이나바 역시 마찬가지였다. 이나바는 3·1운동 이후 조선인들 사이에서 '단군 신앙'이 확산되는 것에 대해 "민족 성립의 유래조차 알 수 없을 뿐만 아니라 일본 국가의 일원이라는 이회(理會)를 가지는 것이 불가능"하게 된다며 우려를 표했으며, '단군 전설'에 대해서도 다른 일본인 연구자들과 마찬가지로 고려 말 몽골의 침략으로 인해 발생한 것이라고 보았다.[57]

하지만 그는 다른 일본인 학자들과는 달리 단군을 만선불가분이라는 그의 신념과 이와 연관된 조선 민족의 구성을 설명하고, 조선인의 만주 이주를 장려하는 데 적극적으로 이용했다. 이나바는 단군에 대한 기사가 실린 『삼국유사』의 사료적 가치를 매우 높게 평가했다. 그는 『삼국유사』를 "현재 조선인의 두뇌보다 더욱 크고 넓은 사고로 저작된 것"으로 평가하면서, 『삼국유사』에 첨부된 연표를 근거로 고구려의 시조 주몽을 단군의 아들이라고 서술했다. 그리고 북방과 관련된 '전설'인 단군을 조선인들이 신앙하는 것은 반도에 거주하는 이들 대부분이 만주 방면에서 내려온 민족이기 때문이라고 보았다.[58] 더군다나 만주 진출을 도모해야 하는 때에 "신라를 기초로 하는 조선사가(朝鮮史家)의 견해로는 안 되"며 "고구려와 백제와 신라는 그 옛날 이국(異國)이었으나 모두 동일민족이오, 단군의 자손이라고 생각하는 동시에 만주도 우리 영토의 하나였다는 큰 사고를 가져야 한다"는 것이 이나바의 주장이었다.[59] 이나바는 단군에 대한 이러한 생각을 줄곧 유지했던 것으로 보인다. 1930년대 접어들어 이마니시의 책임하에 『조선사』 제1·2편이 출간되었을 때도 그는 여전히 조선인이 단군을 신앙하는 것은 만주계가 다수인 조선인의 만주에 대한 잠재의식이 발현된 것이라며, '단군 신앙'을 만선불가분을 설명하는 근거로 활용했다.[60]

한편, 1925년 이나바는 『조선문화사연구』를 출간한 뒤 또 하나의 흥미로운 저술을 남겼다. 「(조선)민족사[(朝鮮)民族史]」가 그것이다. 이는 3·1운동 이후 조선사학회에서 발행한 강의록, 바로 '조선사강좌-분류사(朝鮮史講座-分類史)' 가운데 1편으로 기획된 것이었다.[61] 여기서 이나바는 민족 형성에서 가장 중요한 것은 "토지", 즉 지리적 관계가 미치는 영향력이 가장 결정적이라며 논의를 시작했다.[62] 이후 그는 반도에 정착한 이들은 몽골 동방 부근과 만주 방면에서 근거한 동호 민족(東胡民族)이 장백산(백두산)을 타고 내려온 것이라며 조선의 민족에 대해 다음과 같이 서술했다.

조선 민족의 주체를 이룬 것은 한종(韓種)이라는 이름으로 알려져 있다. 이들 종족이 동호계(東胡系)에 속하는 것은 의심할 것이 없다. 그러나 한종은 금일의 조선 민족 전체인 것은 아니다. 동호계의 다른 분파나 그것과 전혀 계통을 달리하는 한민족(漢民族)도 들어와, 반도(半島)의 주형(鑄型)에서 도야(陶冶)된 것이 지금의 조선 민족과 민족성이다. 반도는 어디까지나 반도이며 대륙의 영향은 긴절(緊切)하다. 설령 유사 이전부터 한종이 그 땅에 정주하였다고 해도 (…) 결국 환경에 교섭(交涉)을 가지고 있다. (…) 반도와 반도 주위의 민족관계를 대략 서술하자면 (…) 반도는 만몽(滿蒙)의 연장이라는 것이 오히려 적절하다. 만몽 방면에 근거를 가진 민족이 어떤 기회를 타고 남쪽으로 옮겨 반도를 발견한 것이라고 판단된다. 내가 자주 사용하는 선만불가분(鮮滿不可分)의 표어는 여기서 역설해도 좋지만 세간에 이론(異論)이 없는 것은 아니다. 그러한 것들에 따르면 (…) 반도의 남반(南半)에는 반드시 그렇지 않아 만주 방면과는 계통이 다르다는 것이다. 이러한 것들은 이유가 있지만 서구학자가 서술했듯이 '토지는 민족이다'라는 해석에서 생각해보면 금일 반도의 남북에 차이가 있다 해도 역사적 대세를 부정할 수는 없다.[63] (밑줄은 인용자)

여기서 잘 드러나듯이 이나바는 '조선 민족'의 중심을 이루는 한종을 동호계라며, 민족적으로 만선의 불가분성을 다시 역설하고 있다. 즉, 조선의 민족은 기본적으로 북방계라는 것이다. 그런데 더욱 주의해야 하는 것은 이 한종을 중심으로 여러 종족이 반도라는 환경에 영향을 받으며 구성된 것이 조선 민족이라는 지적이다. 바로 민족과 민족성을 형성시키는 데 가장 중요한 것은 "토지"라는 환경의 영향력이 결정적이라는 것이다. 그렇기 때문에 ― 자신이 백 번 양보해 반도의 남북에 민족적 차이가 있고, 고구려·백제와 달리 신라는 북방계가 아니라 하더라도 ― 조선의 민족과 민족성의 형성, 민족사의 전개를 이해하는 데 가장 우선적으로 고려해야 하는 것은 '반도'라는, "대륙의 영향이 긴절"한 "토지"임을 역설했다.

이러한 주장을 하면서 이나바는 자신의 견해에 대한 '이론' 역시 의식하고 있다. 지금까지의 논의와 앞의 인용문을 통해 볼 때 '이론'은 조선의 역사를 "일본사적으로 관찰"하는 것이자 반도 남부에 있던 이들이 만주와 계통이 다르다는 것을 이유로 만선불가분을 인정하지 않는 태도, 이마니시로 대변되는, 한국사를 대륙과의 관련 속에서가 아니라 일본과 동종인 반도 남부의 한종을 중심으로 구상하는 견해이기도 하다. 그렇지만 이나바가 당면했던 '이론'은 이것만이 아니었던 것으로 보인다.

조선 민족이 이 영토(領土)를 조선 민족의 영토로 함에 이른 것은 (…) 신라가 조선을 통일함에 지(至)한 경(頃)부터 (…) 고로 금일의 조선인의 민족심리(民族心理)의 나(裸)에는 신라 민족을 본위로 하는 사상은 태(殆)히 전통적임을 지득(知得)치 안이하면 불가하다 (…) 대체로 말하면 경주(慶州)의 6촌(村)에서 기(起)하여 조선반도를 통일하여 거기에 민족의 영토가 구성되었다고 해석한다. 그러나 (…) <u>고구려 민족, 즉 만주 전체를 영토로 하던 고구려의 국토도 우리 조선 민족의 영토라고 해석하는 자도 있다</u> (…) 만약 조선 민족을 광의(廣義)로 생각하여 신라 통일 이전의 삼국시대를 기초로 할 것 같으면 조선의 영토를 만주까지 급(及)하기 가능하리라.[64] (강조는 원저자, 밑줄은 인용자)

고구려와 백제와 신라는 기석(其昔)은 이국(異國)이얏스나 공히 동일민족(同一民族)이오, 단군의 자손이라고 생각하는 동시에 <u>만주도 아영토(我領土)의 일(一)이얏다는 대(大)한 사고(思考)를 지(持)함이 필요(必要)</u> (…) 신라를 기초로 하는 조선사가(朝鮮史家)의 견해로는 안 된다. (…) 요컨대 조선인은 기(其) 전통적으로 사(思)하는 신라 본위의 역사관(歷史觀)을 방기(放棄)하고 (…) 일본인의 조선사 연구자에 재(在)하야는 방만적(放漫的)으로 일선관계(日鮮關係)에만 몰두치말고 만주 방면과의 심절(深切)한 사실(史實)을 고찰할 필요를 감(感)하며[65] (강조는 원저자, 밑줄은 인용자)

이 인용문은 「(조선)민족사」를 발표한 지 2년 후인 1927년 8월에 있었던 이나바의 강연 중 일부이다. 여기서 이나바는 조선인의 영토 관념을 거론하며 조선인들이 전통적으로 신라를 중심으로 역사를 사고하는 것을 지적하고 있다. 이는 만선불가분에 반하는 '이론'인 것이다. 이나바는 현재의 조선 민족의 다수는 만주 민족이기 때문에 조선인들은 "만주에서 일어난 민족도 우리(조선 민족: 인용자)와 동원 민족(同源同民)이라는 해석이 가장 바른 조선 역사의 해석"임을 알아야 한다며,[66] 신라를 중심으로 하는 역사관, 한일관계만을 중시하는 연구 자세를 비판하면서 고구려를 중심으로 한 영토적 관점에서 만선불가분의 사고가 필요하다고 강조한다.

이마니시가 시종일관 조선사의 범주가 아니라고 주장했던 고구려사에 대한 강조와 관심은 이미 「(조선)민족사」에서도 나타난다. 이나바는 고구려를 "과거에 일찍이 없었던 강한 세력과 문화를 발달"시킨 국가라고 평가했다. 고구려가 이처럼 빠르게 성장할 수 있었던 이유는 두 가지였다. 하나는 중국의 문화를 받아들이기 좋았다는 것이었고, 다른 하나는 현토군(玄菟郡)을 기반으로 국가를 일으켰다는 것이다. 이나바는 『만주발달사』에서 만몽과 조선의 불가분성을 이야기하며 만주와 조선의 경계선은 대동강에서 원산에 이르는 선이라고 주장할 당시에도 압록강과 장백산(백두산)은 국경이나 경계로서 의미가 적다고 주장했다.[67] 그 실례로서 그가 주목한 것이 바로 장백산(백두산) 동서를 아우르는 현토군과 이를 기반으로 일어난 고구려였다. 현토군을 기반으로 한 고구려는 만선에 걸쳐, 즉 압록강과 장백산(백두산)의 동서를 아울러 "양 방면을 일환(一丸)으로"하여 형성했기 때문에 발전할 수 있었다는 것이다.[68] 만주와 조선에 걸쳐져 있으며 중국 문화를 습득하기에 유리한 "지형의 편의"를 확보한 고구려는 가장 먼저 두각을 나타냈기 때문에 삼국의 문화 발달 순서는, 『삼국사기』에 기재되어 있는 것과는 반대로, 고구려, 백제, 신라의 순이고, 고구려가 신라에 비해 앞선 것은 시간상으로 4~5세기이며, 이러한 차이가 설명되어야만 조선의 "민족 구성 경과가 판명될 수 있다"는 것이 이나바의 생각이었다.[69] 이처럼 이나바에게 고구려사는 조선사의 해명을 위해서든 만선사의 확립을 위해서든 매우 중요한 존재였다.

만선불가분에 입각해 민족 · 정치 · 경제 등 조선의 역사와 관련된 모든 사항을 고려함에 있어 '토지', 바로 대륙의 영향력이 절대적인 반도임을 가장 중요시했으며, 동일한 맥락에서 고구려사를 우선시했던 이나바가 『조선사』 편찬을 총괄하게 됨에 따라 그동안의 조선총독부의 각종 조사사업이나 '반도사 편찬', 일본인 연구자들의 조선사에 대한 시각과는 다른 분위기가 감지되기도 했다. 바로 단군을 비롯한 북방의 역사에 대한 사항이다. 『조선사』 편찬이 공식화된 직후인 1923년 1월 8일부터 2박 3일간 개최된 제1회 조선사편찬위원회의에 참석한 조선인 위원 정만조(鄭萬朝, 1858~1936)와 이능화(李能和, 1869~1943)는 단군과 발해가 『조선사』에 수록되는지에 대해 질문했다. 이에 대해 이나바와 편찬위원회 당시 각종 업무를 담당했던 가야하라 마사조(栢原昌三, ?~1924)[70]는 매우 긍정적인 답변을 내어놓았다. 이에 더해 이나바는 발해는 물론 만주 지역에 있던 철리(鐵

利)까지도 포함할 것이라며 『조선사』의 수록 범위를 밝혔다.[71] 이러한 답변은 조선의 역사를 대륙-만주와의 관련 속에서 보아야 한다고 역설하던 이나바의 사관에 부합하는 것이었다. 물론 이때의 회의에서 단군이나 발해를 『조선사』에 수록하는가의 여부는 『조선사』 제1·2편의 주임인 이마니시가 회의에 불참한 것을 이유로 최종 결정이 내려지지 못했고, 앞서 살펴보았듯이 해당 부분의 『조선사』는 결국 이마니시의 생각대로 편찬되었다. 그렇지만 만약 이마니시의 영향력이 없었다면, 『조선사』 제1·2편의 주임이 이나바였다면 『조선사』는 전혀 다른 방향으로 편찬되었을지도 모른다.

이상에서 살펴보았듯이 19세기 말 이래 일본의 대륙 침략과 서구적 근대 학문을 수용함에 따라 본격화되었던 일본인 연구자들의 조선사 연구는 점차 이마니시 같은 근대 역사학의 세례를 입은 이들이 등장하며 전문화되었다. 특히 강점 이후 조선총독부는 이마니시, 구로이타 등 같은 대학에서 역사학을 전공했을 뿐만 아니라 학적 권위가 높은 연구자들을 앞세워 조선에 대한 유적·유물 조사는 물론 역사 편찬까지 시도했으며, 연구자들 또한 이를 기회로 조선의 역사에 대한 자신들의 연구를 심화해나갔다. 물론 이러한 과정에서 연구자들 사이에 이론과 견해의 차이가 없었던 것은 아니지만 이마니시 같은 전문 연구자들이 조선사 연구를 주도하는 가운데 일본인 연구자들은 대체적으로 조선의 인종·역사적 경과 등을 남과 북으로 나누고, 반도 남부에 위치하며 일본인과 종족적으로 유사하다고 생각했던 '한종족'을 중심으로 조선의 역사를 구성하려 했다. 이러한 접근은 일본과의 친연성을 인정하는 것으로서 임나일본부로 대변되는 고대 조선에 대한 일본 우위의 역사상을 긍정함은 물론 고구려사로 대변되는 북방의 역사를 조선의 역사적 범위에서 제외하는 것이기도 했다.

이러한 가운데 조선과는 별다른 접점을 맺지 않은 채 만주의 역사를 연구해오던 이나바가 『조선사』 편찬을 위해 조선에 부임해 왔다. 이나바는 조선 부임에 즈음하여 조선의 역사에 대해 과거 자신이 품었던 생각, 즉 대륙-만주와 조선의 불가분성을 더욱 강화하는 한편, 조선의 역사에 대한 그때까지의 일본인 연구자들의 견해와 대립각을 세웠다. 그가 보기에 조선의 역사를 규정하는 가장 큰 요소는 대륙의 영향이 절대적인 '반도'라는 "토지"였다. 이러한 발언은 "역사의 기초는 지리에 있다"고 했던 시라토리의 견해를 방불케 한다. 조선의 주류 민족, 고구려사, '단군 전설'을 비롯한 조선사와 관련된 이나바의 거의 모든 견해는 조선의 역사에 대한 가장 큰 규정 요소로 대륙과 연결된 반도라는 토지라고 본 시각에서 연유하는 것이라 하겠다. 이처럼 조선사의 모든 곳에서 일본과의 관계가 아닌 '반도'라는 특성, 즉, 대륙의 영향력을 강조했던 그의 견해는 이마니시로 대변되는 당시 일본인 연구자들의 조선사 인식과 충돌했다. 그렇다면 이렇게 조선의 역사에서 대륙의 영향력, 만주와의 불가분성을 강조했던 이나바는 조선의 역사에 대하여 어떤 연구를 진행했을까?

4. 1920년대 이나바의 연구활동: 정체된 조선

조선 부임 이후 이나바는 많은 논문을 발표했는데, 그중 상당 부분은 조선의 역사에 대한 것이다. 조선에서 이나바의 활동이나 생활과 관련해서는 그가 남긴 논문 외에는 알려진 것이 없지만, 매우 바쁜 생활을 했을 것으로 추측된다. 그는 『조선사』 편찬을 총괄하는 위치에서 편찬 작업을 위해 2주마다 편수 실무 담당자들과 함께하는 편수타합회를 주재했을 뿐 아니라 『조선사』 편찬 과정의 모든 부분에 관여해야만 했다. 그뿐만 아니라 자신이 직접 『조선사』 편찬을 위해 조선의 이곳저곳으로 사료 채방을 떠나야 했으며, 『조선사』 제3편과 제5편에 대해서는 상당 부분을 직접 편수해야 했다. 이러한 격무 속에서도 그는 무수히 많은 논문을 발표했을 뿐만 아니라 『조선사』 편찬 작업이 한창 진행 중이던 1932년 6월 교토제국대학에서 박사학위를 취득했다. 그런데 그가 「광해군 시대의 만선관계(光海君時代の滿鮮關係)」라는 박사학위논문을 작성할 수 있었던 것은 『조선사』 편찬을 총괄하는 위치에 있었던 것이 크게 작용했다. 『조선사』 편찬을 위한 사료 수집 중 태백산사고(太白山史庫)에 보관되어 있던 『광해군일기(光海君日記)』의 중초본(中草本)을 획득했을 뿐만 아니라 일본인인 이나바가 읽을 수 없었던 이 사료를 편수회의 조선인 수사관인 홍희(洪憙, 1884~1935)가 해석해주었기 때문에 이나바는 학위논문을 작성할 수 있었던 것이다.

이나바의 박사학위논문 작성에서도 알 수 있듯이 그는 조선의 역사를 연구하는 데 누구보다도 유리한 위치에 있었다. 조선사편찬위원회와 조선사편수회는 회(會)의 목적을 사료의 수집과 정리·발간에 두었으며, 『조선사』 편찬을 위한 사료 수집과 정리·발간을 목적으로 설립된 조직이었기에 시종일관 조선 각지에 편수회 인사들을 파견하여 전국에 흩어져 있던 사료를 수집했다. 그뿐만 아니라 왕조실록으로 대변되는 관찬 편년사들은 물론 이렇게 수집된 사료들을 주로 일본인으로 구성된 편찬자들(수사관, 수사관보, 촉탁)이 이해할 수 있도록 정리했다. 이 사업을 총괄하는 위치에 있던 이나바는 수집·정리된 자료들을 특별한 절차를 거치지 않고 쉽게 볼 수 있었을 것이다. 실제로 그는 조선에 부임한 이후 조선의 역사와 관련된 논문들을 쏟아냈는데,[72] 당시 조선사편수회라는 기반을 가지고 있던 이나바가 조선사와 관련된 논문을 그 누구보다도 많이 발표할 수 있었던 것은 당연한 일이기도 하다.

한편, 앞에서 살펴보았듯이 이나바는 1910년대 만주사를 연구할 당시부터 대륙-만주와 조선의 불가분성을 강조하고 있었으며, 이러한 인식은 조선의 역사를 대하는 그의 기본적인 시각이자 그가 조선의 역사연구를 통해 해명해야 하는 과제이기도 했다. 조선사편찬위원회와 조선사편수회에서 이나바의 위치를 고려하며 그의 활동을 보면 이나바 역시『조선사』편찬을 통해 자신의 관심을 충족하고자 했던 것으로 보인다. 이는 특히 지방에서 이루어진 사료 채방 과정에서 드러난다. 이나바는『조선사』편찬을 위한 사료 채방을 직접 나서는 경우가 많았다. 이와 관련하여 남아 있는 자료들을 보면 그는 주로 황해도, 평안남북도, 함경도 등 대륙과 경계를 이루고 있는 지역으로 사료 채방에 나섰다. 여기서 그는 중국을 상대로 무역을 했던 '만상(灣商)' 관련 기록을 탐문하는 한편, 김경서(金景瑞, 1564~1624) 관련 문서,『북관지(北關志)』,『병자일기(丙子日記)』, 모문룡(毛文龍, 1576~1629)에 관한 기록과 문서 등 조선과 중국·만주의 관계를 해명해줄 수 있는 사료를 찾아냈으며, 낙랑시대 유물, 동진(東晉)시대 고분, 고구려시대 유적 등 조선과 대륙의 연결을 확인할 수 있는 유적과 유물의 조사·참관을 병행했다.[73] 이러한 과정은 조선의

역사에 대한 그의 생각을 확인하는 기회였을 것이다. 일례로 1924년 후반에 『조선사』 편찬을 위해 함경북도로 출장을 다녀온 이나바는, 그 직후 조선 북부 지방의 지명에 여진어의 잔재가 많이 남아 있다는 내용의 「북선의 여진어 지명(北鮮に於ける女眞語の地名)」(1925)이라는 논문을 발표했다. 이 논문은 "함북(咸北)을 여행하고"라는 부제에서 알 수 있듯이 함경북도를 다녀온 이후에 서술한 것이다. 이처럼 그는 『조선사』 편찬 과정에서도 만주와 조선의 관련성, 조선에 미친 만주의 영향력을 확인하며 만선불가분이라는 자신의 구상을 확인해나갔다.

조선의 역사에 대한 이나바의 구상은 1925년에 발표한 「(조선)민족사」에서 보다 구체적으로 드러난다. 이나바는 이 지상 강좌의 목적을 그 기획 단계부터 "(조선) 민족의 성립과 발달을 환경으로부터 타산해 그 시대를 고찰하고, 이 민족과 교섭한 외족(外族)의 문화를 고구하며, 문화를 수용한 민족(조선 민족: 인용자)의 능력을 관찰"하여 "문화생활의 내용을 평론"[74]하는 것이라고 밝혔다. 즉, 조선 민족의 역사를 토지를 비롯하여 조선 민족에 영향을 주었던, 조선 민족을 둘러싼 여러 제반 사항들을 통해 살펴보겠다는 것이다. 17절 150여 쪽에 달하는 상당히 긴 분량의 이 논문에서 다루는 내용은 조선 민족을 둘러싼 지형 등의 환경, 조선 민족의 구성, 이들과 중국 민족·만몽 민족의 관계 및 문화 섭취, 일본 민족과 반도의 관련성 등 조선의 역사에 접근할 때 고려해야 하는 사항들이 대부분이다.[75] 이러한 서술 이후 이나바는 자신이 1923년 9월부터 이듬해 8월까지 조선사학회(朝鮮史學會)에서 지상강좌 형식으로 발간했던 『조선사강좌(朝鮮史講座)』에 10회에 걸쳐 연재했던 '조선 민족의 정치(朝鮮民族の政治)'라는 글을 마지막 절로 제시하며 「(조선)민족사」를 마무리 지었다. 즉 앞의 내용과 별다른 연관을 맺지 않은 채, 자신이 이미 발표했던, 조선의 역사에 나타나는 정치체제를 '부락정치', '귀족정치', '전제정치'로 대별하여 그 변화 과정을 개략적으로 정리한 논문을 게재한 이후 "조선에서 정치의 과정에 관해 대강을 언급했지만, 이 문제들에 대한 참된 이해는 조선에서 영토 관계와 사회문제의 진상을 아울러 고려하지 않으면 결국 피상에 빠지기 쉽다. 타일을 기해 두 문제에 관해 비견을 서술하고 싶다"[76]는 언급으로 「(조선)민족사」를 끝낸 것이다. 이는 이나바를 넘어서 당시 일본 학계의 조선사 연구 경향을 집약적으로 보여준다. 당시 조선사에 대한 일본 학계의 연구가 일본의 기원을 해명하는 데 필요한 고대사 내지 임진왜란으로 대변되는 한일관계사에 집중되었음은 앞에서도 언급했다. 「(조선)민족사」라는 제하의 책자를, 조선의 역사를 연구하는 데에 고려해야 하는 사항을 고대사 위주로 서술하고 그 정치 체제의 변화를 개략적으로 제시하는 글을 덧붙인 형태의, 일관적이지 못한 구성을 취하고 있을 뿐만 아니라 향후의 연구 과제를 제시하는 것으로 끝내는 것은 이나바는 물론 당시 조선사 연구에 대한 일본 학계의 현황을 드러내는 것이었다.

오히려 여기서 주목되는 것은 이나바가 조선의 역사에 영향을 미친 주요 요소로서 "토지"로 대변되는 "환경"의 중요성을 강조한 것이다. 이러한 "환경"으로 "토지"와 더불어 이나바가 강조했던 것은 반도에 정착한 이들을 둘러싼 민족들이다. 그는 「(조선)민족사」의 서두에서 동아시아의 여러 민족을 "자발적으로 문화를 가진 민족"과 "자발적으로 문화를 가지지 못한 민족"으로 구분했다. 자발적으로 문화를 가진 민족은 한민족(漢民族)과 몽골 민족뿐이다. 한민족은 자발적인 문화를 가지고 그 문화의 기조 아래에서 진보를 이루어 일대 민족계를 이루었으며, "흉노(匈奴)"라고 알려진 몽골 민족은 기원전 3세기 이래 이민족을 통일하여 일대 민족계를 이루어 중앙아시아 방면으로 교통하고, 한민족의 생활양식에 많은 변화를 주었던 민족이다. 이 두 민족이 "무력뿐만이 아니라 문화에 있어서도 쌍방이 함께 상양(相讓)"한 "동아 대륙의 2대 주인공"이다.[77] 이들의 다른 편에는 "자발적으로 문화를 가지지 못한 민족"이 존재했다. 그 가운데 동호계 민족은 흉노와 대항하며 우월한 지위를 차지하기도 했지만, 점차 한, 흉노에게 패퇴하고 여러 지파로 분립하며 비옥하고 광활한 만주와 동몽골 일대로 이동·정착해 국가를 형성하고 패(覇)를 다툰다는 것이다. 이나바는 이들 가운데 장백산(백두산) 방면, 바로 만주 방면으로 이동한 이들이 세운 왕조들을 '부여-고구려-발해-금(여진)-청(만주)'으로 계보화했다. 그는 이들의 공통점으로 대륙에서의 실패자 혹은 그와 유사한 역사적 연유의 소유자로 들었으며, 반도에 정착한 이들 가운데에는 여기서 연유하는 이들이 가장 많으며, 조선의 민족을 기본적으로 동호계라 했음은 앞서 서술한 대로이다.[78]

　이나바의 조선사 연구 초반이라 할 수 있던 시기에 서술된 「(조선)민족사」에 이러한 내용이 있다는 것은 그가 조선의 역사를 어떻게 생각하고 있는지를 보여준다. 먼저 이와 같은 민족군의 구분은 이전 만주사를 서술하며 그 역사를 이해하기 위해 만주의 민족만이 아니라 몽골-중국-만주 세력들 간 관계를 고려해야 한다던 입장의 연장선이라 할 수 있을 것이다. 조선의 민족 역시 만주 민족의 하나인 동호계를 중심으로 이루어졌으며, 이들은 자발적인 문화를 갖지 못한 채 한(중국), 흉노(몽골)에 패퇴했다는 것은, 그가 구상하던 조선사라는 것이 한민족, 몽골 민족과 동호계 민족의 삼자구도 속에 위치할 것이라는 점을 짐작하게끔 한다. 즉, 만몽·만주와 조선의 불가분성에 대한 강조와 함께, 조선사를 다루는 데 "토지", 바로 대륙의 영향이 긴절한 반도라는 지형과 이를 둘러싼 "환경"을 우선시했던 이나바가 조선 민족을 둘러싼 주변의 민족들을 이와 같이 구분한다는 것은, 바로 반도에 영향을 미치는 대륙의 실체가 한민족, 몽골 민족이었음을 말하는 것이다. 이것은 기본적으로 조선의 역사를 중국(한), 몽골(흉노), 만주(동호계)의 삼자구도 속에서 인식하겠다는 것으로, 만주사의 전개를 만주라는 토지에서 벌어진 몽골-중국-만주 방면 세력의 경쟁 과정으로 인식했던 것과 유사한 것이었다. 이는, 그가 말했던 만선사라는 것은 단순히 만주와 조선의 밀접한 관계를 말하는 것만이 아니라 만주와 조선의 역사 전개에서 중국 내지 몽골 등 또 다른 요소가 한 축을 차지하고 있다는 것을 시사하는 것이기도 하다. 또 이러한 시각은 조선의 역사를 다른 세력들의 관계 속에서만 포착하는 것으로, 과거 일본인 연구자들의 한국사 연구 시각으로 지목되어온 한국사에 대한 타율성론을 잘 보여주는 것이기도 하다.[79]

그렇지만 이나바의 조선사 연구 초창기라 할 수 있는 1920년대까지만 하더라도 그는 자신의 연구에서 이런 전망 혹은 지향을 담아내지 못하고 있었다. 앞서 보았듯이 그는 조선의 북방에서 사료를 채방하며 만선의 불가분성을 이야기했지만 1920년대 그의 연구를 보면 만선의 불가분성을 이야기한 것 외에는 반도와 몽골 내지는 반도와 만주의 관계에 대해서는 별다른 언급을 찾아보기 어렵다. 위에서 언급한 세 민족의 관계 속에서 조선의 역사를 해석하지 못했던 것이다. 오히려 1920년대 조선사에 관한 이나바의 논문을 보면, 조선의 역사를 중국(한민족)과 중국 문화와의 관계 속에서 설명하려 했으며, 그 출발점은 ─ 다른 연구자들과 비슷하게 ─ 한사군의 설치였다. "자발적인 문화를 가지지 못한 민족"인 동호계 민족들은 국가 같은 기구를 구성하기 위해서는 자발적인 문화를 가진 이들에게서 문화를 수혈받아야만 한다. 그런데 반도로 흘러들어온 민족은 만몽 민족의 문화적 영향이 적은 반면 "지나 민족의 문화적 정복"이라고 할 정도로 중국 민족의 영향을 크게 받았다는 것이 당시 이나바의 견해였다.[80] 이러한 바탕 위에서 그는 고구려, 백제, 신라에 나타나는 중국 문화의 영향력을 서술하며, 조선 민족의 수동성과 정체성을 이야기하고, 조선과 중국의 관계와 교통, 낙랑군의 문화, 일본과 조선의 문화적 차이 등을 논증했다.

조선사의 시작을 한사군의 설치에 두는 것 내지 한국사에서 한사군의 영향력을 강조하는 것은 한국사의 타율성을 강조했던 다른 일본인 학자들과 별반 다르지 않다. 그런데 이나바는 한사군이 한반도 전체에 걸쳐져 있었다고 주장하며, 이를 일본사와 연결하고 있다는 점에서 자신만의 관점을 드러냈다. 진번군(眞番郡)이 한반도의 남부 지역에 위치했다는 '진번군재남설'로 정리되는 이러한 이나바의 견해는 한사군의 영역을 극대화한 것이라 할 수 있다.[81] 이러한 견해는 이나바가 1920년대 발표한 글들에서 반복적으로 나타나는데,[82] 이는 일차적으로 중국 문화의 영향이 반도 남부 지역에서의 국가 형성에도 강한 영향을 끼쳤다는 것을 이야기하는 것이다. 하지만 1장에서 살펴보았듯이, 『만주발달사』에서 한사군의 설치가 일본에서 국가 형성의 계기였다는 그의 서술을 돌이켜본다면 진번군이 반도의 남부까지 내려와 있다는 것은 대륙과 일본의 관계를 밝히는 것과도 관련된 것으로, 고대 일본이 선진문화인 중국의 문화를 흡수하는 데에 유리한 조건을 이야기하는 것이기도 했다.

그렇지만 1920년대 후반까지 한사군의 설치는 어디까지나 반도와 중국(한)이라는 둘 사이만의 관계 — 즉, 몽골 방면의 세력까지는 포괄하지 못한 — 로만 파악되고 있다. 이를 단적으로 보여주는 것이 위만조선(衛滿朝鮮)의 멸망과 한사군의 설치에 관한 설명이다. 위만조선이 한에게 외신(外臣)이 되겠다고 약속했지만 주위의 민족을 침입하고, 한에 입견(入見)하지 않았을 뿐만 아니라 주변의 민족(만이군장蠻夷君長)이 한으로 왕래하는 것을 막았기 때문에 반도 남부의 진번 등은 이를 참지 못하고 한의 천자에게 상서를 올려 마침내 한 무제의 조선 정벌이 일어났다는 것이다. 이나바는 『사기(史記)』「조선열전(朝鮮列傳)」의 기사[83]와 연(燕)의 통화인 명도(明刀)가 목포(木浦) 근처에서 나온 것을 근거로 반도 남부 진번[辰國]의 여러 소국과 한 사이의 교통은 오래되었으며, 그로부터의 이익은 "지나 본부의 사람들"에게 매우 큰 것이었는데, 위만조선이 반도 남부의 진번과 한의 교통을 가로막았기 때문에 한 무제의 공격을 받았다고 서술했다.[84] 이와 같이 만선의 동호계 민족과 한이라는 둘만의 관계로 당시 주요 사건을 설명하는 것은 수(隋)와 고구려의 전쟁을 설명하는 데에서도 마찬가지이다. 혼란스러운 중국을 수가 통일했을 때 돌궐 등의 북방 세력이 존재했지만, 과거와 같이 우수하지는 않았기 때문에 "지나 본부의 당면 문제"는 "만주와 조선 방면의 일대 왕국을 이룬 고구려"를 어떻게 할 것인가가 문제였다는 것이다.[85] 즉, 이나바는 수와 고구려라는 둘만의 관계에서 고구려와 수의 전쟁을 바라보았다.

이러한 서술들은 조선사 연구 초반 그가 스스로 제시했던 사항 — 조선 민족을 둘러싸고 있으며, 그에 영향을 끼친 제반 사항들을 고려하며 조선의 역사를 연구하겠다던, 즉 한민족, 몽골 민족, 동호계 민족이라는 세 민족의 관계 속에서 조선(혹은 조선과 그 일대)의 역사를 설명하겠다는 목표와 거리가 먼 것이었음은 물론 새로운 견해라고도 할 수 없었다. 특히 위만조선의 멸망에 대한 설명은 사료에 대한 해석이라기보다는 사실상 사료(『사기』「조선열전」)를 전달하는 것에 지나지 않는다. 이렇게 볼 때 이나바는 시종일관 만몽-조선의 불가분성 또는 만선불가분을 내세우며, 만주와 조선에 있던 민족들이 동일한 동호계 민족이라는 것을 주장했지만, 이를 제외하면 조선의 역사, 특히 고대사에 관하여 그저 중국 민족과 반도의 동호계 민족 사이의 관계 내지 반도에 대한 중국 문화의 전파와 그 영향력을 강조하는 것에 그치고 있어, 조선과 중국의 일대일 관계를 강조하는 양상이라 하겠다. 특히 사료에 즉하여 위만조선의 멸망에 대해 서술하는 것은 사료의 해석이라기보다는 전달에 가까운 것이었으며, 한사군의 설치를 중국과 조선의 관계만으로 이해하고, 한사군 설치 이후 한중관계사의 맥락에서만 조선의 역사를 바라보는 것은 당시로서도 그다지 새로운 것이 아니었다. 후술하겠지만 이나바의 이러한 이해 방식은 이후 변화한다. 하지만 적어도 1920년대의 이나바는 만몽-조선 불가분, 만선불가분이라는 자신의 입론에 입각하여 조선의 역사를 해석하지는 못하고 있다고 하겠다.

오히려 이나바는 조선에 온 이후 대륙과 일본의 교통과 일본의 반도 남부 경영, 바로 임나일본부에 대해 과거 『만주발달사』에서 펼쳤던 생각을 정교화하며, 이를 통해 반도에서 일본으로 문화가 유입되었다는 통설을 비판하는 한편, 조선의 역사적 특성으로 "정체(停

滯)"를 들고, 이를 설명하는 데에 더욱 열중했다.

지금까지 살펴보았듯이 조선의 역사를 바라보는 이나바의 시각은 이마니시로 대변되는 기존 일본인 연구자들과는 다른 것이었다. 하지만 이들은 임나일본부에 대한 믿음을 공유했다. 1장에서 살펴보았듯이 이나바는 『만주발달사』에서도 일본과 중국의 직접 교통의 시기를 기원 전후로까지 소급해, 일본에서 국가 탄생의 시기를 먼 과거로 끌어올렸음은 물론 이를 통해 반도 남부에 대한 지배의 시기도 더욱 상향할 수 있는 가능성을 열었다. 1920년대 본격적으로 조선의 역사를 연구하던 이나바는 『삼국지(三國志)』「위지(魏志) 동이전(東夷傳)」의 기사, 즉 위의 사자가 대방군에서 왜에 온 기록을 근거로 김해(金海)는 일본 영토의 일부일 수밖에 없다며 임나일본부의 창건 연대는 2세기 중엽이라고 추정하며,[86] 임나일본부에 대한 자신의 생각을 보다 구체화했다.

이나바는 고대 일본이 조선의 문화를 수입했다는 논의를 도저히 받아들일 수 없었다. 이나바가 보기에 일본은 일찍부터 대륙과 교통하여 선진문물을 받아들여, 이른 시기에 국가의 건설과 체제의 정비를 이루고 조선의 남부를 경영했기 때문이다. 조선의 역사를 바라보던 시각에서 큰 차이를 보였던 이마니시와 이나바는 바로 이 점에서는 공통된 견해를 보였다. 앞 절에서 살펴보았듯이 이마니시는 일본인이 고대 반도로부터 문화를 수입했다는, 당시의 "통론"을 "무자각"이라며 통렬히 비판하고 있었다. 이나바 역시 조선인 '동화'를 명목으로 유포되어 "일반에 통론"이 되었던 고대 일본으로 조선의 문화가 유입되었으며 이를 통해 일본은 발전할 수 있었다는 견해에 대해서는 맹렬한 비난을 퍼부었다. 이러한 견해들은 "조선의 문화를 찬미하는 것이 일선융화에 도움이 된다"고 생각하는 일본인들에 의해 이루어진 것인데,[87] 오히려 이로 인해 "조선인의 일본 문화에 대한 몰이해", "조선인의 잘못된 자부심"이 조장되어 "일선융화"에 최대의 장애가 된다는 것이다.[88]

하지만 조선에서 일본으로 문화가 수입된 것은 부정하기 힘든 역사적 사실이었다. 이에 대해 이나바는 일본에 수입된 문화는 주로 한사군이나 거기서 유출된 귀화인, 즉 한인(漢人)에 의한 것으로 보았다. 그의 이러한 입장은 아직기(阿直岐)와 왕인(王仁)에 대한 견해에서 단적으로 드러난다. 이들은 백제에서 일본으로의 문화 전파를 상징하는 이들로, 특히 왕인의 경우 1930년대 접어들어 조선과 일본 양측의 민간에서 '내선일체'의 상징으로 추앙받기도 했다.[89] 이나바는 아직기에 대해서는 『성씨록(姓氏錄)』에 "백제국노왕(百濟國魯王)의 후(後)"라고 한 것으로 보아 중국의 한인이며, 왕인의 경우는 한사군 당시 중국에서 유입된 "낙랑(樂浪) 왕씨(王氏)"로 간주하여, "반도인"에 의한 일본으로의 문화 유입을 강하게 부정했다. 즉, 일본에 들어온 문화는 반도라는 토지를 경유했을 뿐 중국인에 의해 전달되었다는 것이다.[90]

이나바가 조선 문화의 일본 유입을 도저히 받아들일 수 없었던 이유는 무엇일까? 이는 단순히 피지배민족인 조선인에 대한 지배민족인 일본인으로서의 자존심 문제만은 아니었다. 1장에서 살펴보았듯이 이나바는 1915년 『만주발달사』에서 한사군의 설치를 일본의 국가 형성과 연관 지어 설명했다. 한사군의 설치는 동북아시아 전체를 흔들었으며 일본은 이때 한사군과 연결되어 중국의 문화를 직접 받아들였다는 것이다. 이는 중국의 선진문물이 기원 전후 일본에 건너왔음을 뜻하는 것이고, 이는 일본에서 국가체제의 형성이 아주 이른 시기에 이루어졌음을 내포한다. 그가 임나일본부의 창건 시기를 소급할 수 있었던 것도 이 때문이다. 즉, 이미 국가체제를 완성하고 문화적 발달을 이루었기 때문에 해외인 조선의 남부에 대한 경략도 가능한 것이다. 국가 형성이 빨랐던 고대 일본이 조선으로부터 문화를 받아들였다는 것은 그의 입론과 정면으로 배치되는 것으로, 이나바는 이를 도저히 용납할 수 없었다.

이렇게 문화 면에서도 태고 이래 조선에 대한 일본의 우위를 그렸던 이나바의 생각은 "정체"를 조선 사회의 기본적인 속성으로 파악하는 것으로 연결되었다. 이나바는 군사적 지위, 경찰제도, 납세에 대한 의식과 실적, 가족제도, 불교, 의학의 보급 등 사회의 모든 부문에 걸쳐 조선과 일본을 비교하며 일본의 발전상을 언급하고 그 역사적 원인을 제시했는데, 그의 결론은 조선 사회는 일본에 비해 500~600년 뒤떨어졌다는 것이었다.[91] 이 가운데 특히 가족제도와 불교는 그 무엇보다도 낙후되어 가족제도의 경우 일본과 600년의 차이를 보이며, 불교는 지난 500년간 퇴락만을 반복했다고 보았다.[92] 그렇기 때문에 조선의 가족제도와 불교에 대한 회의적 견해는 이나바의 글 거의 모든 곳에서 발견할 수 있다.

후술하겠지만 이나바의 조선의 역사에 대한 해석 방식은 1930년대 접어들어 변화한다. 그렇지만 조선 사회의 특성으로 정체를 꼽는 것은 1930년대에 접어들어서도 변하지 않은 부분 중 하나였다. 아니 오히려 조선 사회의 정체에 대한 지적은 심화되었다. 이나바는 1931년 가을 조선총독부 경관강습소(警官講習所)의 요청으로 몇 차례 강연을 했다. 이때의 강연 내용이 『경무휘보(警務彙報)』에 5회에 걸쳐

실렸다. 이나바는 "내선융화라는 표어가 고조되는 작금에 있어 차별을 말하는 것은 사려가 없는 것이며, 융화에 방해가 된다는 오해가 있"지만 "융화라는 것은 쌍방의 본질을 잘 이해하는 것에 의해서 비로소 실현할 수 있기" 때문에 "차별을 인식하는 것"이 융화, 즉 두 민족의 "완전한 평등"을 실현하는 길이라는 언급으로 강연을 시작했다.[93] 만주사변 이후 조선총독부 차원에서 제시된 "내선융화"의 실현을 위해 조선과 일본의 차별을 인식해야 한다는 기조 아래 그는 강연 후반부에서 일본 사회와 비교했을 때 낙후된 조선 사회의 다양한 양상을 지적했다. 그는 1920년대의 논의를 반복하는 것에 그치지 않고 조선의 문예, 차(茶) 문화 등을 비롯한 일상의 생활문화에서까지 조선 사회의 미발달과 정체의 양상을 사례로 들었다.[94]

이처럼 이나바는 조선에 부임한 이래 시종일관 일본 사회와 조선 사회를 비교하며 역사적 흐름과 함께 조선이 정체되었고 생각했다. 이렇게 조선사의 정체를 거론하는 것은 이나바만의 특징이라고 할 수는 없다. 조선의 역사에서 정체를 강조하는 것은 과거 조선의 역사를 연구한 일본인 역사가들에게서 쉽게 찾아볼 수 있는 사항이다. 오히려 조선사의 특징으로 정체를 꼽았던 이나바만의 특징은 바로 조선 사회가 정체된 원인을 역사적으로 설명하려 했다는 점이다. 그의 논의들을 통해 보았을 때 그는 그 원인으로 두 가지를 찾았던 것으로 보인다.

이나바가 제시한 조선이 정체된 첫 번째 원인은 조선 역사에서는 전쟁이 많지 않았다는 점이다. 이는 언뜻 보기에는 납득이 가지 않는다. 전쟁이 없다면 평화가 길었다는 의미이며, 이는 조선인들이 그만큼 안정된 사회를 유지했다고 할 수 있기 때문이다. 그렇지만 이나바는 전쟁을 "민족의 문화에 저대한 영향을 주는 가장 큰 충동"으로, "전쟁은 사회 각각의 전개를 촉진"하며, 이로 인해 "전개의 기회와 지식을 배우는 것이 역사의 공례(公例)"로서 중국 민족과 새외 민족의 교섭도 대부분 전쟁에 의했다며,[95] 전쟁을 역사의 진전에 매우 중요한 요소로 보았다. 그렇지만 중국이 반도를 조종하여 만몽의 민족을 위협하는 운동이 없을 경우 반도의 평화는 보장되며, 만몽의 민족들은 세력이 커지면 중국 본토로 진입하려 했지 "반도와 같은 작은 지방"으로 진격하지는 않았기 때문에 반도가 전쟁에 휩싸이는 것은 일시적이며, 빈번하지 않았다는 것이다.[96] 그렇다면 이렇게 전쟁이 적었던 역사가 조선 사회에 어떠한 영향을 끼쳤을까?

> 우리 반도(半島)와 같이 무풍지대(無風地帶)에 위치하여, 대부분의 저기압(低氣壓)으로부터 면하게 되면 <u>과연 행복(幸福)할까 어떠할까, 화(禍)를 전(轉)하여 복(福)으로 하는 것은 개인 각각의 능력에 기초하는 것이기 때문에 반도인(半島人)이 이러한 기회에 조우(遭遇)하여 선착(先着)할 수 있는가 아닌가는 오히려 의문이다.</u> 반도의 평온(平穩)한 공기(空氣)가 민족을 안일(安逸)로 흐르게 했다는 것은 다툴 것이 없다. 그리고 그것은 사회상(社會相) 각 방면에 나타난다. <u>반도의 사회조직이 고정적인 것은 완전히 이 때문이다.</u> 시대의 추이에 따라 다소의 변화는 어느 정도 틀림없지만, 그러나 그 정도(程度)는 극히 완만함을 면하지 않는다.[97] (밑줄은 인용자)

전쟁은 고통스러운 것이지만 중국으로 대변되는 선진문화를 습득할 수 있는 좋은 기회가 될 수 있고, 이는 사람들의 능력에 달린 일이지만 조선은 전쟁의 "무풍지대"였기 때문에 사람들은 "안일"해졌고 사회의 여러 방면은 "고정"되었다는 것이다.

　이나바가 전쟁의 부재와 더불어 조선 사회가 정체된 원인으로 생각했던 것은 중국 문화의 이식이었다. 한사군 설치 이래로 조선에는 중국 문화의 영향력이 강력했으며, 중국의 왕조들은 만주와 몽골 방면의 민족들을 견제하기 위해 시종일관 반도를 이용해왔다는 것이 이나바의 생각이었다. 특히 송(宋) 건국 이후로는 반도에 대한 공격보다는 외교적 수단으로 전환하여 "이이제이가 격별(格別)"해지는 가운데, 중국의 문화인 성리학이 반도를 장악했다는 것이다. 조선에 미친 중국의 영향력 가운데 이나바는 특히 성리학과 표리를 이루는 가례(家禮)를 중요시했다. 그는 가례의 유입을 "지나 문화의 반도 정복"이라고 표현하며, 중국 문화 가운데 조선에 악영향을 끼친 최악의 것으로 가례를 꼽았다. 이나바에 따르면, 가례는 중국에서 나온 것이지만 오히려 조선에서 꽃피웠다. 중국은 빈번한 사회혁명의 결과 이를 그대로 따르지 않은 반면, 조선은 이를 철저하게 묵수하며 대가족주의(大家族主義)를 형성했기 때문이다.[99] 이는 존장(尊長)과 종가(宗家)에 대한 의뢰심을 발달시켰는데, 조선인에게 일반적으로 나타나는 저축심(貯蓄心) 결핍이나 근면성(勤勉性) 부족은 가족주의로 인한 의뢰심 때문이다.[100] 그뿐만 아니라 대가족주의는 "민족이라는 단체적 조직으로 나아가는 데에 장애"가 되어[101] 조선 사회의 정체를 지속하는 주범이라는 것이다. 이나바는 이처럼 단순히 조선 사회의 정체를 넘어 민족성 자체의 결함, 즉 강한 의뢰심과 저축심 결핍, 근면성 부족, 민족적 단결력 부족 등의 원인까지도 중국 문화인 가례의 유입에 따른 대가족주의에 두었다.

조선 사회의 정체를 이야기했던 이나바가 시간의 경과에 따라 정체의 범위를 문예, 차 문화 등의 일상생활의 문화로까지 더욱 확장함에 따라 정체의 원인이라고 생각했던 가례와 대가족주의에 대한 인식 역시 더욱 심화되었던 것으로 보인다.

> 반도의 사회 단위는 개인이 아닌 가족 (…) 정치는 가족제(家族制)와 관계를 갖지 않는 것이 없으며 (…) 반도에서는 변함없이 대가족제도의 색채가 농후하며 (…) 동일 혈연의 범위가 극히 광범위하여 출자(出自), 즉 조선(祖先)을 같이하는 가족은 100대(百代)를 지나도 200대(二百代)를 지나도 종속관계를 갖는다. (…) 이렇게 종속관계를 확대하고 강화하게 되면, 이 체형(體型)을 유지하기 위한 노력은 막대하여 소위 족내(族內) 도덕만이 기형적(畸形的)으로 발달 (…) 족내 도덕에 대해 족외(族外) 도덕, 즉 공자의 인(仁)이라고 할 수 있는 공공(公共) 도덕도 간요(肝要)하다. (…) 가족과 국가의 관계에서 반도와 같이 가족 상태가 강화·확대된 사회에서는 국가, 즉 초가족적(超家族的) 정신은 쉽게 발달하기 어렵다. 무릇 이와 같이 대가족제의 발달을 지속했다는 것은 정치 불안과 밀접한 관계가 있다. 법도(法度)에 권위가 없고, 관리는 부패하며, 도적이 횡행하여 내란이 끊이지 않는 사회의 특징으로 이러한 가족제도의 강화·확대가 보인다.[102] (밑줄은 인용자)

『조선사』 편찬을 마무리하고 조선을 떠나기 직전이자 그의 인생 말년인 1937년에 언급한 이와 같은 발언에서도 알 수 있듯이 이나바는 여전히 강고한 가족주의를 조선의 문제점으로 지적했다. 그는 조선 사회의 기본 단위는 가족이었기 때문에 가족을 벗어난 도덕이나 정신은 발달하지 못했다고 본다. 이러한 사회에서 민족적 결집을 통한 강력한 국가의 건설이라는 것은 기대할 수가 없다. 더군다나 가족을 중심으로 이루어진 사회이기 때문에 정치 역시 그러했으며 이는 사회 불안을 야기할 뿐만 아니라 이러한 사회 불안에서 사람들이 보호받기 위해 가족제도에 더 매달리게 된다는 것이다. 이러한 악순환의 결과, 조선은 "동양에서 가장 뒤처진 국정"을[103] 나타낼 정도로 정체되어버렸다는 것이 이나바의 결론이었다.

이렇게 시종일관 일본과의 비교 속에서 조선 사회의 특징으로 정체를 꼽았던 이나바는 조선에 머무는 동안 조선 통치와 관련하여 이야기되어온 '동화', '내지연장' 같은 사항들에 대해 부정적일 수밖에 없었다. 그가 볼 때 일본에 비해 500~600년, "동양에서 가장 뒤처진 국정"을 지닌 조선에 대하여 '내지연장'이란 이름으로 조선과 일본의 차별을 철폐한다거나 조선인에게 참정권을 부여한다거나 조선에 일본의 법령을 적용한다는 등의 논의는 조선의 상황을 너무나 모르는 탁상공론일 뿐이었다. 그는 '내지연장'이 나쁜 것은 아니지만 역사적 사실에서 생각해볼 때 "내선의 차별"은 쉽게 제거될 수 있는 것이 아니기 때문에 차별철폐에 앞서 조선에 대한 철저한 조사와 연구가 이루어져야 하며, 조선에 대한 문제들은 조선과 일본의 "역사적 차별"에서부터 풀어나가지 않으면 조선과 일본 모두에게 불행만을 초래할 것이라고 전망했다.[104] 1930년대 '내선융화'에 대해서도 그 시작은 "차별을 인식하는 것"이라는 그의 생각은, 조선은 역사적으로 정체되었다는 그의 연구의 연장이었던 것이다. 오히려 이나바가 보기에 조선에서 시급히 해야 할 일은 조선을 정체의 나락으로 빠뜨린 중국 문화, 즉 "유교에 대해 급격한 해방"과 "조선인을 가족주의로부터 해방"[105]하는 것이었다.[106]

주목되는 것은 이나바가 한사군이나 중국 왕조(수·당)의 고구려 침략과 같이 동아시아의 역사를 뒤흔들었던 전쟁 같은 큰 사건에 대해서는 이를 오직 중국과 조선의 관계에서만 이야기한 반면, 조선에 대해 사회사적인 접근을 시도하며 조선 사회의 특징으로 정체를 꼽고 그 원인을 진단할 때는 반드시 그렇지 않았다는 점이다. 조선에 전쟁이 드물어진 이유에 대한 설명은 기본적으로 중국 민족과 새외 민족의 관계에 대한 것이기도 했다. 물론 성리학, 가례 같은 중국 문화가 조선 사회를 정체로 빠뜨렸지만, 이는 송 이후 중국 왕조들이 조선에 대해 취한 외교 방법이었던 "이이제이"에 의한 것이었다. 중국 왕조들이 만주 방면의 세력과 조선이 결탁하여 자신들을 압박하는 것을 방지하기 위해 둘을 갈라놓으려 했다는 이나바의 설명은 현재의 시점에서도 흥미로운 지점이다. 하지만 이나바가 생각하기에 중국 문화의 유입이라는 조선사의 특징은 "이이제이"라는 중국의 외교 방식, 즉 만몽 방면의 세력과 반도의 결합을 막기 위해 중국 민족이 반도에 자신들의 문화를 이식한 결과 이루어진 것으로, 조선의 역사를 중국과 만몽 민족들의 역학관계 속에서 보는 것이라고도 할 수 있는 것이다. 조선의 역사적 특징을 정체에 두었던 그의 시각이 시종일관 지속되며 그 폭을 넓혔듯이 그 원인에 대한 생각, 특히 가례와 가족주의에 대한 그의 논의는 1930년대에도 유지·진화하는 가운데 자신만의 입론, 바로 조선의 역사를 만몽-조선 불가분·만선불가분 혹은 한민족·몽골 민족·동호계 민족의 삼자구도에서 바라보아야 한다는 것과도 연결될 수 있는 것으로, 조선의 역사에 대한 이러한 이해 방식은 향후 그의 연구 방향을 예고하는 것이기도 했다.

한편, 만주사변에 이은 만주국의 건국 등으로 일본 학계에서 만주사 연구가 크게 고조되는 가운데 이나바는 만선사의 체계화를 시도했다. 또 만주국 최고 학부로서 만주건국대학이 개교하자 그곳의 교수로 부임하여 '만주국사'의 체계화를 시도하는 등 그의 연구는 1930년대 접어들어 새로운 양상을 띠게 되었다.

3장

대륙 침략과 만선사의 체계화

1931년 만주사변과 이듬해 만주국 건국은 당시 국제질서를 뒤흔
든 거대 사건이었다. 이 사건이 일본의 동양사 연구에도 큰 파장을
미쳤음은 물론이다. 일본 정부 차원에서 만주사 연구를 정책적으로
지원하는 가운데 일본 학계에서의 만주사 연구가 급격히 증가한 것
이다.[1] 이때의 연구는 과거 만주에 있었던 왕조들과 주요 사건에 대
한 역사지리적 고증이라는 만선역사지리조사부의 연구를 넘어서 만
주와 주변의 관계 등으로 시각의 확대를 이루었다고 평가되고 있다.[2]
그뿐만 아니라 만주국 건국을 전후해서는 마치 고구려사의 귀속을
둘러싸고 2000년대 초반 한중 역사학자들 사이에서 논쟁이 전개되
었던 것처럼 일본과 중국 연구자들 사이에서 만주와 만주사의 귀속
을 둘러싸고 치열한 논쟁이 벌어졌다.

　　이러한 시대 분위기에서 19세기 후반 이래 일본인 연구자들 사이

에 크게 일었던 조선사에 대한 연구열은 사그라들었다.[3] 1932년 세상을 떠난 이마니시 류를 비롯해 강점을 전후하여 조선사 연구를 진행했던 연구자들이 하나둘 사라져갔다. 그렇지만 이러한 상황에서도 조선사편수회에서는 조선사 연구를 위한 자료들을 수집·정리해 편수가 끝난『조선사』들을 출간했으며, 조선사에 대한 연구는『조선사』편찬을 담당했던 이들을 중심으로 계속 이어졌다.

이나바 역시 1930년대 접어들어 이전과는 다른 양상을 보여준다. 시기적으로 고대사의 범위를 벗어나는 한편, 만주에 관한 글들이 증가함과 아울러 '만선' 내지 '만선사'라는 용어를 전면에 부각한 것이다.[4] 물론 이나바는 1910년대 이래 만몽과 조선의 불가분성을, 또 1920년대 초 조선에 부임할 즈음에는 만주와 조선의 불가분성을 강조했지만 당시까지 이나바의 저작이나 서술에서 '만선' 또는 '선만(鮮滿)'이라는 용어, 특히 '만선사'라는 용어는 잘 사용되지 않았다. 하지만 1930년대 들어 이나바가 '만선사'라는 용어를 자주 언급할 뿐만 아니라 그 체계화를 시도했다는 점은 만선사의 전개에서 주목할 만한 사항이다. 특히 1933년『청구학총(靑丘學叢)』에 네 차례에 걸쳐 연재한「만선사 체계의 재인식(滿鮮史體系の再認識)」은 논문의 이름에서부터 '만선사'를 드러낸 매우 희귀한 학술논문이다. 이 논문은 동북아시아를 구성하는 조선, 일본 등의 역사를 개별적으로 볼 것이 아니라 그것이 "동양사의 일부를 구성하는 한 전국상(全局上)의 주의(注意)"를 기울여야 한다며 한사군 설치에서 청의 흥기까지를 대상으로 동아시아사의 흐름을 개괄적으로 정리한 것으로, 만선사의 체계화를 시도한 유일한 연구였다. 그뿐만 아니라 만선사에 대한 체계화 시도를 전후하여 발표된 이나바의 박사학위논문인「광해군 시대의 만선관계(光海君時代の滿鮮關係)」와 효종대(孝宗代)에 있었던 이른바 '나선정벌(羅禪征伐)'에 대한 연구는 『광해군일기』를 비롯해 『비변사등록(備邊司謄錄)』 등의 조선 관부의 각종 등록류, 『오주연문장전산고(五洲衍文長箋散稿)』, 『성호사설유선(星湖僿說類選)』 등 다양한 조선측 사료를 제시하며 이루어진 것이었다. 이러한 연구는 그 해석 방식과 방향성은 차치하고 광범한 사료들을 정리·제시했다는 측면에서 그 의의를 평가받고 있다. 이와 같이 이나바가 고대사를 벗어나서 정치한 사료 제시를 통해 조선시대에 관한 논문을 쓸 수 있었던 것은 『조선사』를 편찬하는 과정에서 『광해군일기』는 물론 개인 문집류를 포함한 조선시대의 각종 자료들이 발견·정리되던 상황과 관련된다. 사실 그가 연구를 위해 활용한 거의 대부분의 사료들은 『조선사』 편찬을 위해 수집·정리되었던 것들이었으며, 이나바를 비롯한 조선사편수회 관계자들은 이러한 자료를 자유롭게 이용할 수 있었다.[5] 이에 따라 1930년대 만주에 대한 연구 열기가 높아진 반면 상대적으로 조선사에 대한 관심이 줄어드는 가운데에서도, 조선사편수회 인사들을 중심으로 고대사의 범위를 벗어나 고려·조선시대에 대한 연구가 이루어져 관련 논문들이 등장하고 있었다.

흥미로운 것은 만선사의 구조화를 시도한 유일한 연구라 할 수 있는 「만선사 체계의 재인식」에는 일본사의 전개에 대한 언급이 빠지지 않고 등장한다는 점이다. 즉, 이나바가 1930년대 들어 시도한 만선사의 체계화와 관련하여 주목되는 것은 만선사의 구도에 일본사가 주요한 한 축으로 자리 잡고 있다. '만선'이라는 용어는 만주와 조선을 일컫는 것이고 '만선사'는 만주와 조선의 역사 또는 만선을 하나의 단위로 한 역사관이라는 만선사에 대한 통상적인 이해에 입각해 생각해볼 때 그 체계에 일본이 등장하는 것은 의외라고도 할 수 있을 것이다. 그렇지만 1장에서 살펴보았듯이 일본에서 만주사 연구가 본격화한 이래 대륙-만주와 일본의 역사적 관계는 일본인 연구자들의 주요한 관심 중 하나였으며, 이나바 역시 『만주발달사』를 대륙과 일본의 관계까지 포함한 것으로 정의하고, 이 부분을 별도의 한 장으로 서술했다. 그뿐만 아니라 이러한 관심은 1920년대 조선에 부임한 이후에도 지속되었다. 이나바가 조선의 역사에 대한 사회사적 접근을 통해 '정체'를 이야기할 당시에도 꾸준히 대륙과 일본 관계에 대한 논문들을 발표해왔던 것을 고려하면 그가 체계화한 만선사의 구조에 일본이 등장하여 주요한 한 축을 담당하는 것이 그리 이상한 것도 아니다.

한편, 「만선사 체계의 재인식」을 발표한 이듬해, 이나바는 『일려관계(日麗關係)』라는 짤막한 단행본을 출간했다. 제목에서 알 수 있듯이 이는 고려왕조와 일본의 대외관계에 대한 것이다. 하지만 이 저서의 상당 부분을 차지하고 있는 것은 원(元)의 대(對)고려정책 변화 및 고려를 통한 원의 대일본정책에 대한 것이다. 그런데 이는 그가 「만선사 체계의 재인식」을 서술할 당시에도 특히 공을 들였던 부분이다. 즉, 이 짧은 단행본은 만선사에 대한 그의 구상을 보완하는 성격을 가지고 있었다.

그렇다면 이나바는 만선사를 어떠한 방식으로 체계화했는가? 2장에서 살펴보았듯이 이나바는 조선에 부임한 이후 조선의 역사를 ─ 만주의 역사를 정리할 당시와 마찬가지로 ─ 몽골, 중국 방면 세력들의 경쟁 내지 상호관계 속에서 파악해야 한다고 했지만 이러한 전망을 실현해내지 못한 채 중국과 조선의 양자관계에서만 조선의 역사를 설명하는 경향이 강했다. 과연 이나바는 1930년대 들어 만선사를 체계화하며 이러한 전망을 실현했을까?

1. 만선사의 체계화: 과거 논의의 부정과 지속

만주사변과 만주국 건국 이후 일본 역사학계에서 만주사 연구는 급증했으며, 정부 차원에서도 이를 정책적으로 지원하였다.[6] 이렇게 만주사에 대한 학계의 관심이 고조되고 있던 1933년 이나바는 「만선사 체계의 재인식」이라는 논문을 발표하며 만선사의 체계화를 시도했다. 즉, 일본의 대륙 침략 개시와 함께 만주사에 대한 관심이 급증하던 1930년대 접어들어 이나바 역시 그간 자신의 연구 대상이었던 만주와 조선의 역사를 '만선사'라는 이름으로 아우르며 정리한 것이 바로 만선사의 체계화라고 할 수 있을 것이다. 한사군의 설치에서 임진왜란 이후 청조의 발흥까지를 대상으로 한 이 연구는 식민지기를 통틀어 '만선사'라는 이름으로 그 역사적 전개를 서술한 유일한 시도였다. 그렇기 때문에 이는 좁게는 이나바의 만선사 인식 수준과 넓게는 식민지기에 회자된 만선사의 구조를 살펴볼 수 있는 얼마 되지 않는 통로이다. 그렇다면 만선사는 어떻게 구조화되었으며, 이 가운데 과거 그의 논의들은 어떻게 변형·지속되었을까?

앞에서 살펴보았듯이 이나바는 만주사를 이해하기 위해서는 만몽불가분의 관계를 인식해야 한다며 몽골-중국-만주에 근거한 민족들의 역학관계를 기본축으로 삼았다. 이는 그가 조선사에 대해 연구를 시작할 때도 마찬가지였다. 그는 만선의 불가분한 관계를 표방하며 조선사를 대륙과의 관계, 즉 한(漢)·몽골·동호계 세 민족의 관계 속에서 파악해야 한다고 보았다. 하지만 1920년대 조선에 부임해 와서 조선의 역사에 대한 연구를 시작했을 당시 그의 이러한 발언은 선언적 주장에 그쳤다. 하지만 이나바는 만선사의 체계화를 구상하며 선언에 그쳤던 과거 자신의 관점에 입각하여 역사 해석을 시도했다.

만선사의 체계화를 위한 시도에서 그 주인공은 한·몽골·동호계 민족이라는 세 세력이었다. 「만선사 체계의 재인식」은 "조선의 영토 내에서 발생한 사건을 조선 민족이라는 기구(機構)에 의한 것"으로만 해석하는 것을 "국부적(局部的) 견해(見解)"라고 비판하는 것으로 시작된다. 그가 보기에 일본사든 조선사든 각각 "특자(特自)의 기구는 인정"할 수 있다. 하지만 "동양사의 일부를 구성하는 한 전국상(全局上)의 주의(注意)가 고려되어" 그 역사를 해석해야 한다는 것이었다. 이나바가 이러한 발언을 하면서 예로 든 것은 쇼토쿠 태자(聖德太子)의 외교에 대한 이해 방식이다. 연구자들이 쇼토쿠 태자의 외교에 대해 그저 "강경한 수단만을 칭양(稱揚)"할 뿐 그 외의 것들은 고려하지 않는다는 것이다. 그가 보기에 쇼토쿠 태자를 이해하기 위해서는 "당시 동아(東亞)에서 일본의 지위" 및 "(일본과: 인용자) 고구려의 관계"를 고려해야만 하며, 이상의 사항들을 참작해볼 때 태자의 외교는 "고구려가 수(隋)의 대적(大敵)인 일본"과 "공동전선"을 편 것이라고 보아야 한다는 것이다.[8] 쇼토쿠 태자의 외교에 대해서는 후술하겠지만 만선사를 구조화하겠다는 포부를 밝힌 논문의 첫머리를 "동아"라는 용어와 함께 쇼토쿠 태자의 외교라는 일본의 사례를 들어 설명한다는 것, 특히 이를 해석하는 데에 "동아에서의 일본의 지위"와 고구려-대륙과 일본의 관계를 고려해야 한다는 것은 그가 구상한 만선사라는 것 역시 일본사를 중심으로 한 새로운 공간이었던 '동양'의 구성과 관련되어 있음을 짐작하게끔 한다.

한편, 이나바는 만선사를 구상하는 논문에서 "국부적 견해"나 "전국상의 주의"라는 새로운 표현을 썼지만, 이러한 주장 역시 과거 일본사와의 관련성 속에서 조선사를 바라보는 것을 비판하며 조선사를 "동양사의 일부"로 보아 "동양사화(東洋史化)" 해야 한다고 했던 자신의 견해를 반복하는 것이라 하겠다. 다만 "동양사화" 해야 하는 역사에 조선사만이 아니라 일본사까지 포함했다는 차이가 있을 뿐이다. 과거 그의 언급들을 통해 볼 때 결국 조선사든 일본사든 이들의 역사를 동양사의 일부로서 보는 것이 "전국상의 주의"를 기울인, 만선사에 입각한 해석인 것이다. 1920년대 조선사를 "동양사화"해야 한다는 주장을 처음 꺼낸 이후 한동안 이나바의 이러한 발언은 정확한 실체가 없는, 모호한 것이었다. 2장에서 살펴보았듯이 그가 주력했던 것은 정체된 조선의 모습을 드러내거나 한중관계 속에서 조선의 역사에 대한, 그것도 ― 가례의 도입을 제외하면 ― 고대사와 관련된 몇 장면을 제시하는 것으로, 당시 이나바의 연구는 한중관계사에 가까운 것이었다. 그렇다면 도대체 "전국상의 주의"를 기울여 바라본 만선사는 어떠한 모습이어야 하는가?

이나바는 과거 조선과 일본에서 국가 탄생과 밀접히 관련되어 있다며 중요시했던 한사군의 설치에 대한 이해 방식으로 만선사의 체계를 설명하기 시작했다. 앞에서 살펴보았듯이 1920년대까지 이나바는 한(漢)이 위만조선을 공략하여 한사군을 설치한 것을 위만조선이 조선의 남부와 한 사이의 교통을 가로막고 경제적 이득을 취했기 때문이라고 보았다. 즉, 사료에 즉하여 한사군의 설치를 한민족(漢民族)과 반도의 동호계 민족 둘만의 관계로만 파악했었다. 그렇지만 만선사를 체계화하는 시점에는 이러한 과거 자신의 견해를 부정한다. 그 이유는 몽골 방면의 영향을 고려하지 않았기 때문이다. 그가 볼 때 한 무제가 위만조선을 공략한 것은 몽골계 민족인 흉노의 압박 때문이었다. 이나바는 한사군의 설치에 대해, 몽골계 민족인 흉노가 "장성 이북에 반거(盤據)하여" 한족(중국 방면의 세력)에게 위협이 됨에 따라 이들을 견제하기 위해 흉노의 좌완에 있는 만선 방면의 소탕 결과가 한사군 설치라는 시라토리의 견해를 "전국상의 주의"를 기울인 만선사적 해석이라고 높게 평가하며, 만선사의 첫머리에 실었다.[9] 즉, 조선의 역사를 단순히 만선 방면의 민족(세력)과 한족 사이만의 관계에서 해석하는 것은 "국부적 견해"이며,[10] 몽골 혹은 이에 해당하는 제3의 세력을 함께 고려하는 것이 "전국상의 주의"를 기울인 해석인 것이다.[11] 이러한 관점은 관구검(毌丘儉)의 비(碑)에 대한 설명으로 연결된다. 즉, 위(魏)가 고구려를 공격한 것 역시 위와 고구려 둘 사이의 관계에서 만이 아니라 오(吳)의 세력을 함께 고려해야 한다는 것이다. 즉, 당시 오와 대립·경쟁하던 위는 오와 상쟁을 벌이기에 앞서 배후의 고구려-요동 방면을 평정했으며, 위의 장군 관구검이 세운 기공비(紀功碑)는 당시 이러한 정황을 상징적으로 보여주는 기념물로서, 그 진정한 가치는 위와 고구려만이 아니라 오라는 제3의 세력까지를 시야에 넣어야 평가할 수 있다는 것이다.

한편, 과거 그는 동아시아의 민족을 자발적인 문화를 소유한 이들과 그렇지 못한 이들로 나누고, 전자는 한민족과 몽골 민족뿐이었다고 보았다. 이러한 그의 구상을 살펴볼 때 한사군의 설치는 만선사를 구상함에 있어 또 다른 의미를 부여받는다. 자발적인 문화를 소유하지 못한 만선의 민족들이 국가라는 통치조직을 구성하기 위해 자발적인 문화를 소유한 민족의 문화를 이식받아야 했다. 장백산(백두산) 일대부터 반도 전체를 포괄했던 한사군은 바로 이 '문화 이식'의 결정적 계기였으며, 만선의 민족들은 이를 통해 문화를 섭취할 수 있게 된 결과 발전 곧 국가 성립이 가능해졌다는 것이다. 한민족의 문화를 섭취하여 가장 먼저 대두한 것은 고구려였다. 이나바는 한사군 중 하나인 현토군(玄菟郡)의 속현이었던 고구려가 현이었을 당시 이름 그대로 후국(侯國)에서 왕국(王國)으로 나아가 마침내 만선 양측에 과시할 만한 거대한 세력을 이루었다고 보았다. 고구려가 한사군의 속현이었다면 그 누구보다 중국의 문화를 받아들이기 좋은 조건이었을 것이다. 이렇게 문화 섭취에 유리한 조건을 갖추었을 뿐만 아니라 현토군을 기반으로 국가를 일으켜 "지형의 편의"를 확보했기 때문에 고구려는 강대해질 수 있었다. 여기서 "지형의 편의"는 중국의 문화를 받아들이기 편한 위치였다는 것만이 아니라 만선불가분을 의미하는 것이기도 하다. 그는 1915년 만주사를 서술하며 만몽과 조선의 불가분을 이야기할 당시부터 압록강과 장백산(백두산)은 국경이나 경계로서 의미가 적다고 보았으며,[12] 이는 만선불가분을 이야기하던 1920년대에도 마찬가지였다. 현토군은 장백산(백두산) 동서를 아우르며, 즉 만선에 걸쳐져 있었으며, 이러한 현토군을 기초로 한 고구려가 발전하는 것은 만선불가분을 보여주는 좋은 실례였던 것이다. 고구려는 현토군에 속해 있어 만선을 묶어 일단(一團)을 형성했기 때문에 발전할 수 있었고, 현토군의 지역 설정을 당대에 적용한다면 조선 통치는 매우 편리해질 것이며, 이러한 의미에서 한 무제를 배워야 한다는 것이 이나바의 생각이었다.[13] 이후 고구려는 중국의 내란(5호 16국)을 틈타 내부적 발달을 도모하고 서쪽으로 진출하며 강력한 국가로 발전했다.[14]

이렇게 만주와 조선에 걸쳐 성장하여, 당시 동북아시아의 강국으로서 발전한 고구려는, 이나바에게 "만선일가의 이상"을 보여주는 역사적 실체였다. 더군다나 대륙으로 침략을 감행하여 향후 중국과의 전쟁이 전망되던 당시 일본의 상황에서 중국을 상대로 전쟁에서 계속 승리를 거둔 고구려는 관심의 대상이었으며, 이나바 역시 고구려가 수·당과 벌인 전쟁을 주목했다. 그런데 여기서 한 가지 질문이 생긴다. 고구려는 중국, 즉 장성의 안쪽으로 침범한 적이 없는데도 왜 수·당 2대에 걸친 60여 년간 중국 왕조는 계속해서 고구려를 공격했는가 하는 것이다. 이나바는 그 답을 몽골 방면과의 관계, 즉 흉노의 후신인 돌궐과의 교섭에서 찾았다.

> 이 두 차례의 전역(戰役)을 이(裏)하고 있는 것은 역시 몽고(蒙古) 방면과의 관계, 즉 돌궐(突厥)과의 교섭이라는 것을 생각해야 한다. 돌궐은 넓은 의미에서 흉노(匈奴)의 후신(後身)으로 사막(沙漠) 내외에서 패(覇)를 칭했고, 강경한 수단으로 한민족(漢民族)을 위제(威制)했던 것 (…) 고구려는 돌궐의 좌완(左腕)을 이룬다. (…) 한 대(漢代)에서 삼국위진(三國魏晋)을 경유하여 수·당에 이르기까지 만선(滿鮮)의 대사건(大事件)은 오로지 남북 대립에 의해 발생하여 한인(漢人) 방면에서 적극적 행동을 취한 것이다. 즉, 한(漢)의 흉노는 수·당의 돌궐이다. 지나(支那) 본부의 사람들은 그들 대수국(對手國)의 좌완에 기댄 고구려를 탄압하여 측면 위협을 제거하였다. 무릇 대사건·

대전쟁은 이렇게 발생하였다.[15] (밑줄은 인용자)

2장에서도 살펴보았듯이 1920년대 이나바는 이미 고구려와 수의 전쟁에 대해서도 언급한 바 있다. 수가 고구려를 공격한 이유를 통일을 이룬 후 주변 강국에 대한 경계 차원에서 이루어진 것이라고 설명한 것이다. 특히 당시 이나바는 돌궐에 대해 "돌궐 등 북방 세력이 존재했지만 이전과 같지 우수하지 못했다"[16]라며 별다른 의미를 두지 않았다. 이러한 과거 이나바의 연구를 고려할 때 만선사를 체계화하며 제시한 고구려와 수의 전쟁에 대한 설명은 과거 자신의 견해를 완전히 부정하고 있다고 해도 지나친 것이 아닐 것이다. 즉, 1920년대 이나바는 위만조선의 멸망에 대해서와 마찬가지로 고구려와 수의 전쟁을 중국과 만주라는 일대일 관계 속에서만 바라보았다. 그런데 만선사를 체계화하며 이나바는 한사군 설치에 대한 과거 자신의 견해를 부정하고, 시라토리의 설명 방식을 끌어와 몽골 방면의 민족으로서 흉노를 등장시켰듯이, 중국의 왕조들과 고구려의 전쟁에 대해서도 유사한 방식으로 설명하고 있다. 위 인용문에서 드러나듯이 수·당이 고구려를 공격한 이유에 대한 이나바의 서술은 두 세력의 접촉이 아닌 제3의 세력을 고려하여 삼자관계 속에서 역사를 해석한다는 점에서 한사군의 설치나 위가 고구려를 공략한 이유를 설명하는 방식과 동일한 양상을 보인다. 즉, 만주와 중국을 포괄하는 동아시아사에 대한 이나바의 시각은 기본적으로 '한:흉노=수·당:돌궐'이라는 등식을 전제로 하고 있었다고 하겠다. 이러한 서술을 볼 때 이나바가 생각한 만선사의 기본 구조는 만주와 반도의 동호계 민족에 대한 중국과 몽골 — 이른바 "자발적인 문화를 소유한 민족" —

세력의 교섭 과정이라고 할 수 있을 것이다. 또 이는 만몽의 불가분성을 이야기하며 몽골-중국-만주라는 삼자구도의 역학관계 속에서 정리했던 만주사에 대한 이해 방식과 유사한 것이라고도 할 수 있을 것이다.

그런데 만선사의 체계화를 시도하며 이나바가 제시한 이와 같은 논의가 과연 이나바 자신이 입안한 완전히 새로운 것이었는지는 의문이다. 앞서 언급한 한사군의 설치에 대한 "전국상의 주의"를 기울인 해석은 ― 이나바도 밝히고 있듯이 ― 시라토리의 것이었다. 그런데 수·당과 고구려의 전쟁에 대한 견해 역시 아주 새로운 것이라고 하기는 어렵다. 이나바가 「만선사 체계의 재인식」을 발표하기 2년 전인 1931년 고대사 전공자로 조선사편수회에 몸담고 있던 스에마쓰 야스카즈는 「고구려 공수의 형세(高句麗攻守の形勢)」라는 논문을 발표했다. 논문 제목에서 짐작할 수 있듯이 이나바와 마찬가지로 스에마쓰 역시 고구려와 중국 왕조들의 전쟁에 관심을 보였으며, 특히 수가 고구려를 공격한 당시의 동아시아 정세를 연구하여 발표한 것이었다. 여기서 스에마쓰는 "수·당은 어떤 이유로 고구려를 토벌해야만 했는가라는 입장에서, 당시 소위 요동 지방이 새내(塞內)에 대해 가지고 있던 위치를 역사적으로 고찰해 이 사건의 필연성을 추구"하겠다는 것을 논문 서술의 이유로 꼽았다.[17] 여기서 스에마쓰는 남북조 이래 새외 민족의 성쇠를 장황하게 서술하며 수의 안위를 좌우하는 것으로 첫 번째로는 신흥 돌궐, 두 번째로는 고구려였다고 보았다. 특히 고구려는 200여 년간 실력을 쌓아온 데다가 거란이 고구려에 귀부하여, 고구려 하나만으로도 수가 두려워할 만한 거대 세력이 되었다는 것이다. 한편, 스에마쓰는 수의 양제(煬帝)가 돌궐을 분리하는 외교적 성과를 거둔 후 북방 순행에 나섰을 당시 야미 카간(啓民可汗)의 장막을 방문했을 때, 그곳에서 우연히 고구려 사신과 조우한 것을 주목했다. 스에마쓰는 이 사건이 수가 고구려를 공격하게 된 단서를 연 것으로 평가하며, 수의 고구려 공격은 자신들에게 위협이 되는 돌궐과 고구려가 결합하는 것을 막기 위해서였고, 수가 이에 실패하고 사라진 이후 요동 경략이라는 역사적 과제는 당에게 남겨졌다고 설명했다. 이러한 입장에서 스에마쓰는 수·당과 고구려의 전쟁은 "결코 요동이라는 한쪽만으로 향하여 이루어진 것이 아니"며 중국의 통일왕조는 요동의 세력들에게 복속을 요구하거나, 중국의 서쪽 북적(北狄)들과의 연결·동맹을 금지하고, 북적을 견제하도록 한다며 글을 맺었다.[18] 즉, 수는 고구려와 돌궐이 결합하는 것을 막기 위해 고구려에 대한 전쟁을 벌였고, 이 과제는 당에게도 마찬가지였으며, 중국의 통일왕조들은 자신들의 안위를 위해 "요동의 세력"과 "북적"의 결합을 막아야 했다는 것이다.

이와 같은 고구려와 수의 전쟁 전후의 역사상에 대한 스에마쓰의 설명은, 만주사에 대한 이나바의 이해 방식 — 바로 만몽불가분을 방불케 한다. 즉 몽골(돌궐)과 만주(고구려)의 세력이 서로 손을 잡는다거나 어느 한쪽 세력이 커지는 것을 막으려는 중국 세력(수)이라는 삼자관계에서 고구려와 수·당의 전쟁 전후 동아시아의 국제관계를 그리고 있었던 것이다. 이러한 설명 과정에서 스에마쓰가 사용한 "요동", "북적"과 같은 용어는 이나바의 용어인 "만주"와 "몽고"로 치환될 수도 있는 것이며, 고구려와 중국의 전쟁 당시 국제 정세에 대한 이해 방식은 이나바의 견해나 스에마쓰의 의견이나 대동소이하다. 이렇게 볼 때 한사군의 설치에 대해서 흉노와 한의 관계 속에서 설명했던 시라토리의 견해를 끌어왔듯이 수·당과 고구려의 전쟁에 대한 이나바의 설명 역시 스에마쓰의 견해와 유사한 것이었다고 하겠다. 즉, 이나바는 1930년대 만주와 대륙에 대한 관심이 고조되던 시대를 맞아 요동과 조선의 북방이라는 만선 일대의 지역과 관계된 한사군 설치, 수·당과 고구려의 전쟁에 대한 당시 학계의 성과를 끌어들이는 동시에 이러한 학계의 연구들과 배치되던 1920년대에 자신의 견해들을 부정하는 한편 만주의 역사를 몽골, 중국, 만주에 근거한 세력들의 역학관계 속에서 바라보고자 했던 자신의 구상 속에 재배치하며 만선사의 체계화를 시도했다고 하겠다.

그렇지만 이나바는 이후 "당 말 5대에서 북송(北宋)에 들어 갑자기 별개의 방면으로" 역사가 전개되었다고 보았다. 바로 만선일가의 구도를 깨뜨리는 사건들이 발생하며, 만선분리의 경향이 강화되었다는 것이다. 바로 "거란이 융흥(隆興)"하고 신라가 당을 끌어들여 백제와 고구려를 멸망시킨 것이다. 거란은 끊임없이 당을 위협했다. 특히 영주(營州)의 요서도(遼西道)에서 거란의 위협을 받은 당은 "요동의 획득조차 위험"에 빠졌으며, "고구려 멸망 후 얼마 지나지 않아 요서도를 잃는 동시에 길림(吉林)의 일각 홀한성(忽汗城)에서 발해국이 성립"되어 고구려 유민은 발해로 들어가 당에 대한 복수를 기도했다는 것이다.

만선분리와 관련하여 더욱 중대한 사건은 고구려의 멸망이었다. 만선을 아우르며 대제국을 건설해 "만선일가의 이상"을 수행하며 수·당에 대적했던 고구려가 멸망한 이후 신라의 병력은 대동강을 넘지 못했다. 이후 "반도는 지역적으로 대동강 이남에 국한되고 동북 함경도조차도 방기한 채 대국(大國)의 안색을 살피며 이를 추

수(追隨)하"게 되어 "만선일가의 이상에 일대 균열이 발생하여 마침내 서로 배치"하기에 이른 것이다. 특히 신라의 통일 이후 만선의 민족은 분해하여 "만주는 만주, 조선은 조선이라는 상태, 대립적 형세"를 나타냈으며, 이렇게 "발생한 균열은 쉽게 치유되지 않고" 오히려 이러한 경향이 더욱 강해져 "저쪽에서 조선은 기자(箕子)의 후예라고 하는 것부터 노성(奴性)이 많다고 비방하면 이쪽에서는 오랑캐라고 갚아"주며 "민족적 혐오"를 품게 되었다는 것이다.[19]

이렇게 거란이 강성해진 한편, 고구려의 멸망에 이은 신라의 통일 이후 중국 민족이 반도를 대하는 태도 역시 일변했으며, 이는 만선분리의 경향을 더욱 강화하는 주요한 원인이 되었다. 거란이 강성해지는 당 말부터 송대에 당시 중국은 바다를 통해 고려와 연결하여 거란을 견제하고자 했다는 것이다. 이러한 움직임은 거란의 중국 압박이 거세질수록 더해갔으며, 여진이 대두했을 때도 마찬가지였다. 과거 중국 민족은 몽골 방면의 민족을 견제하기 위해 만선 방면을 공격했다면 송대에 접어들어 반도는 공격 대상이 아닌 회유를 위한 "유일한 대상"으로 변한다는 것이다. 송대 이후 중국은 북방 민족을 견제하기 위해 반도에 대해 회유적인 태도를 취하는 가운데 자신들의 문화를 반도에 덧씌우고, 거란과 여진에 대한 비방선전에 노력하는 등 이른바 한(漢) 이래 "이이제이(以夷制夷)"의 외교수단을 강화했다.[20] 이에 반도의 왕조들은 중국과 밀착하며 만주에 대한 반목이 더욱 깊어지게 되었다는 것이다. 즉, 과거 중국 방면의 세력(한·수·당)이 흉노, 돌궐 등을 견제하기 위해 만선 방면을 공격했다면 당 말 이후 거란과 여진 같은 북방 민족의 세력이 강화되어 만주 방면을 자신들의 세력권으로 하자 중국 세력(송·명)은 이들을 견제하기 위해 반도를 회유하며 만주에 대한 반도인들의 반감을 조장하게 됨에 따라 만선분리는 더욱 강화되었다는 것이다.

상대방을 견제할 목적으로 반도에 관심을 갖는 것은 중국 세력만이 아니었다. 이나바는 거란, 여진, 고려에 대한 송의 외교를 설명한 이후 "만몽 방면에서 일어난 세력이 조선반도에 교섭하는 경우는 지나 민족의 힘이 반도에 더해져, 이를 이용하여 측면에서 견제"하려 할 때라고 정리했다.[21] 즉, 거란이나 여진 등 만몽에서 일어나 만주를 장악한 세력이 반도(고려)에 접근하는 것 역시 중국 세력을 견제하기 위해서였다는 것이 이나바의 설명이었다.

이와 같이 고구려 멸망 이후로 조선의 역사는 '반도'에 국한되었으며, 만몽과 중국 방면 세력들의 침략/교섭의 대상으로 전락한 채, 만선분리의 과정 속에 놓여 있었던 것이다. 이러한 만선분리의 경향을 벗어날 수 있는 순간도 있었다. 바로 몽골(원)이 일어났을 때이다. 이들은 만선의 경계를 철거하고, 고려인에게 요동의 관함(官銜)을 내리기도 했으며, 요동 · 봉천(奉天) 사이에는 "고려여진군민총관부(高麗女眞軍民總官府)"가 설정되어 여진과 고려의 공동생활까지도 가능했다. 하지만 명이 흥기한 이래, 다시 만선을 서로 반목하게 하면서 만주와 반도의 교통은 차단되어[22] 만선이 다시 일가를 이루지 못하고 분리되었다.

"당 말" 이후 역사가 "갑자기 별개의 방면"으로 전개되었다고 이야기한 이나바가 볼 때, 고구려 멸망 이후 만선분리의 경향이 강화됨에 따라 한사군 설치나 수 · 당의 고구려 침략 같은 중국 세력의 만주와 반도를 향한 침략은 사라졌다. 송과 명으로 이어지는 중국 세력이 만선의 분리를 획책하고 반도의 왕조들이 그에 호응함에 따라 고려와 여진, 조선과 청(淸)은 서로 동질감을 느끼지 못한 채 사이가 벌어졌다. 특히 조선 왕조는 '소중화(小中華)'를 자처하며 만주로부터 더욱 멀어져갔다. 그렇지만 이나바가 볼 때 만선이 불가분하다는 것은 변함없는 사실이었다. 그는 "『금사(金史)』의 세기(世紀)에 금(金) 태조(太祖)의 시조 함보(函普)는 고려에서 왔다"고 되어 있고, 『고려사(高麗史)』에도 "금 태조의 국서 가운데 금나라 사람의 근원이 우리 땅(고려: 인용자)에서 발한다"고 기록되어 있을 뿐만 아니라 단군 설화(說話)가 조선의 남부 지방의 산이 아닌 "여진의 태백산"을 택한 것은 고려와 여진이 매우 밀접한 관계를 보여주는 흔적이라고 보았다. 이러한 여진과 반도의 밀접한 관계는 청으로도 이어졌다. 청조의 개국전설은 함경북도의 회령을 중심으로 발생한 것일 뿐만 아니라 그 조상은 여진인으로서 조선의 관직을 받았던 것 등을 통해 볼 때 "장백산 동서에서는 민족이 일단위(一單位)이고, 경제 역시 일단위"[23]라는 것이다.

이렇게 볼 때 이나바가 구상했던 만선사는 크게 고구려의 멸망을 기점으로 하여 구분되는 것이라 하겠다. "만선일가"의 이상을 실현했던 고구려가 존속할 당시에는 크게 몽골, 중국, 만선이라는 세 방면의 세력의 역학관계 속에서 만선의 역사를 사고하는 것으로, 이는 과거 만주사에 대한 그의 시각 곧 몽골, 중국, 만주 방면 세력의 경합 과정으로 만주사를 정리했던 것과 동일하다. 이때는 몽골 방면에서 일어난 세력을 견제하기 위해 중국 방면의 세력이 만선 방면을 침략하는 것이 주요한 역사의 흐름이었다. 반면 고구려 멸망 이후로 대륙에서는 만주 혹은 몽골 방면에서 흥기한 세력들이 강성해져 만주를 장악하게 되며, 중국의 왕조들은 이를 견제하기 위해 만선의 분리를 획책하게 됨에 따라 조선 민족은 반도에 국한된다. 이때 조선의 역사는 중국 세력, 만몽에서 일어나 만주를 장악한 북방 세력, 반도에 갇힌 고려·조선의 삼자구도 속에서 설명된다. 중국 세력과 만주를 장악한 북방 세력은 서로를 견제하기 위해 반도와 교섭하거나 침략하게 된다는 것이다. 즉, 기본적으로 세 개 이상의 세력의 역학관계 속에서 동아시아의 역사를 설명하려는 이나바의 만선사 체계화 방식에서 만선은 몽골과 중국 세력의, 조선은 만주를 장악한 세력과 중국 세력의 침략 내지 교섭의 대상물로서만 나타나며, 특히 조선은 반도라는 지형에 갇혀버린, 얼마든지 '반도'라는 용어로 치환될 수 있는 존재였다.

한편, 신라의 통일 이후 조선의 역사, 정확히는 '반도'의 역사가 "대국의 안색"을 살피며 진행되었다는 서술에서 알 수 있듯이 이나바는 만선분리 이후 조선의 역사적 특징으로 사대(事大)를 꼽았다고 하겠다. 이나바에 따르면, 송대 이래로 중국은 반도를 이용하여 북방 세력을 견제하기 위해 자신들의 문화를 반도에 이식했는데, 특히 반도인들이 고려 말 중국의 학문인 성리학을 받아들이며 만선분리의 경향은 되돌릴 수 없을 정도로 강고해졌다고 보았다. 중국이 여진에게 압박당함에 따라 주자(朱子)의 학문적 본령은 여진인에 대한 복수였고, "만주인을 배척하는 주자의 학문을 받아들인 조선인은 만주인의 일은 아무리 하여도 관계없다는 경멸 일방(一方)으로 치우쳐" 만선의 분리라는 "불미(不美)"한 일이 이루어졌다는 것이다.[24] 이후 조선은 명과 더욱 밀착하여 만주에 대한 이회(理會)가 사라지게 되어 결국 왜란이나 호란 같은 "참해(慘害)"를 입게 된다는 것이 이나바의 설명이었다.[25]

이 지점에서 조선 사회의 가장 큰 특징으로 "정체"를 꼽았던 1920년대 이나바의 연구를 떠올려보자. 과거에도 이나바는, 송은 건국 이후로 반도에 대한 공격을 멈추고 "이이제이"에 입각한 외교를 강화했다며, 특히 성리학을 통해 반도를 장악했다고 보았다. 더군다나 이나바는 전쟁의 부재와 함께 성리학과 표리관계에 있는 "가례"를 조선 사회를 정체로 이끈 주요 원인이라 파악했으며, 가례의 반도 유입으로 "지나 문화의 반도 정복"이 이루어졌다고 주장했다.

이러한 논의는 고구려 멸망 이후 "당 말 5대에서 북송에 들어" 만선분리의 역사가 전개되었다는 만선사의 체계 속에 안착할 수 있었다. 그의 만선사 체계에 따르면 만주와 몽골에서 발원하여 강성해진 거란, 여진 등이 만주를 장악하게 되자 송·명 같은 중국 세력들은 만몽의 세력들을 견제하기 위해 과거 수·당처럼 침략을 선택하지 않고 반도에 대해 회유책을 펼치며 만주와 조선의 분리를 획책했다. 또 거란과 여진 등의 주된 관심 역시 중국 본토였기 때문에 이들 역시 반도를 침략하기보다는 중국 세력을 견제하기 위해 이용하려 했으며, 반도의 왕조들은 중국이나 만주를 장악한 만몽 세력들에게 사대하게 되었다는 것이다. 그렇기 때문에 고구려 멸망 이후 반도에서 전쟁은 줄어들게 된다. 그뿐만이 아니다. 중국 세력들이 반도인들을 회유하기 위해 펼쳤던 방법 가운데 하나는 바로 자신들의 문화를 반도에 이식하는 것이었다. 특히 여진인에 대한 복수를 학문적 본령으로 하여 만주인을 배척했던 주자의 학문 곧 성리학의 이식은 만선분리라는 역사적 전개를 되돌릴 수 없게 했다. 이러한 성리학과 표리를 이루던 가례의 도입은 반도인들을 가족주의에 묶어둔 채 가족을 넘어선 단체나 도덕의 발달을 저해했다. 이렇게 볼 때 이나바가

1920년대 이래 조선의 역사적 특징으로 꼽았던 사대와 정체는 당 말 이래 만선분리의 역사적 과정, 특히 송으로 대변되는 중국 세력이 만주를 장악한 북방 세력과 반도를 분리하기 위해 중국 문화를 반도에 덧씌우며 벌어진 현상이다. 즉, 조선 사회의 사대와 정체 역시 만선분리와 함께 현격해진 것이었다. 그렇다면 만선분리가 지속되는 한 조선 사회는 정체로부터 벗어날 수 없다는 결론에 도달하게 된다. 한편, 2장에서 살펴보았듯이 만선사의 체계화를 시도한 이후로도 조선 사회의 정체에 대한 이나바의 논의는 지속되어, 반도에서 국가 정신의 미발달이나 정치적 불안의 원인을 가례에 유입에 따른 대가족주의에서 찾았다. 이처럼 송대 이후 중국은 반도를 조종하여 만주를 장악한 세력들에 반도를 대치시켜, 만주 방면의 세력을 견제하도록 했을 뿐만 아니라 성리학과 가례 같은 자신들의 문화를 덧씌웠다. 즉, 만선의 결합을 막고, 반도를 이용해 만주를 장악한 북방 세력을 견제하기 위해 중국인들이 반도에 전한 중국 문화, 바로 성리학과 가례의 도입으로 만선분리의 경향은 강화되어, 반도의 왕조에게 사대, 특히 중국에 대한 사대는 필연이 되었고, 반도의 사회는 가족주의로부터 벗어나지 못한 채 정체되었다는 결론에 이르게 된 것이다.

이처럼 고구려 멸망 이후 만선분리라는 역사적 과정은 조선을 사대와 정체로 몰아넣은 역사적 질곡이었다. 그렇기 때문에 17세기는 이나바의 시선을 잡아끌기에 충분했다. 실로 17세기는 이나바가 학자로서 처음부터 관심을 가졌던 청조가 발흥하던 시기로, 청의 대두와 함께 병자호란을 비롯하여 조선과 만주의 접촉이 확연해지는 시기이다. 특히 광해군대의 만선관계에 대한 그의 박사학위논문은 당시 수준에서 가장 정밀하게 명 말에서 청 초까지의 복잡다단했던 조선·명·청의 3국 관계와 현안을 복원하고 분석했다고 평가되고 있다. 그렇지만 한국사의 입장에서 볼 때 외인(外因)만을 강조한 것이었으며,[26] 조선과 만주의 접근이라는 측면에서 광해군을 옹호했다고 알려져 있다. 즉, 이른바 성리학적 명분론에 입각해 명의 편에 서는 것을 거부하고, 명의 출병 요구를 거절하며 명과 후금(後金) 사이에서 중립을 지키려 했던 광해군을 "택민주의자(擇民主義者)"라고 옹호했다는 것이다.[27]

이나바는 광해군대의 만선관계를 정리한 다음 해인 1934년에 이른바 '나선정벌'이라고 부르는, 조선과 청의 연합군과 러시아군 사이의 두 차례 전투에 대한 연구에 착수했다. 이나바는 15세기 말부터 시작된 러시아의 동방 진출 결과, 17세기 중반 러시아인들은 오호츠크해에 도달했을 뿐만 아니라 흑룡강에 대한 정보 역시 획득했다며, 당시 흑룡강 일대에 대한 러시아인들의 탐험과 요새 건설에 대한 서술로 시작하는 논문을 발표하는데, 이는 그의 시야가 러시아로까지 확장되었음을 보여주는 것이다. 또한 이나바는 임진왜란과 병자호란에 대한 전후 복구가 완전히 이루어지지 못한 가운데 민력의 곤비(困憊)가 극에 달한 상황에서 오랫동안 심양(瀋陽)에 인질로 끌려가 있었던 효종이 청에 대한 복수심에서 "피비(疲憊)한 인심을 떨쳐 일으키는 수단으로서 만주 보복", 즉 '북벌'을 꺼내 들었다며, 이후 이를 위한 군대의 증설과 축성에 대해 서술했다. 그렇지만 이는 "아이러니하게도 불구대천에 비유되는 노인(虜人, 淸: 인용자)의 우익(羽翼)이 되어서 나선토벌(羅禪討伐)에 제공"되었다는 것이다.[28] 사실 이후 그의 논문은 『비변사등록』과 『효종실록』을 중심으로 『승정원일기』, 『동문휘고』, 비변사에서 작성한 "나선부정군병초송절목(羅禪赴征軍兵

抄送節目)" 등을 근거로 '나선정벌'을 위해 파견된 조선군 부대의 이동 경과 및 관련 지명을 고증하는 것이 대부분이다. 즉, 이 논문은 이전까지 거의 알려지지 않았던 '나선정벌'이란 사건을, 조선에 남아 있는 관련 기록을 통해 그 진행 상황을 실증하는 성격의 것이었다. 하지만 이러한 건조한 내용과 다르게 이 논문은 청에 대한 복수를 위해 키운 병사가 청을 도와 러시아 토벌에 나서게 된 것은 "역사의 아이러니"라는 것을 다시 한번 상기시킨 후 "선만(鮮滿) 양국의 협력으로 러시아의 남하를 저지할 수 있었다는 것은 각별한 흥미를 가지고 주의해야 할 것"이라는 서술로 마무리된다.[29]

이렇듯 이나바는 만선사의 체계화와 더불어 조선시대, 특히 17세기로 자신의 연구를 확장했다. 17세기 후금(청)의 대두라는 동아시아 질서 변동 속에서 한족 왕조(명)를 추종하지 않고 이전에 비해 평화적이고 호의적으로 여진에 대한 정책을 추진한 광해군과, 청과 조선이 힘을 합쳐 러시아 곧 서구 세력을 막아낸 나선정벌은 그가 그렸던 만선사의 체계에서 눈에 띄는 사건이었다. 즉, 고구려 멸망 이후 반도를 향한 중국의 외교·문화 정책으로 인해 만선의 분리가 강고해지던 가운데 일어난 광해군의 외교나 나선정벌 같은 17세기의 몇몇 사건들은 고구려가 멸망한 이후 분리되어왔던 만선이 접근했던 모습을 보여줄 수 있는 지극히 예외적인 사건이었다. 그뿐만 아니라 이나바에게 이 사건들은 만선분리가 노정됨에 따라 사대와 정체로 시종했던 반도를, 만선의 접근을 통해 그 역사적 질곡에서 벗어나게 해줄 수도 있는 사건으로 비추어졌을 것이다. 더군다나 광해군의 외교정책과 나선정벌은 만주사변과 만주국 건국이라는 만주로의 침략이 감행됨에 따라 서구와의 대립과 갈등이 격화되던 상황에서 참조할 만한 역사적 선례이기도 했을 것이다.

이상에서 살펴보았듯이 1930년대 만선사의 체계화를 시도한 이나바는 과거 자신의 견해를 비롯하여 조선과 중국의 관계를 일대일 대응으로 보던 역사 인식을 비판하며 새로운 해석을 제시하고자 했다. 이는 만주, 조선의 역사를 해석함에 있어서도 만선과 중국에 국한하지 않고 몽골 방면으로 대변되는 제3의 민족·세력과의 관계를 고려해야 한다는 것이었다. 이렇게 몽골 방면과의 영향관계를 포함한다는 측면에서 이나바의 만선사 구상은 만주, 조선이라는 공간적 범주를 넘어 동아시아의 역사에 대한 것이라고도 할 수 있을 것이다. 그렇지만 그의 이러한 시도가 완전히 새로운 것인가에 대해서는 이론이 있을 수 있다. 그가 몽골 방면의 세력을 포함한 역사 해석으로서 대표적으로 제시했던 한사군 설치에 대한 사항은 시라토리에 의한 것이었으며, 수·당과 고구려의 전쟁에 대한 사항은 스에마쓰가 발표한 논문 — 물론 스에마쓰의 견해는 만주사에 대한 이나바의 구상과 유사했다 — 과 비슷한 내용이었기 때문이다. 그렇다면 이나바는 만주와 조선의 역사에 대한 학계의 논의를 끌어와 이를 자신이 생각한 구도 속에서 엮어냈다고 하겠다.

이러한 만선사 체계에서 고조선, 고구려처럼 만선에 걸친 왕조는 몽골 방면의 세력이 강성해져 중국 민족에게 위협이 될 경우, 그 견제를 위해 중국 민족이 침략하는 대상으로 위치 지어졌다. 하지만 만선을 아울렀던 고구려가 멸망하고, 거란을 시작으로 잇달아 북방의 세력들이 대두하게 된 이후의 역사는 만선분리의 경향을 나타내었다. 중국 세력은 거란과 여진 같은 만몽에서 일어나 만주를 장악한 세력을 견제하기 위해 고려, 조선 등 반도의 왕조를 — 한 무제나 수·당처럼 침략한 것이 아니라 — 이이제이에 기초한 외교로 조종했을 뿐만 아니라 자신들의 문화를 이식하여, 만선의 결합을 저지했다. 반도를 이용해 상대를 견제하려던 것은 만주를 장악한 거란이나 여진도 마찬가지였다. 이들 역시 중국 세력을 견제하기 위하여 반도의 정부와 교섭했다는 것이다. 즉, 이나바는 몽골, 중국, 만선 또는 만주를 장악한 북방 세력, 중국, 반도와 같은 삼자구도 속에서 동아시아의 역사적 전개를 조망하고 조선의 역사적 전개를 설명했다.

이와 같은 이나바의 구상에서 만주와 조선은 대륙의 중국이나 만몽 방면의 세력들이 강성해질 경우 그 견제를 위해 이용되는 침략 혹은 교섭의 대상으로 수동적인 위치에 머무른다. 이는 그가 적극적으로 평가한 고구려 역시 마찬가지이다. 고구려는 수·당과의 전쟁에서 승리를 거두었지만 몽골 방면의 세력에 대한 중국 민족의 판단에 따라 침략을 당하는 존재이다. 이는 고구려 멸망 이후 '반도'로서 모습을 드러내는 조선 역시 만주를 장악한 세력과 중국 세력의 침략 내지 교섭의 대상으로만 드러나게 된다는 점에서 마찬가지였다고 하겠다. 특히 반도인들은 중국 세력과 만주를 장악한 만몽 세력에게 사대하는 한편, 중국 세력이 만선분리를 위해 이식한, 성리학으로 대변되는 중국의 문화를 맹신하고, 묵수하게 됨에 따라 사대와 더불어 정체라는 역사적 특성을 나타내게 되었다는 것이다. 이렇게 볼 때 이나바가 구상했던 만주와 조선 일대의 역사는 이 지역에 있던 세력의 수동성 곧 타율을 공통의 기반으로 하고 있으며, 특히 조선(반도)은 사대와 정체라는 특성까지도 보인다고 하겠다.

다만 고구려 멸망 이후 만선분리라는 역사적 과정에서 광해군의 외교, 나선정벌 등은 만선이 접근하는 매우 예외적인 사건들이었다.

이나바는 만선사의 체계화 직후 이들에 관한 연구를 통해 만선의 접근이라는 측면에서 그 역사적 의의를 부여했다. 만주족이 흥기해 새로운 왕조를 건설하여 동아시아의 질서가 요동치던 17세기, 만선의 접근 양상을 보여주는 광해군의 외교와 나선정벌은, 1930년대 일본의 만주 침략과 만주국의 건국으로 인해 국제질서가 요동치고 식민지 조선 역시 전쟁 수행을 위한 병참으로 전환이 이루어지던 시대 상황에서 일본인은 물론 만선분리 이후 강화된 사대와 정체의 역사로부터 벗어나야 했던 조선인들이 참작해야 했던 역사적 선례이기도 했다.

2. 만선사의 체계에서 일본사의 위상

앞서 언급했듯이 만선사의 체계화를 시작하며 이나바는 그 첫머리에서 "국부적 견해"를 버리고 "전국상의 주의"를 기울여야 한다며 그 예로서 쇼토쿠 태자의 외교에 대한 이해 방식을 들었다. 연구자들이 태자의 외교가 강경했다는 것을 높게 평가할 뿐 당시 동아시아에서 일본의 지위에 대한 고려가 없다는 것이었다. 일본의 대륙 침략에 따른 역사관으로서 만주와 조선의 역사를 뭉뚱그려 보는 것이라는 만선사에 대한 통상적인 이해에 기초해서 생각해볼 때, 만선사에 대한 언급 ─그것도 만선사의 체계화를 시도하는 논문의 첫머리에서 일본사에 대해 언급하는 것은 매우 어색해 보인다. 하지만 이나바가 이러한 방식으로 글을 쓴 데에는 이유가 있을 것이다.

한편, 이나바는 「만선사 체계의 재인식」에서 송대에 들어 거란과 여진 등의 대두에 따른 송과 고려와의 관계를 서술한 후 논문의 상당 부분을, 상대적으로 역사가 짧았던 원대(元代)를 서술하는 데 할애했다. 과거 만주사에 대해서도 만몽은 불가분이라며 만주사를 몽골-중국-만주의 역학관계 속에서 보아야 한다고 했던 언급이나, 또 만선사를 체계화하면서도 흉노, 돌궐 같은 몽골 방면의 세력을 역사 해석의 주요한 변수로 꼽고, 원이 아시아를 제패한 이후 만선분리라는 역사적 흐름에서 벗어나 만선의 경계를 허무는 조처들을 취했던 점에 주목했기에 이나바가 만선사를 체계화하면서 원대에 많은 비중을 할애하는 것은 당연해 보인다. 그런데 원에 대한 서술의 대부분은 쿠빌라이의 즉위를 전후한 시기에 집중되어 있다. 주지하듯이 쿠빌라이 당시 몽골은 만주를 석권했음은 물론 남송을 멸망시켰으며, 이를 전후해서는 고려를 통하여 일본을 정벌하고자 했다. 즉, 이나바가 만선사를 체계화하며 집중했던 것은 바로 원의 일본 침략을 전후한 시기의 동아시아 정세로, 당시 일본을 침략하기 전에 원을 중심으로 한 대륙의 정세, 쿠빌라이 즉위 이후 대륙 정벌을 위한 정책 변화, 당시 쿠빌라이가 일본에 보낸 국서, 전쟁 이후의 변화 등에 대한 것이었다. 이러한 쇼토쿠 태자의 외교나 원의 일본 정벌 전후에 대한 집중은 이나바가 구상한 만선사의 체계에서 만주와 조선만이 아니라 일본 역시 주요한 구성 요소였으며, 대륙과 일본의 관계가 중요한 한 축임을 보여준다.

이나바는 역사가로서의 길에 들어선 이래 일본사, 보다 정확히는 대륙과 일본의 관계에 대한 관심의 끈을 놓지 않았다. 1장에서 살펴보았듯이 20세기 들어 만주사에 대한 연구가 일본 학계에서 본격적으로 시작되었을 당시 일본인 연구자들의 연구에서 중요한 한 축을 이루고 있던 것은 대륙과 일본의 관계에 대한 것이었다. 도리야마가 주력한 분야 중 하나는 발해와 일본의 관계였으며, 이는 이나바 역시 마찬가지였다. 특히 이나바는 만주사를 만주에서 벌어진 몽골, 중국, 만주 방면의 세 세력을 중심으로 한 대륙의 여러 세력 간 경쟁 과정이라고 정의하는 데에 멈추지 않고, 대륙과 일본의 갈등, 즉 대륙과 일본의 관계까지를 포함하여 정의했으며, 200여 년간 지속된 발해와 일본의 교섭을 넘어 대륙과 일본의 관계에 대한 내용까지 아울러 서술하고자 했다.

　일본사를 해명하고 그 위상을 정립하는 문제에 대한 관심은 그가 『조선사』 편찬을 위해 조선에 부임한 이후에도 흔들리지 않았다. 이나바는 부임 이후 조선의 역사에 대한 사회사적 접근을 바탕으로 조선 사회의 역사적 정체에 대한 논의를 전개하면서도 종종 조선과 대륙과의 관계는 물론 대륙과 일본의 관계에 대한 논문들을 발표했다. 즉, 대륙과 일본의 관계에 대한 이나바의 관심은 지속되고 있었던 것이다. 이는 이나바 역시 일본사를 중심으로 그 주변의 역사를 재편한다는, 즉 동양사를 구축하던 당시 일본 학계의 흐름 속에 있었음을 보여주는 것이다. 이나바는 이를 자신의 관심사인 대륙-만주와 조선의 역사연구를 통해 성취하고자 했던 것으로 보인다.『만주발달사』를 저술할 당시부터 이나바에게 일본사는 대륙의 역사를 설명하는 또 다른 축이었으며, 일본사는 대륙의 영향을 고려하지 않은 채 서술될 수 없는 것이었다. 이는 만선사를 구축하면서도 마찬가지였다.

　'만주'와 '조선'은 만선사의 주요 등장인물이지만, 이나바가 볼 때 대륙의 만주와 대륙의 영향이 절대적인 반도의 조선은 일본과 끊임없이 관계를 맺으며 영향을 주고받아왔기에 만선사의 무대에서 일본을 제외한다면 그 역사적 전개는 이해할 수 없게 된다. 더군다나 20세기 이래 거듭된 대륙 침략으로 일본의 영역이 확장되던 당시의 상황을 합리화하기 위해서라도 대륙 침략의 주체였던 일본과 대륙의 역사적 관계를 해명하여 일본의 위상을 드러내는 것은 당연한 것이었다. 따라서 이나바가 시도했던 만주사 서술, 조선의 역사에 대한 사회사적 접근, 만선사의 체계화 시도 등은 당시 이루어졌던 일본의 조선 지배와 대륙 침략의 역사적 정당성을 이야기하는 것임과 동시에 동아시아에서 일본사의 위상을 설명하는 것과도 연결되어 있었다.

1910년대 이나바는 대륙(중국)과 일본과의 관계를 기원전으로 소급함으로써 일본에서 국가의 등장과 정비 시점을 획기적으로 끌어올리고, 도리야마가 밝혔던 발해와 일본의 관계를 강조했다. 하지만 발해 멸망 이후 확인하기 어려운 대륙과 일본의 접촉에 대해서는 원대의 일본 해적과 이들이 원에 미친 영향, 임진왜란 당시 가토 기요마사의 만주 출병을 언급하는 것에 그쳤다. 하지만 1920년대 조선 부임 이후 대륙과 일본의 관계에 대한 이나바의 연구는 그 폭과 내용이 점차 심화되어갔다.[30]

우선 『만주발달사』에서 한사군의 설치를 일본의 국가 형성과 관련지어 설명하면서 일본에서 국가 형성 시기를 끌어올렸던 논의는 1920년대 들어서도 유지되며 보다 정제되었다. 1910년대 이나바는 한사군과 일본의 관계를 1784년에 발견된 '한위노국왕(漢委奴國王)'이라는 명문이 새겨진 한인(漢印)을 통해 설명했다면 1920년대에는 반도에서 건너온 중국 한족 귀화인에 의한 문화 전파, 한사군의 위치, 임나일본부 등과 관련하여 구체화했다. 2장에서 살펴보았듯이 이나바는 1920년대 조선 부임 이래 조선의 문화가 일본에 영향을 주었다는 견해를 강력히 비판하며, 반도에서 일본으로 유입된 문화는 반도에 있던 중국인들이 일본에 건너와 전파한 것이라고 주장했다. 또 이나바는 한사군 가운데 하나인 진번군이 조선의 남부 지역까지 뻗쳐 있었다는 서술을 반복적으로 했다. '진번군재남설(眞蕃郡在南說)'이라고 정리할 수 있는 그의 이러한 주장은 한사군과 일본의 관계를 이야기할 때 중요한 요소였다. 진번군이 조선의 남부에 위치했기 때문에 반도의 남부까지 중국 문화가 퍼져 있었으며, 이는 일본이 중국 문화를 받아들이고 중국과 교통하는 데 매우 유리한 조건이 될 수 있기 때문이다.

한편, 이나바는 동아시아의 민족을 "자발적으로 문화를 소유한 민족"과 그렇지 못한 민족으로 대별했으며, 전자로 중국의 한민족과 몽골 민족을 꼽았다. 따라서 "베트남(安南), 태국(暹羅), 류큐(琉球), 조선 역시 지나 세력을 감수해야" 했으며, 이는 일본 역시 마찬가지였다. 일본이 바다로 떨어져 있어 육지로 연결된 다른 민족에 비해 그 영향이 적을 것이라고 생각할 수 있지만, 전혀 그렇지 않았다는 것이다. 한 무제가 만선을 넘어 반도의 남부에 걸쳐 4군을 설치함에 따라 일본이 중국에 소개되기에 이르렀다. 즉, 한사군을 통해 일본은 개인적 차원에서가 아니라 관부적(官府的)으로 중국과 교통하게 되었다는 것이다. 이는 "서양 기원 전후의 일로 야마토(大和) 조정(朝廷)의 사자(使者)는 낙양(洛陽)의 지나 조정에 나타나" 광무제(光武帝)를 알현했다는 서술로 이어졌다.[31]

이처럼 조선의 남부까지 뻗어 있었던 한사군은 일본의 정치적 발전을 위한 선진문물의 수용, 바로 중국과의 교통을 위한 좋은 조건이 되었으며, 이는 일본에서 국가의 등장과 그 체제의 정비와 연결되는 것이었다. 즉, 한사군 설치 이래, 아주 이른 시기부터 일본은 중국에서 직접 대륙의 선진문물을 받아들여 1세기(광무제 당시)가 되면 중국 조정에 나설 정도로 발전을 이루었다는 것은, 국내적으로 체제 정비가 상당 수준에 도달했음을 의미했다. 이렇게 생각해볼 때 한사군이 조선의 남부 지역까지 세력을 미치고 있었다는 것은 반도의 역사적 전개가 그 시작부터 타율적이었음을 드러내기 위해서만이 아니라 고대 일본의 급속한 발전과 성숙을 설명하기 위해서도 필요한 것이었다. 이처럼 이나바는 조선의 남부 지역까지 확장되어 있던 한사군을 통해 중국과 일본의 직접 교통의 시기를 획기적으로 앞당겼으며, 이는 일본에서 고대 국가의 발생과 성숙의 시기를 소급하는 것이었다. 그런데 국가체제의 정비는 임나일본부의 존재와 직결된 문제로, 그 전제이기도 했다. 해외를 경략한다는 것은 국내적으로 정치·사회적 안정을 이루었고, 경제적으로도 이를 감당할 여력이 있다는 것을 의미하기 때문이다. 한사군 설치에서 멀지 않은 1세기에 일본은 중국과 교통할 정도로 체제를 정비했다고 본 이나바는 '낙랑해중유왜인(樂浪海中有倭人)'이라는 『한서(漢書)』「지리지(地理志)」의 기사와 위나라의 사신이 왜에 온 경로에 대한 『삼국지』「위지」의 기록을 근거로 일본인들이 반도의 남부에 거주했던 것은 이미 기원 전후의 일이며 일본부의 창건 시기 역시 아무리 늦어도 2세기에 상당한다고 논의했다.[32] 이나바의 설명에 따르면 당시 반도의 조선인들은 여전히 "부락시대(部落時代)"를 벗어나지 못하고 있었으며, 이미 "통일국가"를 조직했던 일본이 "남선(南鮮)"에 "파견관(派遣官)"을 보냈다는 것이다.[33] 이처럼 이나바는 1920년대 들어 일본에서 국가체제의 정비와 일본부의 창건 시기를 1~2세기까지 끌어올렸다.

단, 당시 일본의 세력이나 문화가 중국에 필적할 정도는 아니었다는 것이 이나바의 진단이었다. 일본의 정치적·문화적 발달을 위해서는 아직 "자발적인 문화", 즉 중국 문화의 수혈이 필요했다. 한사군의 설치와 더불어 중국에서 벌어진 "5호 16국의 내란"은 인접 민족들의 발달을 이끈 중요한 계기였다. 정치적 혼란으로 인해 "지나 본부의 수많은 인물들이 새외(塞外)로 유입되어 그 지방 민족의 문화에 영향을 주었"으며 일본 역시 그 영향을 받았다. 바로 일본의 오진·닌토쿠 두 천황 당시로, 그때 반도에 산재했던 "지나의 식민지"가 붕괴되어 일본으로 유입된 "지나 민족"이 많았다.[34] 이들 "귀화인(歸化人)"들을 통해 중국의 문화를 수용하며 경제, 문학 등 다양한 방면에 걸쳐 "몽매한 일본 문화"는 점차 발달을 보았다는 것이다.[35]

이처럼 1910년대 만주사를 정리할 당시부터 1920년대를 거치며 끊임없이 중국의 영향을 이야기하며 일본에서 국가의 등장과 체제 정비의 시기를 대폭 끌어올린 이나바는 이후에도 대륙과 일본의 관계에 대해 꾸준히 언급·연구했다. 일본에서 국가의 형성과 발전과 더불어 1920년대 이나바가 일본의 역사적 과정에서 주목했던 것이 바로 만선사의 체계화를 시도하며 그 첫머리를 장식한 쇼토쿠 태자의 외교였다.

이나바의 설명에 따르면, 대륙의 혼란으로 인해 계속해서 귀화인이 발생했으며, 야마토 조정은 기록관들을 대대로 이들 귀화인 가운데에서 채용했다. 이나바는 그 대표적인 예로 아직기(阿直岐)와 왕인(王仁)을 들었다. 2장에서 살펴보았듯이 이나바는 이들을 백제 사람이 아닌 반도에 있던 한족(漢族)으로 보았으며, 일본에서 귀화인이라고 말하는 이들의 대부분은 한족이었다는 것이다.[36] 야마토 조정에서는 아직기의 귀화에 의해서 기록의 담임자가 배출되었고, 왕인이 "내조(來朝)"하여 처음으로 문서를 주관하는 관(官)이 나타났다는 것이다. 아직기와 왕인이 등장하기 전까지 기록, 문서 작성의 사무는 물론 회계(會計) 업무 역시 귀화인들의 몫이었다.[37] 문서 작성을 주로 귀화인이 담당했기 때문에 외교 역시 이 귀화인들에 의해 수행되었음은 물론이다. 그런데 남북조시대 중국의 기록을 보면 야마토 조정의 왕명(王名)으로 작성된 굴욕적인 국서가 남북조 모두에게서 발견되며, 이러한 상태가 2~3세기 동안 지속되었다는 것이다.[38] 이나바는 이를 외교를 담당했던 귀화인들이 야마토 조정이 한자, 한문에 무지하다는 것을 이용하여 외교문을 작성할 때 굴욕적인 언사를 사용했기 때문이라고 설명했다.

이렇게 쇼토쿠 태자 이전에는 국가의 중대한 일의 대부분이 귀화인들에게 맡겨졌다. 때문에 태자 이전의 외교는 귀화인들의 뿌리인 중국에 대한 종주권을 인정하는 것은 물론 굴욕적인 언사로 점철되었다.[39] 쇼토쿠 태자의 외교는 이러한 굴욕적인 상황을 일소하고 일본 세력이 처음으로 "지나 대륙에 적극적으로 손을 쓴" 기념비적인 사건이었으며,[40] 그렇기 때문에 이나바는 만선사를 체계화하는 첫머리에서 이 사건을 언급한 것이다.

이나바가 볼 때 당시 야마토 조정이 대륙으로 발전하기 위해서는 고구려와 손을 잡아야 했다. 하지만 외교를 담당한 귀화인들은 중국의 종주권은 인정한 반면 일본과 고구려의 연맹에 주의하지 않고 오히려 적의를 표했다는 것이다. 그 이유는 이들이 백제를 통해 귀화한 경우가 많았기 때문이다. 이나바에 따르면 일본에 온 귀화인들은 한(漢) 말 이래 5호의 발흥 등으로 중국을 떠난 이들과 그 후예로, 이들은 반도에 "콜로니"를 형성해 살다가 그것이 붕괴하자 일본으로 귀화한 것이었다. 그런데 이들이 반도에서 구축했던 "콜로니"가 해체된 가장 큰 이유는 고구려가 강성해졌기 때문이다. 그렇기 때문에 이들은 고구려에 대한 복수심을 품고 야마토 조정의 외교를 담당하면서 백제를 보호국으로 하여 고구려에 싸움을 걸었다.[41] 즉, 귀화인들은 고구려에 적의를 품고 일본의 외교를 완전히 잘못된 방향으로 이끌고 있었다는 것이다.

이러한 외교적 문제점을 일소한 것이 바로 쇼토쿠 태자이다. 태자는 수에 대하여 과거의 "굴욕적 태도에서 일변해 수의 황제에 대해 대등한 위치에서" 외교를 전개했다. 쇼토쿠 태자가 이렇게 외교의 방향을 일변할 수 있었던 이유는 "주변의 형세를 추단(推斷)하고 우리나라(일본: 인용자)의 지위를 충분히 인식"했기 때문이라는 것이다. 즉, 수가 고구려를 정벌하기 위해서는 일본이 고구려의 힘을 견제해주어야 했기 때문에 일본과 고구려의 동맹은 중국에게 가장 위협이 된다는 것이다. 쇼토쿠 태자는 혜자법사(惠慈法師) 등을 통해, 또 신라와 백제 같은 조선 남부의 국가들을 통해 고구려의 소식과 수의 실태에 대해 파악하여 대륙의 국제 정세를 관찰하고, 수와 대등한 위치에 서서 외교에 임했다는 것이다. 쇼토쿠 태자가 수에 대해 항례(抗禮)한 것은 고구려에게 매우 고마운 일이었다. 이는 고구려가 수와의 전쟁을 마친 후 야마토 조정에 전리품이나 포로로 잡은 한인(漢人), 방물(方物)을 갖추어 보내어 감사함을 표했다는 것을 통해 알 수 있다는 것이다.[42]

이나바에게 쇼토쿠 태자가 위대한 이유는 대륙의 정국을 이해하고 일본의 대륙 진출에 걸맞은 정책을 취했기 때문이며, 태자의 이러한 태도는 일본인이 배워야 할 역사적 교훈이었다.[43] 더군다나 만주에 대한 침략이 개시되어 만주국이라는 새로운 국가가 건국된 시점에, 만주(고구려)와 일본의 악수를 통해 고구려를 지지하고 중국을 견제한 쇼토쿠 태자의 외교는 당시 일본이 나아갈 길을 보여주는 것이기도 했다. 이와 같이 이나바는 1920년대부터 쇼토쿠 태자의 외교를 통해 일본의 역사적 위상을 드러내고자 했다. 1930년대 들어 그가 만선사를 체계화하며 쇼토쿠 태자의 외교에 대한 그의 이러한 생각을 첫머리에서 제시했다는 것은 앞서 서술한 대로이다. 다만 만선사를 체계화하며 변한 것이 있다면 수가 고구려를 공격한 이유를 1920년대와 같이 수-고구려의 양자관계에서 파악하지 않고 돌궐이라는 몽골 방면의 세력을 포함한 삼자관계에서 수양제(隋煬帝)가 돌궐을 견제하기 위해 고구려를 공격했다고 설명한 것이다. 하지만 그 이유를 어디에서 찾든 고구려를 정벌하려 했던 수양제에게 가장 근심스러운 존재가 일본이었다는 것은 변함없었다.

그뿐만 아니라 쇼토쿠 태자의 외교를 통해 이나바는 대륙과 일본의 관계를 역전할 수도 있었다. 이나바의 설명에 따르면, 수에 대한 쇼토쿠 태자의 항례(=고구려 후원)는 고구려의 승리라는 결과와 연결되었다. 즉, 쇼토쿠 태자의 외교 이전까지 대륙으로부터 사람과 문화를 이식받는 수동적인 입장에만 놓였던 일본이 이러한 입장에서 벗어나 대륙의 역사에 능동적으로 개입하게 된 것이었다. 이러한 이유에서 이나바는 만선사를 체계화하며 쇼토쿠 태자의 외교를 강경 외교라는 측면에서만 파악해서는 안 되며 당시 동아시아에서 일본의 지위와 고구려와의 관계를 고려하여 고구려와 "공동전선"을 폈다고 보아야 한다는 견해를 첫머리에서 밝힌 것이다.

여기서 더 나아가 이나바는 1930년대 접어들어 만선사를 체계화하며 쇼토쿠 태자 이전, 동아시아의 역사에서 일본사의 위상을 보여줄 수 있는 또 하나의 사건을 발견했다. 바로 위나라에서 히미코(卑彌呼) 여왕에게 사신을 보내 금인(金印)을 증여한 것이다. 당시 위에서 히미코에게 사신을 보낸 것은 그저 중국의 제왕들이 조공을 받고자 하는 욕심에서가 아니라 적국인 오나라를 견제하려는 목적에서였다는 것이다. 이는 수가 고구려를 대적하는 데에 일본을 적으로 돌리면 불리하기 때문인 것과 마찬가지 이유에서 벌어진 일로,[44] 중국 왕조들이 이러한 방식으로 대일 외교를 진행한 것은 동아시아에서 일본의 위상을 보여주는 역사적 증거였던 것이다.

그런데 1920년대 대륙과 일본의 역사적 관계에 대한 이나바의 조망은 쇼토쿠 태자의 외교를 통한 것만은 아니었다. 그는 쇼토쿠 태자의 외교를 언급할 즈음 대륙과 일본의 관계에 대한 통사적 조망을 시도했다. 「지나 및 만주 · 조선과 일본과의 관계(支那及滿洲朝鮮と日本との關係)」가 그것이다. 40쪽이 넘는 상당히 긴 논문에서 이나바는, 일본은 동아시아의 역사적 전개에서 동떨어진 것이 아니라 대륙과 계속해서 영향을 주고받았다는 것을 주장했다. 이를 위해 그가 특히 부각한 것은 원의 대일본 정책, 일본 해적(왜구)의 발생과 영향, 청의 건국이었다. 즉, 이나바는 1920년대부터 쇼토쿠 태자의 외교와 더불어 이 세 가지 국면을 드러냄으로서 대륙과 일본의 밀접한 관계를 보여주고자 했다.

1920년대 이래 이나바가 생각했던 대륙과 일본의 역사적 관련성에 대한 조망은 ― 쇼토쿠 태자의 외교에 대한 그의 해석이 그러했던 것처럼 ― 1930년대 더욱 정제되어 만선사의 체계 속으로 흡수되었다. 한사군의 설치 이래 청의 흥기까지를 대상으로 하는 「만선사 체계의 재인식」을 발표한 다음 해인 1934년, 이나바는 『일려관계(日麗關係)』라는 짧은 단행본을 발간했다. 이는 서명만 보면 고려와 일본의 관계에 대한 책으로 보이지만, 내용은 대부분 몽골의 일본 침략과 일본 해적에 관한 것이었다. 이는 그가 1920년대 이래 주목해온 것으로, 「만선사 체계의 재인식」에서 동아시아의 주요 역사적 흐름으로 제시했던 사항이기도 했다. 특히 이나바는 이 책에서 원이 고려를 복속한 이후 고려와 일본의 관계가 급속하게 전개되었다며,[45] 쿠빌라이의 즉위를 전후한 시기 이래 원의 대고려 정책에 대한 사항을 중심으로 「만선사 체계의 재인식」에서 펼쳤던 자신의 논의를 보다 자세하게 제시했다. 즉, 이나바는 시종일관 대륙과 일본의 관계에서 눈을 떼지 않았으며, 이러한 관심은 일본의 만주 침략이 본격화되었던 1930년대, 더욱 정리된 모습으로 나타난 것이다. 그렇다면 그가 그려낸 만선사 체계 안에서 쇼토쿠 태자의 외교 이후 일본은 대륙과 어떻게 관계를 맺고 있었는가?

쇼토쿠 태자 이후 조선을 포함한 대륙을 향한 일본의 관심은 "보호국"이었던 백제와 "여국(與國)"이었던 고구려의 멸망으로 사그라들었으며, 외교 역시 소극적 태도로 일관하게 되었다는 것이 이나바의 생각이었다. 백제와 고구려 멸망과 더불어 신라의 해적(海賊)으로 인해 반도에 대한 일본인들의 관심은 더욱 줄어들었다. 이나바는 장보고의 예를 들며 9세기 이후 "신라 해적은 상당히 빈번"했지만 일본은 그저 "신불(神佛)에 가호를 의뢰하며, 해상은 반도인의 비약(飛躍)에 일임했다"고 보았다. 일본은 한사군 설치 이래 언제나 대륙 문물의 중계지로서 반도를 중요시해왔지만, 신라 해적들로 인해 반도에 대한 관심이 식어, 반도라고 하면 "해적의 본지(本地)"라고 생각하게 되었다는 것이다.

그렇지만 이것은 반도에 대한 일본의 관심이 사그라든 것이었지 대륙을 향한 관심이 줄어든 것은 아니었다. 일본인들은 수·당대부터 양쯔강 하류 지역과 교통했으며, 이는 당 이후 5대, 북송, 남송을 거치며 점점 발전해, 일본에서 중국의 공예품과 토산에 대한 욕구는 점차 강렬해졌다는 것이다.[46] 이러한 서술은 일본이 고립된 섬나라가 아니었으며 대륙과의 빈번한 교통을 통해 선진문물을 빠르게 받아들였음은 물론 동아시아의 역사적 전개에 지속적으로 참여한 주체였음을 이야기하는 것이었다. 특히 9세기 이후 중국과 일본의 빈번한 접촉을 이야기하는 것은 그가 「만선사 체계의 재인식」과 『일려관계』에서 많은 부분을 할애하며 공들여 서술한 고려를 통한 원의 일본 정벌에 역사성을 부여하는 것이기도 했다. 몽골이 발흥하기 한참 이전이었던 9세기 이후 계속된 중국과 일본의 밀접한 관계를 고려할 때 대륙을 제패한 원이 일본 정벌에 나서게 되는 것은 당연한 수순이자 필연이었다는 것이다.

사실 몽골의 일본 침략은 태평양 전쟁 이전까지 일본이 받은 유일한 외침이었기 때문에 일본인 연구자들의 주요한 관심 대상 가운데 하나였다. 그뿐만 아니라 대륙으로부터 침략은 일본을 대륙의 역사적 전개와 연결 지을 수 있는 가장 명징한 사건 가운데 하나였기 때문에 일본을 중심으로 하는 새로운 공간으로서 '동양'을 구상하고, 그 역사를 서술하고자 했던 일본의 역사학자라면 이 문제에 관심을 두지 않을 수 없었다. 이나바 역시 마찬가지였다. 그가 구상한 만선사의 체계에서 몽골의 일본 침략을 중심으로 13세기를 전후한 시기

동아시아의 역사적 전개를 설명하고 있는 것은 이에 대한 그의 관심을 잘 드러낸다.

「만선사 체계의 재인식」에서 상당 부분을 차지하는 몽골의 일본 침략에 대한 이나바의 서술은 ― 쇼토쿠 태자의 외교에 대한 이해 방식을 서술할 때와 마찬가지로 ― 원의 일본 정벌(元寇)에 대한 기존의 연구들을 비판하는 것으로 시작한다. 이나바에 따르면, 당시까지 원의 일본 정벌을 몽골의 정복욕이 드러난 사건이라고 보거나 혹은 쿠빌라이가 일본에 국서를 보낸 것(日本招諭)을 "'강신수목(講信修睦)', '통문결호(通問結好)' 같은 지나일류(支那一流)의 중국적 사상을 나타내는 문자"를 통해 표현하며, 일본으로부터 조공을 걷기 위한 것이었다고 보는 견해는 이 사건의 진의를 파악하지 못한 것이다. 그뿐만 아니라 이러한 견해들은 당시 동아시아에서 일본의 지위에 대한 고려가 없기 때문에 동아시아 전체의 역사상을 보여주지 못하는 한계를 가진 것이었다. 이나바는 쿠빌라이의 일본초유(日本招諭)나 정벌의 원인을 쿠빌라이의 정복욕 또는 일본으로부터의 조공 수취에서 찾는 견해에 대해 "만선사 체계에서 판단할 때(강조는 인용자) 수긍할 수 있는가, 나는 주저하게 된다"며 몽골의 일본 정벌에 대한 기존의 이해 방식에 의문을 표했다.[47] 이러한 서술은 이나바가 구상한 만선사 체계라는 것이 일본을 포함한 것이었음을 의미한다. 그의 만선사 체계에서 볼 때 쿠빌라이 등장 이후 원의 대외정책은 일본을 포함한 동아시아 전국을 바라보지 않으면 그 의미를 완전하게 알 수 없는 것이었다.

이나바에 따르면, 쿠빌라이 즉위 후 주목할 만한 정책들이 나타난다. 당시 원이 당면한 가장 큰 적이었던 남송을 정벌하기 위해 쿠빌라이는 문치주의(文治主義)를 내세워 많은 한인(漢人) 출신자를 수용한다는 것이다. 이나바가 볼 때 이는 남송 정벌을 위한 지식을 한인을 통해 충족하기 위한 것이었다.[48] 그뿐만 아니라 쿠빌라이는 모든 역량을 남송 정벌에 집중하고자 했으며, 이러한 취지에서 고려에 대한 침략을 중단하고 온건한 정책으로 전환했다. 즉, 고려를 침략하는 데 소요되는 병력을 아껴 남송을 정벌하는 데 집중하기 위해 쿠빌라이는 자신을 찾아온 고려의 세자(훗날의 원종元宗)를 후대(厚待)하여 본국으로 보내며 온건한 정책을 펼쳤다. 고려 역시 이에 호응하여 강화도에서의 피란 생활을 끝내고 개경으로 환도했다는 것이다.[49] 그런데 이 과정에서 쿠빌라이는 새로운 사실을 알게 되었다. 바로 남송을 정벌하는 데 "반도의 지형"을 이용하면 유리하다는 것이다. 즉, 고려를 회유하는 것은 병력을 아껴 모든 역량을 남송 정벌에 집중하기 위한 것이었지만 그 실행 과정에서 고려의 해상을 이용해 남송을 공격한다는 방침으로 전환했다는 것이다.[50]

그런데 이러한 방침을 실현하기에 앞서 쿠빌라이에게 걱정거리가 있었다. 바로 해동에 있는 일본의 존재였다. 이 시점에서 원이 탐라(耽羅: 제주도)를 점거하고 흑산도(黑山島) 일대의 수도(水道)를 탐사한 것, 그리고 일본초유는 각별한 의미를 지닌다.

> 가장 주의해야 하는 것은 세조(世祖, 쿠빌라이: 인용자)의 일본초유에는 언제나 '남송'이라는 두 글자가 부착(附着)하고 있다는 것이다. (…) 탐라의 직속(直屬)은 목마(牧馬)를 개설하기 위한 목적이 아니었다. 기금이초(奇禽異草)를 채취(採取)하려는 것도 아니다. 탐라가 가지고 있는 지형 형세는 일본과 남송의 해상교통에서 유일한 요진

(要津)이다. (…) 흑산(黑山)이 남송 교통의 요로(要路)라는 것은 전대(前代) 송인(宋人)의 지시에 힘입은 것이겠지만, 이제 드디어 남송을 해도(海道)로부터 습파(襲破)하고, 이를 결행할 경우에는, 서둘러 일본을 초유하는 것이 필요하며, 탐라의 중요성은 여기서 발견된 것이다.[51] (밑줄은 인용자)

원은 이미 고려를 복속하여 고려의 지형을 파악하였기 때문에 이를 이용하여 해상에서 남송을 공격하는 것이 가장 좋다는 것을 알게 되었지만, 그 실행을 위해서는 해상의 안전을 확보해야 했다. 그런데 앞서 언급했듯이 이나바에 따르면 9세기 이래 일본은 중국과 빈번하게 접촉해왔으며, 남송과 일본 역시 끊임없이 교통했다. 그렇기 때문에 쿠빌라이에게 가장 걱정이 되는 것은 일본과 남송 두 나라의 빈번한 교통이었다.[52] 남송과 대립 중인 쿠빌라이는 무엇보다도 남송과 일본의 관계에 먼저 주의하고, 그 관계를 끊어 남송의 세력 약화를 도모했다는 것이다. 이를 위해 원은 제주도(탐라)를 점령하고 흑산도 일대의 바닷길을 조사했다. 원이 일본에 보낸 첩장(牒狀) 역시 흑산도 일대의 수도를 조사하고 탐라를 확보하는 것과 관계되어 있다. 원이 흑산도 일대의 수도를 탐사한 것도, 제주도를 경영한 것도 모두 남송과 일본 사이 해상의 길목을 파악하여 일본과 남송의 교통을 차단하기 위한 조처라는 것이다. 즉, 원의 흑산도 일대 탐사나 제주도 경영을 비롯한 일련의 조치들을 그저 전쟁을 치르기 위해 마필(馬匹)을 키우려는 것으로만 파악하는 것은 곤란하며, 동아시아 전체의 견지에서 과거부터 계속되어온 중국과 일본의 관계를 고려하는 가운데 바라보아야 그 진의 — 일본과 남송의 교통을 끊기 위한 것 — 를 이해할 수 있다는 것이다.

쿠빌라이가 이렇게 국서를 보낸 것은 일본을 정벌하기 위한 것은 아니었다. 쿠빌라이는 해로를 통한 남송 정벌에 앞서 일본과는 평화로운 해결을 원했기 때문에 고려를 통해 첩장을 보냈다. 하지만 가마쿠라(鎌倉) 막부가 이러한 쿠빌라이의 요구에 호응하지 않자 원에서 대규모 원정군이 왔다는 것이다.[53]

만약 다행히도 가마쿠라 무사(武士)에게 대륙 정세를 이해할 준비가 되어 있고, 내사(來使)는 거절하지 않고(몽골의 첩장에 호응하고: 인용자), 그럼으로써 본국(本國, 일본: 인용자) 역래(歷來)의 지위와 작용을 완전히 발휘하여 적극 수단으로 나갔다면, 그 수확은 과연 어떠했을까, 임나일본부의 부흥 정도로는 끝나지 않았을 것이라고 생각한다. (…) 쿠빌라이에 대해 말하자면, 우리들 일본인에게는 악마의 상징과 같이 꺼리고 싫어하지만, 그의 총명인자함에 대해서는 정평이 있다.[54] (밑줄은 인용자)

만선사를 체계화하며 이나바는 당시 가마쿠라 막부가 동아시아에서 일본이 가지고 있던 위상을 이해하지 못했기 때문에 국운을 떨칠 기회를 잃었다는 아쉬움을 이렇게 표현했다. 그의 이러한 생각은 원의 일본 정벌을 전후한 시기의 일본과 몽골의 관계에만 한정된 것이 아니었다. 이나바는 일본이 의식하든 그렇지 않든, 먼 옛날부터 동아시아에서 일본이 갖는 지위가 중대했다며, 또 다른 예를 들어 설명했다. 앞서 언급한 위와 히미코의 교통, 바로 오·촉과 각축을 벌이던 위가 사신을 파견하여 "왜국(倭國)의 여왕에게 금인자수(金印紫綬)

를 보낸 것"이 그것이다. 그에 따르면 대륙의 제왕이 주변 세력에게 금인자수를 보내는 것은 "동방제이(東方諸夷)의 군장(君長)에게는 예가 없"는 "파격"이었으며, 쿠빌라이가 일본에 보낸 첩장 역시 그러한 조치라는 것을[55] 1930년대 들어 반복적으로 서술했다.

고려를 통한 원의 일본 정벌은 일본, 고려, 원 모두에게 아무런 이득을 주지 못했다. 일본은 태풍(신풍神風)으로 승리를 거두었지만, 국방은 한층 급박해졌으며, 신불(神佛)에 대한 기양(祈禳)이 성행했다. 이러한 양상은 고려에서도 나타나며, 해인사의 경판은 이를 잘 보여주는 증거였다. 결국 사원(寺院)의 팽창은 고려를 몰락으로 이끌었으며, 이러한 역사적 경과는 일본도 동일했다. 원의 침략군은 물러갔지만, 이는 태풍에 의한 것이었다. 막부는 몽골이 다시 침입한다면 승리를 확신할 수 없었으며, 이에 신불에 기원하는 "적국항복(敵國降伏)"이 성행했는데, 이것이 너무 지나친 나머지 "사령(寺領)", "신령(神領)"이 급속히 확대되어 재정상 자멸을 초래했다. 그뿐만 아니라 몽골의 침략에서 전공을 거둔 무사계급이 대두하여 가마쿠라 막부는 몰락했다.[56] 이렇게 볼 때 가마쿠라 막부의 붕괴는 몽골의 침략이라는 대륙으로부터의 영향이 일본에 미친 결과이자 유사 이래 동아시아에서 일본의 위상을 인식하지 못한 결과이기도 했던 것이다.

한편, 이나바에 따르면 대륙이 일본에 끼친 영향은 역으로 대륙에 영향을 미쳤다. 바로 일본 해적(왜구)의 등장이다. 1장에서 살펴보았듯이 일본 해적에 대해 이나바는 과거 『만주발달사』에서도 만주와 일본의 관계를 이야기하며 언급했었다. 이후 그는 간략히 언급에 그쳤던 일본 해적에 대한 논의를 강화하며, 그 역사적 의미를 적극적으로 해석했다. 그에 따르면 가마쿠라 막부 붕괴 이후 남북조의 내란이 벌어지는 상황에서 해적이 발생하는데, 이들은 대륙의 역사적 전개에 큰 영향력을 행사하게 된다는 것이다. 왜구라고 불리는 일본 해적은 몽골의 지배하에서 "실업(失業)한 많은 지나인"으로 구성된 "지나 해적"과 결탁하여 동해에서 남중국해에 걸친 해상을 장악했으며,[57] 이들은 반도와 대륙에 엄청난 폭풍을 일으켰다. 고려와 원 모두 일본 해적에 대한 대책을 마련하느라 부심했지만, 양자 모두 머지않아 멸망한다는 것이다.

고려의 경우 멸망의 원인은 여러 가지였지만 가장 직접적인 것은 군정(軍政) 문제였다. 군관들이 부패하여 사병을 키우고 자신들의 배만 불리는 가운데 왜구는 반도로부터 재산과 인력을 약탈했다. 그뿐만 아니라 왜구는 "반도의 복부"이자 고려 조정의 재정적 근원인 삼남 지역에서 조선(漕船)을 탈취했다. 우왕 이래 조선(漕船) 관련 기사가 많이 발견되지 않는 대신 해적이 기마(騎馬)를 거느리고 반도의 내지까지 깊숙이 들어와 관해(官廨)를 습격한다는 기록이 빈번한 것은 일본 해적들에 의해 해상이 거의 두절되어 고려 조정이 육지를 통해 세금을 조달했으며, 이것조차도 일본 해적들에게 침략당했던 그 당시 상황을 반영한다는 것이다.[58]

이러한 상황은 원에서도 비슷하게 나타났으며, 왜구의 영향은 이후 명·청대까지 미치는 것이었다. 일본 해적이 남중국해까지도 장악했기 때문에 원의 조정은 양쯔강 유역의 수확물을 중앙정부와 수도인 대도(大都, 베이징)로 운송하기 위해 내륙 운하에 의지할 수밖에 없게 되었다. 그런데 이 방법은 많은 비용과 노동력이 필요했기 때문에 중국인들의 반란이 빈발했다는 것이다. 특히 상하이 부근에서 일어난 중국인의 반란은 베이징으로의 "양도(糧道)의 두절"을 야기했으며, 결국 원은 붕괴하기에 이르렀다는 것이다. 즉, 원이 가마쿠라 막부에 준 충격은 수십 년 후 왜구라는 해적을 낳았으며, 그 후로는 역으로 일본이 대륙의 역사적 전개에 영향을 준다는 것이다. 이때 발생한 왜구는 원이 멸망하고 명이 건국된 이후에도 더욱 발전하여 명 역시 해로(海路)를 버리고 내지 운하를 통해 물자를 이동했으며, 특히 영락제(永樂帝)에 이르러 베이징으로 천도함에 따라 과거 원과 같은 상황에 빠져, 일본의 민심을 달래기 위해 규슈(九州)의 아소산(阿蘇山)을 수안진국산(壽安鎭國山)으로 존숭하고 산신(山神)의 가호로 해상의 평온을 기원할 정도였다는 것이다. 이나바는 결국 명대(明代)에 내지 운하가 발달하고, 운하를 관리하는 데 더욱 주의하게 된 원인(遠因)은 바로 일본 해적에 있었다고 보았으며, 청대에도 국내에서 해로는 방기된 반면 운하가 선호된 것도 마찬가지 이유라고 보았다. 즉, 아편전쟁 이후 서양 선박들이 양쯔강에서 톈진으로 왕래하며 해로 수송을 재개하기까지 600년에 가까운 시간 동안 남중국해의 해로는 닫혔으며, 이는 일본 해적의 위력을 보여준다는 것이다. 이러한 해적에 대해 이나바는 "(일본) 민족의 세력이 대륙에 미친 역사"로 보자면 "해적 발달 시대(海賊發達時代)"가 최고이며, 그렇기 때문에 "우리 일본인이 해적의 역사를 가지고 있다는 것이 꼭 치욕은 아니"라며 일본 해적=왜구를 매우 높게 평가했다.[59]

이와 같이 이나바는 원의 일본 정벌 이후 찾아볼 수 없는 대륙과 일본의 관계를 일본 해적=왜구를 부각함으로서 일본을 대륙의 역사적 전개에 끊임없이 영향을 끼친 존재로 부각했다. 일본이 대륙에 끼친 영향은 임진왜란과 청의 건국에서는 더욱 극적으로 드러난다. 일본은 오다 노부나가(織田信長, 1534~1582) 이래 명 조정에 평화로운 통상을 구했지만 해적으로 인해 명의 태도는 쉽게 바뀌지 않았으며, 이는 도요토미 히데요시(豊臣秀吉, 1537~1598)의 시대에도 마찬가지였다. 히데요시가 내세운 "대명토입(大明討入)이나 조선병탄(朝鮮倂呑) 같은 것은 히데요시의 선전"일 뿐이었으며, 그가 요구한 것은 "지나 대륙과의 완전한 통상"이었지만, 조선 정부는 그 진의를 알아차리지 못했기 때문에 전쟁이 일어났다는 것이다. 그런데 이 전쟁은 의외의 결과를 낳았다. 바로 만주인의 발흥이다. 명은 시종일관 "조선과 만몽이 악수하는 것"이 자신들에게 위협이 되기 때문에 만선의 접촉을 끊임없이 감시했지만, 임진왜란의 결과 "반도는 잔파(殘破)"하여, 명은 "만주에 대한 측면 견제력"을 완전히 잃게 되었다.[60] 그뿐만 아니라 이나바는 이미 재정적으로 어려웠던 명이 임진왜란으로 인해 쏟아부은 전비가 800만 냥 이상이었다며, 이로 인해 명의 어려움은 더욱 커졌다는 것을 논증했다. 이처럼 일본이 대륙에 가한 군사적·경제적 타격으로 인해 만주인들은 베이징에 들어갈 수 있었다는 것이 이나바의 결론이었다.[61]

이상을 통해 볼 때, 이나바가 구상한 만선사, 바로 그 체계화에 대한 유일한 시도에서 나타나는 만선사의 모습은 만주와 조선을 하나의 역사 단위로 파악하여 그 역사적 전개를 살펴보는 것이라고 할 수는 없을 것이다. 만주와 조선의 관계만을 가지고 이야기하자면, 고구려 멸망 이후 만선이 분리되기 시작했으며, 이러한 역사적 경향이 거란, 여진 등 북방 세력이 강화되고 중국 세력이 반도를 회유함에 따라 강화된다는 것이 이나바의 설명이다. 이것만 보아도 만선사의 체계화를 시도한 이나바 스스로도 만선을 하나로 아울러 역사를 서술하는 것을 목표로 하지 않았다고 보는 것이 타당할 것이다. 또 이나바가 체계화한 만선사라는 것을 만주와 조선의 역사에 대한 연구라고 하는 것도 충분치 않다. 왜냐하면 그는 비록 만주와 조선은 분리되지만 그 역사적 전개는 만주, 중국, 몽골 방면을 중심으로 몇몇 세력들의 역학관계 속에서 그 진정한 의미를 이해할 수 있는 것이기 때문이다. 더군다나 그가 구상한 만선사의 체계라는 것은 이 대륙 세력들의 관계에서 그치지 않고 이들과 일본의 관계로 귀결되었다.

이나바의 만선사 체계에서 만주와 조선에 걸쳐져 있으며 거대 세력으로 성장했던 고구려의 멸망 이후로 조선은 만주와 분리되어 반도에 국한된 채 '사대'와 '정체'의 나락에서 헤어나지 못하는 존재로 나타났다. 반면, 일본은 대륙과의 관계 속에서 기원 전후 국가체제를 형성한 이래 일본인들이 의식했든 그렇지 않든 대륙의 역사적 전개에 영향을 미치며 그 방향을 결정한 존재로서 그려졌다. 연구 초창기부터 만주사를 만주·조선·중국·몽골·러시아 등과 일본의 갈등관계라고 정의했던 이나바는 1920년대 들어 조선의 정체를 논증하는 한편에서 대륙과 일본의 관계를 파악해나갔다. 그는 일본에서 국가의 형성을 한사군 설치와 관련지었던 과거 자신의 논의를 더욱 가다듬으며 일본의 고대 국가 형성과 정비 및 임나일본부의 창건 시기를 1~2세기까지로 소급했다. 이런 한편 쇼토쿠 태자의 대중(對隋) 외교를 주목하여 이전까지 수동적으로 대륙의 영향을 받아왔던 일본의 위상을 대륙에 영향을 미치는 적극적인 주체로 전환하며, 일본사를 대륙사의 일부로 끌어 붙였다. 특히 만선사를 체계화하는 과정에서 쇼토쿠 태자 이후에도 지속된 중국 대륙과 일본의 교통을 전제로 원의 남송 정벌을 전후한 시기 원의 일본초유를 통해 동아시아 역사 전개에서 일본의 위상을 한껏 끌어올리고, 여기서 다시 거슬러올라가 위에서 히미코 여왕에게 사신을 보내 금인을 증여한 것을 소환하여 동아시아의 역사적 전개에서 일본이 차지하는 위상을 더 먼 과거로 소급했다. 그뿐만 아니라 일본 해적=왜구를 통해 대륙에 끼친 일본의 영향이 항구적이었음을 주장함과 아울러 임진왜란의 원인을 대륙과 일본의 무역이란 맥락에서 찾고, 대륙에 대한 무역이 원활하지 않아 일본이 일으킨 이 전쟁으로 인하여 여진이 발흥하게 되었다고 주장했다.

이러한 일련의 과정을 통해 일본은 대륙의 영향을 받기만 하는 것이 아니라 적극적으로 대륙의 역사적 전개에 결정적인 영향을 미치는 중요한 열쇠를 쥔 존재로 그려졌으며, 그 결과 고구려에 대한 수의 패배와 멸망, 원의 쇠락, 청조의 흥기 같은 역사의 주요 장면들이 연출되었다. 즉, 만선사의 체계화 과정에서 이나바는 조선의 역사를 중국과의 일대일 관계에서만 바라보던 과거 1920년대의 견해를 부정했지만 궁극적으로 1910년대 이래 자신이 구상했던 대륙과 일본의 관계를 적극적으로 내세우며, 이와 관련하여 과거 자신이 제시했던 견해를 정교화하는 한편, 대륙과 일본의 관계를 쌍방적인 것으로 설명했다. 특히 그가 만선사를 몽골, 중국, 만주 방면 세력들의 경합 또는 만몽에서 발원하여 만주를 장악한 세력, 중국 세력, 반도의 역학관계로서 정리하며 중요시했던 한사군의 설치, 위·촉·오의 각축, 수·당의 고구려 공격, 원의 일본 정벌, 임진왜란 등의 사건은 모두 일본의 국가 성립 이래 동아시아의 역사 전개에서 일본의 높은 위상을 드러내는 주요한 역사적 국면으로 귀결되었다.

4장

만선사 체계의 지속

이나바가 만선사의 체계화를 시도한 이후 '만선사'라는 용어는 당시 학계에서 찾아보기 어렵게 되었다. 중일전쟁 발발 직전인 1936년, 도쿄제대 동양사학과를 졸업(1926년)한 후 니쇼가쿠샤대학(二松學舍大學)과 메이지대학(明治大學)의 교수를 역임하고 있던 미시마 하지메(三島一, 1897~1973)는 당시 역사학계의 분위기를 "만선사에서 만몽사(滿蒙史)로의 영역 확장"이 이루어지고 있다고 정리했다.[1] 이러한 언급이 보여주듯이 일본의 대륙 침략이 확대됨에 따라 일본 학계의 관심 역시 제국 일본의 침략 방향이었던 대륙의 안쪽, 바로 몽골 방면으로 향하고 있었다. 그러다 보니 이미 식민지로 영유한 지 20년이 훌쩍 넘어 제국 일본의 안정적인 판도가 되어버린 조선의 역사에 대한 관심은 떨어진 것이다. 마치 조선을 영유하고 조선을 발판 삼아 만주 방면으로 침략해 들어가며 '만선'이란 용어를 만들어내고 그 역사에 대한 관심이 높아졌듯이, 1930년대 중반 만주를 발판으로 몽골 방면으로 침략하려던 당시 만몽이 새로운 관심 대상으로 떠오른 것이다.

한편, 대륙 침략과 그에 따라 세계질서가 동요하기 시작한 1930년대에 일본 역사학계에서는 그간의 연구를 정리하고 새로운 전망을 제시하는 작업을 진행했다. 그 대표적인 예가 바로 1932년 11월 말에 발간된 일본 역사교육연구회(歷史敎育硏究會)의 학술지 『역사교육(歷史敎育)』의 임시 증간호 『메이지 이후 역사학의 발달(明治以後に於ける歷史學の發達)』이다. 방대한 분량을 과시하는 이 책은 메이지시대 이래 일본에서 전개된 역사연구를 '국사학', '동양사학', '서양사학'으로 나누어 해당 분야의 연구사를 도쿄제대 교수를 비롯한 당시 최고 전문가들이 정리한 것이다. 특히 주목되는 것은 '동양사학'에 대한 분류 방식이다. '동양사학'은 다시 '지나사(支那史)'를 중심으로 6개의 하위 분류로 나뉘었는데, 여기에 '조선사'는 있지만 만선사는 없었다. 대신 "만주몽고사"가 들어가 있다.[2] 그뿐만 아니라 당시 이와나미쇼텐(岩波書店)과 더불어 학술서, 교양서 시장을 양분했던 헤이본샤(平凡社)에서는 1933년에서 1936년에 걸쳐 총 25권으로 구성된 '세계역사대계(世界歷史大系)' 시리즈를 기획·발간했다. 이는 시기적으로는 고대사에서 현대사까지를, 또 공간적으로는 중국, 중앙아시아, 조선, 만주는 물론 서유럽과 이집트의 역사까지도 포괄하는 방대한 것이었다. 당시 이와 같은 기획이 이루어져 책이 발간되었다는 것은 1930년대 접어들어 일본 사회에서 일본과 그 주변의 역사만이 아니라 서양사에 대한 관심 역시 높았음을 말해주는 것이다. 하지만 여기에도 만선사가 들어갈 자리는 없었다. 다만 11번째 책이

『조선사 · 만주사(朝鮮史 · 滿洲史)』이다. 즉, '만선사'가 아니라 서로 다른 필자들이 '조선사'와 '만주사'에 대해 각각 별도의 통사를 집필하여 병렬적으로 묶어서 한 권의 책을 구성한 것이다.[3] 이러한 사학사적 정리나 세계사에 대한 통사적 조망에서 만선사는 아예 빠지고 그 자리를 "만주몽고사"가 대신하거나, 만주와 조선이 분리되어 '조선사' · '만주사'로 각각 서술되는 것은 당시 일본 학계와 사회에서 만선사에 대한 관심이 떨어졌다는 것을 단적으로 보여준다.[4]

연구사 정리와 세계사에 대한 조망이 이루어진 1930년대 중반에는 만주사와 조선사에 대한 통사들도 대거 등장했다. 앞에서 본 헤이본사에서 발간한 '세계역사대계' 11권 『조선사 · 만주사』도 당시 출간된 통사들 가운데 하나였다. '통사(通史)'는 이름 그대로 특정 시대에 국한하지 않고 전 시대에 걸친 역사를 기술하는 것으로, 역사를 종합 · 정리한다는 의미를 갖는다. 즉, 일본의 대륙 침략으로 기존의 국제질서가 동요하는 가운데 새로운 질서를 모색하던 당시 일본 역사가들은 상대적으로 오래된 식민지인 조선과 새로운 세력권이 된 만주의 역사를 정리했던 것이다. 더군다나 특정 시기에 국한되지 않는 통사를 서술한다는 것은 대부분의 경우 개인의 역량을 넘어서는 것으로, 그 서술 과정에서 기존의 연구 성과를 대폭 활용하게 되어, 당대 학계의 수준과 관심이 드러난다. 때문에 당시 발간된 통사들을 통해 학계의 논의를 집약적으로 살펴볼 수 있다.

흥미로운 것은 만선사에 대한 체계화를 시도한 이후 이나바가 조선사와 만주사에 대해 각각 통사적 접근을 시도했다는 점이다. 바로 헤이본사의 '세계역사대계' 11권 『조선사 · 만주사』에서 '조선사'를 집필한 것이 이나바였다. 1936년 회갑을 맞이하여 과거를 회고하며 자신의 연구 과정을 "만선사 연구 과정"이라고 정리했던 이나바는 만선사에 대한 체계화를 시도한 논문을 발표한 지 불과 2년 만에 만선사가 아닌 '조선사'라는 이름의 통사를 발간한 것이다. 한편, 이나바는 1938년 만주건국대학의 개교와 동시에 그곳의 교수로 부임하여 학교가 주관하는 학술답사를 진행하고, 만주사를 강의했다. 그리고 그 강의안을 기반으로 『만주국사통론(滿洲國史通論)』을 집필·간행한 뒤 생을 마쳤다. 이는 만주에 처음 등장한 숙신(肅愼) 이래 만주국의 건국까지를 대상으로 한 일종의 만주통사였다.

만선사 연구자로서의 강한 자의식을 가졌던 이나바가[5] 이렇게 만선사의 체계화를 시도한 후 얼마 되지 않아 조선사에 대한 통사를 서술하고 인생의 말년을 만주에 대한 통사를 서술하며 보냈다는 것은 만선사에 대한 자신의 구상을 포기한 것일까? 여기서는 만선사의 체계화 이후 조선사와 만주사에 드러나는 만선사적 조망에 대해 살펴보겠다.

1. 조선사에 대한 통사적 접근과 만선사적 조망의 공유

만주 침략 이후 만주와 몽골에 대한 일본인 연구자들의 관심은 급증했던 데 반해 조선사에 대한 관심은 현격히 떨어졌다. 1931년 하타다 다카시(旗田巍)는 도쿄제대를 졸업하며 「고려기의 토지 공유 제도에 관하여」라는 제목의 졸업논문을 제출했다. 그가 대학을 다닐 당시 도쿄제대에서 조선사 연구자는 그의 지도교수였던 이케우치 히로시(池內宏)뿐이었고, 이케우치의 조선사 강의가 있었지만, 전체적으로 조선사에 대한 관심이 매우 빈약해서 조선사를 전공하려던 학생은 거의 없었기 때문에 하타다는 졸업논문에 대해 상담할 수 있는 선배가 없었다고 회고했다.[6] 즉, 조선사 전공자 자체를 찾아보기 어려운 상황이었던 것이다.

그렇지만 조선사에 대한 연구는 식민지 조선에 와 있던 일본인 연구자들을 중심으로 꾸준히 발표되었으며, 오히려 새로운 연구를 진행하며 조선사에 대한 관심의 폭을 확장하고 있었다. 바로 조선사편수회의 『조선사』 편찬자들에 의한 연구들이다. 주로 도쿄와 경성의 제국대학에서 사학을 전공하고 졸업한 직후 조선사편수회에 들어온 젊은 연구자들은 『조선사』 편찬 과정에서 조선의 사료를 본격적으로 접하게 되었다. 대학에서 전문적으로 역사학을 배웠으며 '실증'에 충실했던 이들에게 조선사편수회는 실증의 재료인 사료의 보고였으며, 이들은 이를 바탕으로 논문을 발표했다. 무엇보다도 이들의 연구는 고대사에 한정되지 않았다. 물론 스에마쓰에 의해 고대사 연구도 진행되었지만 이들의 연구 주제는 고려 숙종대의 주전(鑄錢), 정중부의 난, 고려의 조창(漕倉), 여말선초(麗末鮮初)의 농장(農莊), 조선 초 노비의 변정(辨正)과 추쇄(推刷), 임진왜란 당시 '항왜(降倭)'의 존재, 조선 후기 안동 유림들 사이에서 벌어진 논쟁인 '병호시비(屛虎是非)', 병자호란 후의 대청 관계 등[7] 과거에 비해 다양해졌다. 이러한 연구의 상당수는 조선의 역사를 정쟁과 당파, 중국에 대한 사대라고 보는 시각에 기반한 것이었다. 하지만 고대사와 한일관계사를 중심으로 이루어진 조선사 연구는 고려·조선시대에 대한 사항으로 시기적 확장을 보이고 있었다. 이러한 개별 연구들과 더불어 1930년대 중반 이후로, 조선사편수회에 몸담고 있던 이나바, 나카무라, 스에마

쓰에 의해 조선사에 대한 통사적 접근이 시도되었다. 고대 이래 에도 막부 말까지의 한일관계를 통사적으로 정리한 나카무라의 『조선사: 국사와 해외사의 교관(朝鮮史: 國史の海外史の交關)』(1935), 1937년부터 1939년까지 잡지『조선행정(朝鮮行政)』에 지상 강연 형식으로 고대에서 강점까지 조선의 역사적 경과를 22회에 걸쳐 연재한 스에마쓰의 「조선사(朝鮮史)」, 그리고 이나바가 저술한 헤이본사의 '세계역사대계' 11권『조선사·만주사』의 '조선사' 부분이 그것이다.

이나바는 만선사의 체계화를 시도한 지 불과 2년 만에 조선사에 대한 통사를 집필하며 그 서언(緒言)에서 이렇게 밝히고 있다.

> 필자는 근래 내외(內外)에서 선사(鮮史)에 대한 학인(學人)의 태도가 냉각(冷却)한 것에 걱정을 가지고 있다. 조선사(朝鮮史)는 지금 국사(國史, 일본사: 인용자)의 일부를 구성하는 요소가 되었다. 이에 더해 조선사의 입전(立前)으로부터 하지 않을 때는 국사의 정시(正視)를 잃는 것이다. (…) 저자의 종지(宗旨)는 만선일가론(滿鮮一家論)이다. 특별히 양해를 구해둔다.(밑줄은 인용자)

이나바는 당시 학계에서 조선사의 연구열이 사그라든 것을 지적하는 한편, 조선사는 일본사의 일부가 되었다고 언급하고 있다. 이는 조선사에 대해 통사적 접근을 시도한 스에마쓰 역시 마찬가지였다. 그는 "한국이 우리 국가에 병합되어 그 이름도 조선으로 고친 것과 동시에 그 전체 영토는 우리 국가의 일부분이 되었다. 그 이래 조선의 역사는 순연한 국사(國史, 일본사: 인용자)의 일부분을 이루고 이미 국사의 바깥에 조선사는 존재하지 않는 것"[8]이라며 자신의 지상 강연을 시작했다. 대륙 침략으로 제국 일본의 영역이 확대됨에 따라 "국사"(일본사)의 영역 역시 확대되는 가운데 일본은 식민지로 영유한 지 25년이 흐른 데다 침략의 발판이 되었던 조선을 일본사의 일부분으로서 인식하고자 했던 것이다. 이나바의 발언에서 더욱 주목되는 것은 조선사를 집필하며 자신은 "만선일가론"에 입각해 역사를 바라본다는 점을 특별히 밝힌 부분이다. 즉, 만주, 만몽의 역사에 대한 관심이 높아지면서 조선사에 대한 관심이 줄어드는 것은 물론 '만선', '만선사'라는 용어조차 찾아보기 어렵게 된 1930년대 중반에 이나바는 조선사에 대한 통사를 서술하며 "만선일가"라는 표현을 그 첫머리에 기재한 것이다.

'세계역사대계' 11권의 조선사 부분은 조선의 개국 전설과 한사군의 설치부터 19세기 초반까지를 다루는 통사였던 만큼, 이나바는 물론 조선사를 연구했던 다른 일본인 연구자들이 이전에는 언급하지 않은 사항들, 특히 고려시대에 대해서는 만선사를 체계화할 때 중요시했던 거란, 여진, 몽골 등과의 관계에 대한 서술 외에도 고려의 정치 형태, 호족과 왕실의 관계나 향리의 지위, 훈요10조, 무역과 예성강 일대의 번영, 사원(寺院) 문화의 발달, 의천의 활동, 고려 말의 전제 개혁 논의 등에 대해서도 서술하고 있으며, 조선시대에 대해서도 당쟁에 대한 사항이 추가되었다.[9] 특히 조선시대에 대해 '임진역의 고찰(壬辰役の考察)'이라는 절 뒤에 '서리·중인·서얼 등(胥吏·中人·庶孽 等)'이라는 절을 설정하고, 이에 대한 서술로 책을 마무리하는 것은 매우 독특하다. 이나바는 "숙종 시대부터 중·서(中·庶)라는 문자가 연용(連用)되어왔고 (…) 이후의 법제 즉 대전통편(大典通編) 등에 이르러서는 중·서 2자는 빈번하게 등장"할 정도로 이들이 하나의 사회계급으로서 확고한 위치를 점했다는 것이다. 중인(中人)은 "지나에는 없는" 조선시대만의 독특한 계층으로 "처음부터 실학(實學)을 과목(科目)으로 하여 취재(取才)"했던 어엿한 관인(官人)이라며, 이들이 종사했던 역학(譯學), 율학(律學), 산학(算學)에 대하여 자세히 기술했다. 또 서얼에 대해서는 국초에는 적서(嫡庶)의 차별을 두어 이를 법에도 반영해 서얼의 과거 응시를 금지했지만 선조대에 이를 허용한 결과 정조대에 들어서는 서얼 출신으로 이덕무(李德懋, 1741 ~1793), 박제가(朴齊家, 1750~1805) 같은 이들이 등장했다며, "규장 각(奎章閣)은 서얼을 위하여 설정된 것"이라고까지 서술했다. 이렇게 중인과 서얼이 부상하여 "숙종, 영조, 정조 및 순조의 4조(朝)는 중인, 서얼의 전성시대"라며 "근대 조선의 약간은 신선한 학예를 고찰하는 데에 이들 서얼 출신자의 학예를 빠뜨릴 수 없다"는 지적은 조선사 편수회를 중심으로 새로운 사료가 수집·정리되고 조선사에 대한 연 구가 계속 이루어지면서 연구자들의 시야가 조선 후기까지 미치고 있었음을 보여주는 것이다. 그뿐만 아니라 이렇게 조선 후기에 등장 한 중인, 서얼 등을 중심으로 통사의 한 절을 구성했다는 것은 새로 운 사회계층의 등장까지 포착했음을 보여준다.

그렇지만 이렇게 조선 후기에 새롭게 등장한 사회계층이 조선 사 회의 역사적 문제의 해결이나 새로운 사회의 형성과 연결되는 것은 아니었다. 이나바는 당시 서얼과 중인의 임용은 어떤 한도의 출사를 허용해야 할 것인가에 대한 것이지 통청(通淸)이 허용된 것이 아니라 는 점에 주목했다. 즉, 기존 양반들이 서얼과 중인을 등용한 이유는 천류(賤流)가 대두함에 따라 자신들의 특권과 지위를 보호할 외벽을 치기 위해서였다는 것이다.[10] 더군다나 중인들은 양반을 동경하여 양반의 전유물인 족제(族制), 즉 가례를 받아들여 족보(族譜)를 편찬하면서 자신들의 직관(職官)을 "세습(世襲)"하며 다른 이들이 자신들의 계급으로 진입하는 것을 차단한 채 특권계급화했다고 설명했다. 이처럼 조선 후기에 대두한 새로운 계층으로서 언급된 중인과 서얼은 다시 조선시대의 폐쇄성을 보여주고 조선을 정체의 질곡에 빠뜨린 가족제도의 확산을 드러내는 소재로 활용되었다.[11]

이나바가 1920년대 이래 조선사의 특징으로 '정체'를 지목했으며, 1930년대 만선사를 체계화하며 만선분리가 강화된 원인 중 하나로 고구려 멸망 이래 성리학과 가례로 대변되는 중국 문화의 반도 이식을 꼽으며, 반도 사회가 정체된 원인 역시 가례를 수용·묵수한 조선인들의 사회조직과 사고의 범위가 가족을 벗어나지 못했기 때문이라고 했던 것을 생각해보면, 조선 후기 새롭게 등장한 중인들이 가례를 받아들이며 자신들의 지위를 세습했다는 서술은 시간의 경과에 따라 '정체'라는 조선 사회의 특징이 더욱 확대·강화되고 있었음을 말하는 것이라고 하겠다. 즉, 이나바는 중인, 서리, 서얼 등 과거에는 알지 못했던 조선사의 새로운 모습을 인식하고 주목했지만, 이렇게 새롭게 등장한 사회계층 역시 만선분리 이래 반도를 정복한 중국 문화, 바로 가례의 자장 속으로 빨려 들어갔다고 보았다. 따라서 조선 후기에 새롭게 등장한 중인들마저 가례를 받아들이며 폐쇄성을 보인다는 것은 중국으로부터 이식되어 만선분리를 조장하는 동시에 조선 사회를 정체, 사대, 타율로 몰아간 중국 문화들이 새롭게 등장한 사회계층에 의해서도 어찌해볼 수 없을 정도로 반도 사회에 깊은 뿌리를 내리고 있었으며, 조선 사회의 내부적인 변화로는 정체, 사대, 타율이라는 질곡에서 벗어날 수 없음을 이야기하는 것이었다.

이처럼 이나바가 서술한 '세계역사대계' 11권의 조선사 부분에는 과거에는 찾아볼 수 없었던 새로운 내용들이 포함되어 있다. 하지만 이나바가 글의 서언에서 밝혔듯이 이 책은 "만선일가"라는 자신의 지론에 입각하여 서술되었다. 이나바는 "조선은 반도로, 대륙의 일부분을 형성하여 대륙의 풍운이 이곳에 미치지 않는 것이 없"기 때문에 조선사의 시작인 개국에 관해서도 "고려해야 할 것은 만선이 불가분이라는 것"이라며 책을 시작했다. 그는 조선의 개국 설화로 조선인들이 믿는 단군 이야기에 "만주 개국의 초두에 보이는 부여의 시조 주몽(朱蒙)이 부착되어 (단군과 주몽이: 인용자) 부자(父子)관계"라고 할 정도로, 개국 설화부터 만선의 불가분을 보여주는 조선의 역사는 "만주의 역사를 분리하고는 해석될 수 없"고, 만선의 불가분은 현재의 조선인에게도 숙명이라며[12] 조선의 과거와 현재, 미래를 이해하는 중요한 원칙으로서 만선불가분을 제시하는 것으로 조선의 역사에 대한 통사를 시작했다.

이후에도 그는 한사군의 설치에 대해 "반도는 만주와 함께 반드시 지나 본부에 관계되었으며 지나의 적수였던 흉노의 아군인 경우가 적지 않다. 한 무제의 조선 정복은 흉노의 좌완을 끊어낸 것"[13]이라며 한사군의 설치를 대륙의 흉노와 연결 짓던, 만선사를 체계화하며 제시한 설명을 고수했다. 그뿐만 아니라 조선의 역사에 대한 통사를 서술하며 만선사를 체계화하며 일본의 역사적 위상을 설명하기 위해 제시했던 히미코 여왕 당시 위(魏)와 일본의 교섭에 대해서도 자세히 서술함은 물론 당시 위에서 금인자수(金印紫綬)를 내린 것은 북방의 패자이자 중국과 대립하던 흉노와 일본에게만 있었던 일이라고 서술했다. 이러한 서술은 아주 이른 시기부터 시작된 중국과 일본의 교통, 이에 따른 일본으로의 선진문물의 수용과 국가의 발생과 정비를 전제로 한 것이었으며, 그 결과 고대 동아시아에서 일본이 중국, 흉노와 더불어 강자였음을 말하는 것이었다. 이는 조선의 역사와 관련하여 일본의 반도 남부 경영 시기를 소급하는 것으로 연결되었다. 임나일본부의 창건을 스진 천황(崇神天皇)의 시대(기원전 1세기)[14]로 설정한 것이다.[15] 이렇게 중일 교통 및 일본에서 국가 건설과 체제 정비의 시기를 끌어올려 일본의 남선 경영 시기를 소급하는 것은 이나바의 필생을 관통하는 주장이자 그가 구상한 만선사의 체계에도 나타나는 사항이다. 이나바는 조선사에 대한 통사를 서술하며 이러한 그의 생각을 그대로 밀어붙이는 것은 물론 그 시기를 명시적으로 "스진 천황"대까지 소급하기에 이른 것이다.

이러한 양상은 수·당과 고구려의 전쟁을 다루는 데서도 지속되었다. 이나바는 조선사에 대한 통사를 집필하면서 돌궐의 부상과 고구려, 수, 돌궐, 신라, 일본 등 당시의 국제관계를 공들여 서술했다. 이나바는 만선사의 체계화에서 부각했던 수양제가 돌궐 야미 카간(啓民可汗)의 장막을 방문했다가 고구려의 사신을 보게 된 것을 또다시 제시하며, 이후 수·당은 돌궐을 견제하기 위해 그 "왼쪽 팔"인 고구려를 70여 년간에 걸쳐 공격했는데, 이는 한 무제가 위만조선을 토벌할 당시의 형세와 일치한다는 것이다. 이러한 내용은 이나바가 구상했던 만선사의 체계와 동일한 것으로, 다만 차이가 있다면 한사군 설치를 서술하며 "지나의 적수"는 흉노였고 위만조선은 흉노의 "아군"이라고 표현했던 것과 마찬가지로, "수의 입장에서 돌궐이 정면의 적이고 고구려는 부차적"이라며 몽골 방면의 세력과 만선 방면의 세력 가운데 중국에게 더욱 문제시되었던 것은 몽골 방면의 세력이었다는 뉘앙스를 주었다는 점이다.[16] 물론 이나바는 1910년대 만주사를 정리하며 만몽불가분을 이야기할 때에도 "분량상 몽고 방면의 세력은 만주 세력에 비하여 탁월한 것으로 보인다"[17]며 대체적으로 만주 방면의 세력보다 몽골 방면의 세력이 강력했다고 했지만, 이와 같이 중국이 당면한 더 큰 문제는 몽골 방면이었다고 하는 것은 만주국 건국 이후 그 침략의 방향이 내몽골을 향해 있었던 제국 일본의 상황을 반영한 것이라고도 할 수 있을 것이다.

수·당과 고구려의 전쟁에 대한 서술은, 과거 만선사를 체계화할 때와 마찬가지로 중국과 일본의 외교, 바로 쇼토쿠 태자의 외교에 대한 서술로 이어졌다. 중국의 왕조들은 고구려를 공격하기에 앞서 고구려의 후원 세력이 될 수 있는 반도의 남부를 견제할 목적으로 일본에 사신을 보냈지만, 쇼토쿠 태자는 이를 받아들이지 않았다는 것이다. 이 역시 그가 만선사를 체계화하며 그 첫머리에서 언급했던 쇼토쿠 태자의 외교 내용을 조선사에 대한 통사를 서술하며 제시한 것이다. 이나바는 이 사건이 당시 동아시아에서 일본의 위상이 막강했으며 7세기까지도 한국에 상당한 영향력을 행사했음을 보여주는 것이라며 "동방 여러 민족 중 하나였던 일본의 위상이 이렇게까지 발휘된 경우는 거의 없었다"며 마무리 지었다.[18]

사실 한사군의 설치나 임나일본부, 고구려와 수·당의 전쟁을, 이러한 사건들을 둘러싼 대외관계를 통해 설명하는 것은 ─그 역사적 사실이나 왜곡의 문제는 차치하고 ─ 조선사에 대한 통사를 집필하며 조선사의 범위 안에서, 조선을 주체로 하여 서술할 수도 있는 것이다. 그런데 이와 같이 위와 일본의 교섭과 히미코 여왕에 대한 금인자수나 쇼토쿠 태자의 외교를 서술하는 것은 조선사의 범위를 벗어나는 것이다. 즉, 이나바는 자신이 구상한 만선사의 체계를 그대로 가져와 조선사에 대한 통사를 집필하며 일본사를 설명하고 있었다. 이러한 양상은 원의 일본 정벌이나 임진왜란에 대한 서술에서도 그대로 이어졌다.

앞서 언급했듯이 이나바는 고려의 건국과 개성으로의 천도, 고려의 정치제도와 훈요10조, 무역을 통한 예성강의 번영, 사원 문화 등을 서술하고 거란과 여진의 침략을 서술한 이후 고려시대에 대한 대부분의 서술을 몽골 등장 이후의 고려에 할애했다. 그는 원의 부마국으로 전락한 고려의 국정에 대한 서술에 앞서 몽골의 침략 이전 일본과 송, 고려 사이의 삼각무역과 일본에 대한 원의 초유(招諭)에 집중했다. 고려 건국 이후 고려와 송, 일본이란 동아시아 삼국 상인들의 접촉은 빈번했다며 당시 이들의 교통로에 대해 추적하는데, 특히 요(遼), 금(金)이 남하하고 송이 양쯔강 이남으로 건너감에 따라 이전의 교통로 역시 남방의 해상으로 변화한다며 주요 루트를 추정하는 데 골몰하며, 고려·송·일본의 주요 교통로로서 흑산도와 탐라를 지목했다.[19] 이나바가 이러한 무역로의 추적에 공을 들인 이유는 자명하다. 만선사를 체계화할 당시에도 이미 장황하게 서술한 적이 있는 일본에 보낸 쿠빌라이의 국서를 드러내기 위해서이다. 즉, 원이 고려에 군림하며 해로를 통해 송을 공략하기 위해 고려와 남송의 무역로인 흑산도의 수로를 조사하는 한편, 남송 정벌에 장애가 될 수 있는 일본을 견제할 목적으로 일본과 남송의 교역로인 탐라를 경영하면서 일본으로 국서를 보냈다는 것이다.[20] 이러한 서술이 의미하는 바는 명확하다. 바로 몽골이 대륙을 통일하는 데 유일한 견제 대상은 일본이었으며, 이 정도로 일본은 동아시아에서 강자로서의 위상을 갖는다는 것이다.

이렇게 대륙에 미친 일본의 영향을 강조했던 것은 그가 구상한 만선사 체계의 귀결점이었다. 만선사의 체계화 당시에도 일본이 대륙에 준 영향을 주요한 사건으로서 임진왜란을 강조했듯이 조선사에 대한 통사를 서술할 때도 임진왜란을 중요하게 서술한 것은 마찬가지였다. 다만 임진왜란을 서술하는 데에서 약간의 차이가 있다. 만선사를 체계화할 당시에는 히데요시가 전쟁을 벌인 목적을 중국과의 무역을 위해서라고 했지만 '세계역사대계' 11권의 조선 부분을 서술하면서는 이러한 견해를 부정했다는 점이다. 그는 임진왜란의 발발 원인에 대한 논의들을 도요토미 히데요시 개인의 정복욕의 발로라고 설명하는 것[秀吉の大陸征取說]과 자신이 주장했던 명(明)과 무역을 목적으로 한 것[貿易打開說]으로 대별한 후 양자 모두를 부정했다. 대신 이나바는 도요토미가 천하를 통일했지만 "벌열(閥閱)이 없는 갑작스러운 최고 권력자"였기 때문에 그의 주변에는 "잡역에 종사하고 병졸이 되는 최하급 무사들[輕輩]"뿐이어서, 최고 권력자에게 요청되는 신망과 위복을 구하기 위해 전쟁을 일으켰다며, 히데요시가 전쟁을 일으킨 이유를 1920년대 이래 만선사를 체계화할 당시까지와는 다르게 설명했다. 그렇지만 "임진역(壬辰役)의 효과, 즉 대륙에 미친 영향은 과연 막대한 것이어서, 당사자인 히데요시는 물론 이에야스도 미루어 알 수 없었던, 명의 전락(顚落)과 만주의 발흥"이라는 전쟁의 결과에 대한 서술은 만선사를 체계화하며 제시했던 것과 동일했다.[21] 이처럼 이나바는 조선사에 대한 통사를 서술하면서도 만선사 체계를 그대로 유지했음은 물론 조선사의 범위를 벗어나는 수·몽골과 일본과의 관계, 임진왜란의 결과로서 청의 발흥 같은 사항을 끌어들여 유사 이래 지속된 일본사의 위상, 일본이 대륙의 역사적 전개에 끼친 영향을 드러냈다.

한편, 이나바는 반도를 배경으로 전개된 조선사의 특징으로 사대와 정체를 꼽았다. 특히 조선 사회의 역사적 정체는 이나바가 조선사에 대해 연구를 시작할 당시부터 거론한 것으로, 그 원인을 중국 문화의 유입, 특히 성리학과 가례의 만연에서 찾았다. 이러한 그의 구상은 이후 구조화된 만선사의 체계 속에도 안착했다. 당 말 이래 거란이 흥기한 이후 중국 왕조들은 만주를 장악한 세력과 반도의 결합을 막기 위해 반도를 회유하여 이이제이의 수단을 강화했으며, 만주를 장악한 세력들 역시 중국 왕조를 견제하기 위해 반도에 접근하고 압박하는 가운데 반도의 왕조는 사대를 기조로 삼게 되었다는 것이다. 특히 반도의 왕조들이 중국에 밀착하여 성리학 및 이와 표리를 이루는 가례를 받아들이며 가족주의에 매몰됨에 따라 반도의 사회는 가족을 벗어난 도덕과 이념을 찾지 못한 채 정체되었다며, 만선분리에 따라 반도와 그 역사는 정체된 것으로 나타났다. 이 점 역시 조선사에 대한 통사를 서술하면서 그대로 유지되었다. 조선 왕조 당시 성리학의 영향과 족보의 발달을 서술하며 조선 사회가 "개별적 씨신(氏神) 숭배로 퇴화하는 경향"을 보였다는 것이다.[22]

이뿐만 아니라 이나바는 통사를 서술하며 조선 왕조에서 당쟁이 발생한 이유를 조선 왕조의 정치적 정체와 성리학의 수용에서 찾았다. 이나바는 조선 왕조는 여전히 귀족정치의 색채를 탈각하지 못했다고 보았다. 그래서 조선의 왕들은 명의 정법(政法)을 모방하면서도 귀족들의 권력이 커지는 것을 극도로 경계하여 사헌부(司憲府) 같은 기관을 두어 신하들이 상호견제하도록 유도했다는 것이다. 즉, 귀족

(양반)들의 권력이 컸기 때문에 제도적으로 귀족-신료들이 서로 견제하는 것을 장치화했다는 것이다. 더군다나 양반들은 "송조(宋朝)의 이학(理學)"을 배웠기 때문에 조선에서 당쟁은 한층 격화되었다며, 이나바는 그 최정점으로 예송(禮訟)을 꼽고 이를 자세히 서술했다.[23] 당쟁은 결국 만선분리 이후 반도의 왕조를 특징짓는 정체와 이를 낳은 중국 문화 곧 성리학에서 연유한다는 이나바의 진단 역시 그가 구상한 만선사 체계와 조응한 것이라 할 수 있을 것이다.

이상에서 살펴보았듯이 이나바는 조선에 대한 통사를 서술하며 조선 후기 중인과 서얼의 등장 같은, 과거 자신을 비롯한 조선사를 연구하던 일본인 연구자들이 언급하지 않던 사항을 언급하며 연구 범위를 확대했지만, 이는 조선의 정체로 연결되었다. 그뿐만 아니라 만선사를 체계화하며 제시한 주요 사항들을 모두 조선사에 대한 서술에 포함하여, 조선사를 통해 일본사의 위상을 부각했음은 물론 만선사 체계 내에서 만선분리 이후 정체와 사대를 특징으로 하는 반도의 역사를 다시 한번 확인했다.

한편, 이나바가 제시했던 만선사 체계는 당시 조선의 역사를 연구하던 다른 연구자들에게도 나타난다. 특히 조선사편수회에서 이나바와 함께 근무했던 스에마쓰와 나카무라가 그러했다. 이들 역시 1930년대 중반 조선사에 대해 통사적 접근을 시도했음은 물론 스에마쓰의 경우 — 이나바가 1934년 『일려관계』를 발간한 것처럼 — 1933년 한사군 설치 이후 10세기 초반까지 한일관계를 다룬 『일한관계(日韓關係)』라는 짧막한 단행본을 발간했다.[24] 당시 스에마쓰나 나카무라가 서술한 조선의 역사에 대한 통사나 고대 한일관계에 대한 연구를 보면 이나바와의 공통점이 상당 부분 발견된다.

스에마쓰는 『일한관계』에서 1세기 말에 쓰인 『한서』 「지리지」의
기사 "낙랑해중유왜인분위백여국이세시내헌(樂浪海中有倭人分爲百餘
國以歲時來献)"을 제시하며 고대 한일관계의 시작을 낙랑군과 왜의 교
섭으로 설정했다.[25] 이 기록이 "조선반도에 왕래했던 우리나라 사람
(일본인: 인용자)"에 대한 최초의 기록이라는 것이다. 만약 낙랑군과
일본의 교섭이 실제로 이루어졌다면 과연 이것을 한일관계라고 볼
수 있을까? 이것을 한일관계라고 보는 스에마쓰는 '한(韓)'을 반도라
는 지역으로 간주하는 것이다. 즉, 낙랑군이 조선이라는 땅=반도에
있었기 때문에 반도와 일본과의 교섭은 한일관계가 되는 것이다. 이
는 조선의 역사를 인식하는 데 가장 중요한 것은 대륙으로부터 영향
을 받는 반도라는 "토지"라고 주장했던 이나바에 근접한 것이라 하
겠다. 또 낙랑군을 비롯한 한사군의 설치 이유 역시 "조선의 서쪽에
인접하고 훨씬 서방으로 번성한 흉노 종족=당시 한(漢) 최대의 화
(禍)를 측면에서 압박·견제하려는 군사적 목적 때문이었다"며[26] 이
나바가 말한 만선사적 해석을 반복했다.

이뿐만 아니라 스에마쓰는 낙랑과 일본의 교통을 근거로 일본이
대륙-중국과 교섭한 시기를 끌어올렸다. 바로 낙랑과의 교통을 매개
로 왜인(倭人)은 1세기면 중국(漢)의 조정에 나아갈 수 있었다는 것
이다. 이처럼 반도에 있던 낙랑군(한사군)을 대륙과 일본 사이의 교
량으로 인식하며, 한사군을 통해 일본은 아주 이른 시기부터 중국과
직접 교통했다는 것은 이나바의 설명과 일치한다.

이러한 일치는 히미코 여왕의 금인자수에 대해서도 마찬가지였
다. 낙랑군 당시부터 중국과 직접 교통했기 때문에 중국의 왕조들 역
시 일본을 의식하고 있었으며, 위의 황제 역시 "북방정책"의 일환으

로 히미코에게 금인자수를 내렸다는 것이다. 스에마쓰에 따르면 당시 왜국(倭國)을 비롯하여 공손씨(公孫氏), 고구려는 모두 오와 교통하며 위를 견제하던 상황에서 위는 왜와 평화로운 관계를 맺어 왜를 비롯한 오 및 그와 교통하던 세력들을 견제하고자 했다는 것이다. 이러한 위의 의도가 금인자수로 나타난 것이며, 위의 황제가 왜를 상대로 한 정책은 "해동(海東)에서 왜국의 엄연확호(嚴然確乎)한 존재"를 말해준다는 것이다.[27]

이렇게 이른 시기부터 일본이 동아시아에서 "엄연확호"한 존재감을 드러냈다는 설명은 — 이나바가 그러했던 것처럼 — 일본의 국가 형성 시기를 급격하게 끌어올리는 것은 물론 임나일본부의 창건 시기를 소급하는 것과 곧바로 연결되었다. 스에마쓰는 이미 『한서』 「지리지」의 기사를 근거로 기원 전후의 시기에 일본과 낙랑이 교통했다는 것은 당시의 교통 상황이나 항해술 등을 고려할 때 일본이 반도 남부의 어디인가를 영유하지 않으면 어렵다고 보았다.[28] 즉, 기원 전후 시기에 일본이 대동강 부근의 낙랑군에 도달하기 위해서는 반도 남부 어딘가를 자신의 세력권으로 하여 이를 거쳐 가야만 가능했다는 것이다. 이러한 논리로 스에마쓰는 일본 측의 기록에만 남아 있을 뿐 여러 차례의 실제 조사에서 그 흔적을 전혀 찾을 수 없었던 일본의 반도 남부 경영을 설명하며 일본의 남선 경영은 낙랑과의 교통을 전하는 『한서』의 기사를 근거로 기원전 1세기로 끌어올렸다. 그뿐만 아니라 그는 수·당과 일본의 관계는 '일한관계'의 범위를 벗어난다면서도 수양제의 고구려 공격 이후 고구려가 일본으로 포로를 바친 것과 사이메이 천황(齊明天皇)이 수양제에게 보낸 국서를 근거로 당시 일본은 대외적 자주관념이 발양되어 "사해에 군림하는 제왕으로서 자존적 태도"가 드러난다며[29] 일본사의 위상을 한층 강조했다. 더군다나 스에마쓰는 고구려가 수와 신라를 견제하기 위해 일본에 사신을 보냈던 것과 마찬가지로 발해는 당과 신라를 견제하기 위해 일본에 사신을 보냈으며, 일본은 이를 통해 대당(對唐) 교통을 보조할 수 있었다며,[30] 이나바가 만주사 서술에서만 거론했던 발해와 일본의 관계까지 서술했다.

한편, 고대 이래 에도 막부 말까지의 한일관계를 통사적으로 정리한 나카무라는 고대 한일관계에 대하여 스에마쓰의 저술을 적극 제시하며 동일한 견해를 제시했다. 한일관계사에 대한 나카무라의 통사적 접근에서 특히 눈에 띄는 것은 고려시대 한일관계에 대한 서술이다. 그는 공식적인 교통이 없었던 고려와 일본의 관계를 "원구 (元寇)"라는 한 장을 통해 설명했다. 나카무라는 이 부분의 서술을 위해 먼저 송, 고려, 일본 사이의 무역을 설명했는데, 송·고려 상인들의 대일 교역로는 "흑산도에 이르러 탐라(제주도) 근처로부터 반도 연안으로 들어가, 남하하여 쓰시마(對馬), 이키(壹岐, 壹州)를 경유하여 하카타쓰(博多津)로 들어가서, 다자이후(太宰府)와 교섭"한 것이고, 일본의 상인들 역시 고려나 송으로 나아갈 때 이 항로를 따랐다는 것이다.[31] 이어 그는 원의 고려 공략의 경과를 약술했다. 그런데 쿠빌라이가 즉위한 후 문치(文治)를 내세워 고려 원종을 회유하여 번속으로 삼고 강화도에 머물던 왕을 40여 년 만에 개성으로 환도하도록 해 남송 정벌에 온 힘을 기울였으며, 바로 이 시점에 일본에 통호(通好)를 촉구했다는 것이다. 특히 이 부분의 서술에서 나카무라는, 쿠빌라이가 일본에 보낸 국서를 제시함과 아울러 "몽고가 남송을 토멸하고 지나에 군림하려고 했을 때에는 동방에 당면한 고려 및 우리나라가 남송과의 관계가 밀접한 것을 십분 고려하지 않을 수 없었"기 때문에 오랫동안 고려 공략에 힘을 쏟았던 것이고, 고려 복속과 동시에 일본에 통호를 바랐다고 설명했다. 고려 복속 이후 몽골의 근심은 일본과 통호하지 못한 것 하나가 남았고, 사신을 통해 국서를 보내고 흑산도와 탐라를 장악하여 일본과 송이 교통하는 항로를 시찰했던 것은 이러한 이유 때문이었다며, 당시 일본의 지위가 얼마나 중요했는지를 이를 통해 알 수 있다는 것으로 고려와 일본의 관계에 대한 설명을 마쳤다.[32] 비록 공식적인 것은 아니었지만 매우 번성했던 고려, 송, 일본의 삼각무역에서 시작하여 몽골의 일본초유로 끝맺어지는 고려시대 한일관계에 대한 나카무라의 서술은 한일관계가 아닌 사실상 대륙과 일본의 관계에 대한 것이라 하겠으며, 그 중심은 쿠빌라이의 일본초유에 두어졌다고 하겠다. 일본은 고려 및 송과 활발하게 교류해왔으며, 이러한 일본과 대륙의 교류사 및 교류를 위한 해로를 염두에 두었을 때 흑산도와 탐라를 장악하고 일본에 국서를 보낸 쿠빌라이의 정책과 일본의 위상을 이해할 수 있다는 것이다. 고려시대 한일관계에 대한 나카무라의 이러한 논의 구조는 만선사를 체계화하며 제시한 이나바의 설명과 매우 유사한 것이었다. 이뿐만 아니라 쿠빌라이의 국서를 제시하며 그 형식이 갖는 의미를 설명하는 것 역시 이나바가 만선사의 체계화를 시도하며 그랬던 것과 매우 비슷하다.

이상을 통해 살펴보았을 때 만선사에 대한 이나바의 구상은 적어도 1930년대 중반 스에마쓰나 나카무라로 대변되는 조선사 연구자들에게 공유되고 있었다고 할 수 있을 것이다. 하지만 이나바의 구상이 일방적으로 스에마쓰나 나카무라에게 영향을 끼쳤다고 보기는 어렵다. 물론 이들은 20년 이상의 나이 차이가 있었고, 특히 스에마쓰는 조선사편수회에서의 생활을 이마니시와 이나바라는 "두 선생님" 아래에서 공부하는 "대학원에 들어간 것 같"았으며, 특히 이나바에 대해서는 "나이토 선생의 계통을 이은 (…) 자세랄까 관점이랄까 하는 점에서 특징이 있는 선생"이었다며[33] 자신이 이나바에게서 영향을 받았다고 회고하기도 했다. 또 스에마쓰는 자신의 전공이 아닌 조선시대에 대한 서술에서 주자학으로 "사상의 통일"을 꾀했던 조선시대에 "유교의 예(禮)는 전(全) 사회를 대가족으로 분할하는 것이었고 (…) 국가시험에서 강요되는 주자학설의 교본이 '주자집주(朱子集註)'였던 것처럼 가족에서 유교적인 의식지도(儀式指導)는 주자가 편(編)했다고 하는 '가례'였다"며[34] 조선시대를 이해하는 단초로서 '가례'를 제시했는데, 이 역시 이나바가 1920년대 이래 줄기차게 조선사회의 특징이자 정체의 원인으로 강조하던 부분이다.

하지만 앞에서 살펴보았듯이 이나바 역시 만선사를 체계화하며 제시했던 수 · 당과 고구려의 전쟁에 대한 부분은 당시에 이미 발표되어 있던 스에마쓰의 연구와 유사하다. 그리고 주로 중세 한일관계를 연구했던 나카무라는 『조선사: 국사와 해외사의 교관』을 발간하며 자신의 전공이 아닌 고대 한일관계에 대한 부분은 집필에 나카 미치요(那珂通世, 1851~1908), 시라토리 등의 논의를 참고했는데 "특히 스에마쓰 야스카즈 씨의 『일한관계』를 참조했다"고 밝히며, 그 일독을 권했던 반면,[35] 자신의 서술과 매우 유사한 논의를 이미 펴고 있던 이나바에 대해서는 별다른 언급을 하지 않았다. 그렇다면 이들이 이와 같이 유사한 논의를 전개할 수 있었던 것은, 적어도 조선사편수회라는 같은 공간에서 일상적으로 접하면서 서로 영향을 주고받았기 때문일 것이다. 특히 이나바의 만선사, 고대의 한일관계, 원의 일본 침략을 둘러싼 당시 송, 몽골, 고려, 일본 사이의 관계에 대한 구상을 상당 부분 공유했기 때문일 것이며, 이들이 공유하고 있었던 것은 결국 동아시아에서 일본사의 역사적 위상을 확인하는 것이었다고 할 수 있을 것이다.

2. '만주국사'의 등장과 만선사

앞서 언급했듯이 만주사변 이후 일본 정부 차원의 지원이 이루어지며 만주사에 대한 일본 학계의 관심은 급격히 증가했다. 하지만 일본 학계에서 만주사에 대한 언급은 하루아침에 이루어진 것이 아니라 20세기 초반 이래 이어져왔다. 1장에서 논의하였듯이 러일전쟁 이후 만주에서 이권을 확보하자 일본의 연구자들은 만주사에 대한 연구를 본격화했다. 이러한 양상은 제1차 세계대전 이후까지도 한동안 계속되었다. 제1차 세계대전 이후 워싱턴 회의에서는 중국에서 서구 제국의 이익 균점을 위해 중국의 주권과 영토적 통합성을 존중한다는 결론에 이르렀다. 이에 일본에서는 만주에서 일본의 이권을 보장받기 위한 논의가 일어난 것이다. 특히 교토제대 사학과 교수 야노 진이치(矢野仁一, 1872~1970)는 1920년대 이래로 중국은 국민국가의 3요소 중 하나인 획정된 영토 개념이 없다는 '지나무국경론(支那無國境論)'을 제기하고 이를 바탕으로 만주는 중국의 영토가 아니라며, 워싱턴 체제를 부정하는 논의를 주도했다.[36] 야노는 1930년에 역사적으로 볼 때 만주가 중국의 영토로 귀속된 적이 없었으며, 만주에 중국 세력이 미쳤다 해도 그것은 매우 제한적이었다는 내용의 논문을 발표했다. 이러한 논의는 역사적으로 만주에 대한 중국의 연고권이 없다는 것을 근거로 만주에서 일본의 이권 유지와 확대를 주장하는 것으로 귀결되었다.[37] 이러한 견해가 중국 학자들의 엄청난 반발을 산 것은 물론이다. 하지만 반론은 다른 일본인 역사가들 사이에서도 등장했다. 현실문제에 "공헌"하려는 야노의 열의는 인정한다면서도 근대국가의 영토권이라는 개념을 과거에 적용하는 것에 대한 문제를 제기한 것이다.[38]

특히 과거 만선역사지리조사부에서 이나바와 함께 『만주역사지리』를 담당했으며, 이후 고쿠가쿠인(國學院)대학의 교수로 부임한 마쓰이 히토시는 야노의 논의에 대해 "그 쾌변에 경복"하며 "청조(清朝)가 만주를 특별한 영토로서 지나 내지(內地)와는 별개로 취급한 것은 사실"이지만, 이종족(異種族)인 지배자(만주족)의 "특별한 영토"인 만주와 "지나인의 주지(住地)"를 "일일이 차별해서 취급한다는 것은 실제로 이루어지기 어려"웠을 뿐만 아니라 '지나'라는 말 속에 내포된 중국인의 지역 관념상 만주와 중국이 구분되지 않았음을 이야기했다.[39] 물론 마쓰이 역시 만주에서 일본의 이권 유지와 확대에 적극 동조했다. 마쓰이의 이야기는 만주에 대한 중국의 역사적 연고권을 부정하는 것이 러일전쟁 이후 만주에서 획득한 일본의 이권에 대한 역사적 근거가 될 수 없다는 것이다. 즉, 만주사를 체계화 · 정리하는 것과 일본의 이권 확보라는 현실적인 문제는 서로 다른 차원의 문제이며, 야노와 같이 중국에 대한 만주의 독자성을 이야기하는 것만으로는 만주사를 체계화하여 정리해 낼 수는 없다는 것이다. 실제로 마쓰이는 만주사변과 만주국 건국을 전후해서는 「만주사요령(滿

洲史要領)」이라는 논문을 연재하여 태고에서 현재에 이르는 만주의 역사를 조망하는 가운데 하나의 기준에 입각하여 만주사에 대한 시대구분을 시도했다. 여기서 마쓰이는 "만주사의 본체(本體)"는 "만주에서 한민족(漢民族) 세력의 진퇴소장(進退消長)의 경과"라며, 중국 세력과 동호(東胡)의 충돌이 발생했던 연(燕)의 소왕(昭王)이 즉위한 기원전 311년, 북방 세력에 쫓겨 화남 지방에서 동진(東晉)이 건국된 318년, 당이 멸망한 907년, 명이 등장한 1368년, 청이 건국된 1616년을 기점으로 만주사를 구분했다.[40]

이러한 마쓰이의 논의는 만주사를 한민족(漢民族) 중심으로 파악하여 중국사의 일부로 인식하는 것으로도 보인다. 하지만 마쓰이의 논의는 그러한 것이 아니었다. 그가 만주사의 본체라고 말한 만주에서 한민족 세력의 진퇴는 "만주의 여러 부족과 한민족의 대항관계" 속에서 나타나며, 또 양자의 "대항관계"는 "몽고 방면에서 나타나는 여러 부족 세력"들에 의해 변한다. 때문에 마쓰이가 볼 때 만주사는 "한·만·몽 세 민족 세력 교착의 변천을 설명하는 것"이었으며, "한민족과의 관계를 무시한 채 만몽의 여러 부족만을 구성 요소로 하여 성립할 수는 없"는 것이기도 했다. 이렇게 볼 때 마쓰이의 논의는 만선역사지리조사부 설치를 전후한 시기의 만주사에 대한 시라토리의 논의나 『만주발달사』에서 표명한 이나바의 견해, 즉 몽골, 중국, 만주 방면의 세력을 중심으로 하는 여러 세력들 사이의 경쟁 과정이자 역학관계로 만주의 역사를 정리했던 것과 유사하다.[41] 20세기 이래 일본의 역사학계에서 본격적으로 만주사에 대한 연구를 개시한 이래 만주국 건국을 전후한 시기까지 일본의 역사가들은 만주의 역사를 만주라는 공간에서 벌어진 몽골, 중국, 만주 세력을 중심으로 한 대륙 세력들의 경합 내지 역학관계라는 일종의 지역사로 정리해왔던 것이다.

하지만 만주국의 건국은 새로운 문제를 제기했다. 잘 알려져 있듯이 일본과 독일을 비롯한 몇몇 국가들을 제외하면 국제연맹을 비롯한 대부분의 서구 열강들은 만주국을 인정하지 않았다. 이러한 상황에서 만주국 건국의 역사적 정당성을 대내외적으로 보여줄 필요가 있었다. 특히 주목되는 것은 만주국 건국 직후 수년간 만주사에 대한 통사가 대거 쏟아져 나왔다는 점이다. 1933년 야노의『만주국 역사(滿洲國歷史)』가 발간된 이래 1935년에는 이나바가 과거 자신의 저작을 증보하여『증정(增訂) 만주발달사』를, 히로시마고등사범학교 교수 오이카와 기에몬(及川儀右衛門, 1892~1974)은『만주통사(滿洲通史)』를 발간했다. 또 같은 해 만주사에 대한 통사는 아니지만, 발해사 연구에서 독보적인 위치를 차지했던 경성제대 교수 도리야마 역시 만주사에 대한 자신의 연구들을 수정하여『만선문화사관(滿鮮文化史觀)』으로 묶어냈다. 한편, 야노를 비롯하여 오시부치 하지메(鴛淵一, 1896~1983), 도야마 군지(外山軍治, 1910~1999), 아키사다 지쓰조(秋貞實造, 1904~1999), 오가와 히로토(小川裕人) 등 교토제대를 졸업한 만주사 연구자들은 앞서 언급한 헤이본사의 '세계역사대계' 11권에서 만주사 부분을 맡아 만주사에 대한 통사를 서술했다.[42] 이러한 만주사에 대한 통사는 일본에서만이 아니라 경성과 다롄(大連)에서도 등장했다. 1920년대 초반 이래 조선총독부 고적조사위원으로 재직하며 식민지 조선에서 식민주의 역사학의 확대·대중화를 위해 조직된 조선사학회(朝鮮史學會)를 중심으로 활동한 오하라 도시타케(大原利武)가 서술한『개설 만주사(槪說 滿洲史)』(1933)와 남만주교육회

(南滿洲教育會)에 소속된 뤼순(旅順)과 다롄의 각급 학교 교사들이 집필한 『만주신사(滿洲新史)』(1934) 등이 그것이다. 이렇게 만주국 건국 직후 등장한 만주사에 대한 통사적 접근들은 당시 사회적으로도 만주사에 대한 관심이 매우 높았다는 것과 더불어 만주사 정리의 필요성이 크게 대두했음을 잘 보여준다. 즉, 만주사를 하나의 역사체계로서 정리할 필요가 있었던 것이다. 이렇게 만주국 건국 이후 1930년대 중반까지 대거 등장한 만주사에 대한 통사들은 1940년대 들어서도 종종 등장했다. 이토 요시카즈(伊藤義一)의 『개관 만주사(概觀 滿洲史)』(1942), 도요타 요조(豊田要三)의 『만주사(滿洲史)』(1943) 등이 그것이다. 그뿐만 아니라 이나바 역시 1940년에 『만주국사통론(滿洲國史通論)』을 발간하며 만주사에 대한 통사적 접근을 시도했다.[43]

이렇게 1930년대 중반 만주사에 대한 통사적 접근을 표방한 서적들 가운데 1920년대 이래 줄기차게 만주에서 일본의 이권을 강조해온 야노가 만주국 건국 직후 발간한 『만주국역사』는 서명에서부터 만주의 역사를 만주국사(滿洲國史)로 정리하겠다는 야심이 보인다. 그렇지만 이러한 서명은 서술 내용과 부합하지 않는다. 크게 6장으로 구성된 이 책은 만주국을 승인하지 않았던 국제연맹의 관점과 이에 대한 일본 외무성의 의견서(1장), 만주를 중국의 일부라고 주장하는 중국 학자들의 견해와 이에 대한 반박(2장), 만주국 건국의 의의와 사명(4장), 만주사변의 의미(5장) 및 일본과 중국 두 나라는 상호발전을 위해 만주국의 독립에 협력해야 한다는 주장(6장)을 담은 것으로, 자료집 내지 당대 만주에 대한 시론으로서의 성격이 강하다. 다만 3장 "만주국사경개(滿洲國史梗槪)"는 만주의 역사에 대한 고찰에 해당한다. 그렇지만 이 부분 역시 만주에 중국의 세력이 미치치 못했다는 자신의 과거 논의를 확대한 것으로, 전국시대 이래 삼국의 서진 시대까지 중국 세력은 만주에 세력을 뻗지 못했으며, 남만주에서만 만주 종족과 경합을 벌이는 수준이었고, 원에 이르기까지 만주를 지배했던 것은 만주와 몽골 종족이었다는 것이다.[44] 그나마 당대(唐代) 수십 년간 요하 유역에 안동도호부(安東都護府)를 두었지만, 그 기간 동안 다수의 도독(都督)이나 현령(縣令)은 고구려인이었다는 것이나, 요동과 요서에 대한 명의 지배는 중국의 다른 성(省)과는 달리 군사 근거지로서의 성격이 강했으며, 송화강이나 흑룡강 유역은 중국의 지배 밖에 있었다는 서술은[45] 중국 왕조의 힘이 만주에 미칠 당시에 도 만주의 실질적 지배자는 만주인이었음을 말하는 것이었다. 이러한 서술은 만주에 대해 중국의 연고권은 역사적으로 성립할 수 없다는 것으로, 만주의 주권이 중국에 있다고 본 국제연맹의 결정에 대한 반박이자 중국으로부터 독립적인 만주국의 건국이 역사적으로 타당하다는 것을 주장하는 것이었다. 특히 과거 이나바가 『만주발달사』 에서 만주사의 시작으로 서술했던 전국시대 연(燕)의 진개(秦蓋)가 동호족을 공격한 것을 출발점으로 하여 그 이래로 만주에 중국의 주 권이 미치지 못했다는 서술은 만주사의 시작 이래 만주의 영토적 독 자성을 주장하는 것으로, 고대 이래 '만주국사'가 존재할 수 있는 가 능성을 이야기하는 것이기도 했다.

그렇지만 만주가 중국과는 별개의 독자적인 지역으로 시종했다는 것만으로 중국사와 대별되는 만주사의 체계가 정립되는 것은 아니다. 이러한 한계는 만주국 건국 직후에 등장한 다른 통사들에서도 드러난다. 즉, 만주국 건국 이후로 만주사를 정립해야 할 필요성이 급증한 가운데 성급한 시도들이 속출한 것이다. 사실 1930년대 중반에 등장한 통사들은 만주에서 명멸한 주요 왕조들의 변천을 제시하는 것이 대부분이었다. 특히 경성과 다렌에서 발간된 『개설 만주사』, 『만주신사』 같은 서적은 특히 이러한 경향이 강하다. 이들은 "만주는 상고(上古)에 일찍이 고구려의 영토로, 따라서 우리(일본: 인용자)의 종주권 아래에 있었"고, "발해도 역시 고구려의 예를 따라 일본에 조공했"다며, "현재 만주국을 승인한 우리나라는 이를 지도·개발해야 할 중대한 책임이 있다"[46]거나 "고래(古來) 만몽 지역은 지나 본부와 대립한 특수지역으로, 지나 본부와는 전연 별개의 존재"로, "만몽 3천 년의 역사는 지나사의 일부가 아니며, 만몽 민족의 독자적 발전사로서 설술(說述)"되어야 한다는 것이었다.[47] 이러한 전제 아래 만주와 몽골의 민족들이 건설했던 고구려, 발해, 요, 금, 원, 청으로 이어지는 주요 왕조들의 변천을, 이들의 성장과 국가 건설, 정치제도, 행정조직, 강역 등의 항목에 따라 나열한 것에 그치고 있었다. 때문에 1930년대 중반 당시에도 "기타 최근 간행된 다수의 만주사에 관한 통속적 개설서들은 단지 서물(書物)의 체재(體裁)를 갖추기 위한 것에 지나지 않는다"는 신랄한 비판이 등장하는 한편, "만주사에서도 민족의 흥망성쇠 등의 정치적 제상(諸像)의 연구 성과는 상당히 알려졌지만 다른 여러 기구(機構)에 대해서는 밝혀지지 않았"다며 당시 만주사에 대한 연구가 정치사 이외에는 이루어지지 않았다는 것이 지적되었다.[48]

그런데 만주국 건국 이후 대거 등장한 통사들은 과거 시라토리나 이나바, 마쓰이 등의 만주사 정리 방식, 바로 만주의 역사를 만주라는 지역에서 벌어진 몽골, 만주, 중국 방면의 세력을 중심으로 한 몇몇 세력들의 충돌과 역학관계의 변화 과정으로서 바라보던 것과는 다른 몇 가지 양상을 보였다. 가장 먼저 언급할 수 있는 것은 만주사의 기원을 더 먼 과거에서 찾는 것이었다. 시라토리, 이나바, 마쓰이 같은 이들은 만주사의 시작을 기원전 3세기 연나라 진개의 동호족 정벌로 보았다. 만주를 몇몇 세력의 충돌과 교섭 과정으로 조망한 이들에게 만주와 관련된 세력의 충돌로 역사상 가장 먼저 알려진 사건에서 그 역사의 시작을 찾는 것은 당연한 것이었다. 그렇지만 1930년대 이후 등장한 통사들은 만주사의 시작을 만주에 처음 등장한 민족으로서 숙신(肅愼)을 거론한 뒤 거기에서부터 만주사의 연원을 밝혔다. 이 통사들은 『춘추좌씨전(春秋左氏傳)』, 『상서(尙書)』, 『산해경(山海經)』, 『주서(周書)』, 『사기(史記)』 등의 관련 고기록을 제시하며 전국시대(戰國時代)를 넘어 적어도 주대(周代)부터 만주 일원에 살았던 최초의 민족으로서 숙신의 존재를 확인하고, 수렵민으로서 이들의 문화적 특징을 고시(楛矢)와 석노(石砮)에서 찾았을 뿐만 아니라 고고학적 발굴 성과를 거론하며 숙신을 구석기시대 이래 만주 원주민과 연결 지으며, 만주사의 첫머리에 숙신을 위치 지었다.[49]

한편, 야노는 자신의 저작에서 청조 이전까지 만주와 중국은 기본적으로 "적대관계", "적국관계(敵國關係)"였으며, 만주의 역사적 경과를 만주라는 지역의 지배자였던 만주족과 몽골족을 중심으로 사고하며, 만주가 이들의 영역이었음을 강조했다. 그렇지만 청의 건국 이후로 오히려 만주에 중국의 영향력이 미치게 되었다고 보았다. "만주 정부(滿洲政府)", 즉 청조 성립 이후 "지나는 만주와 함께 청조의 영토가 되었"으며, "청조는 저 지나 영토의 인민을 만주인과 차별하지 않는 태도"를 보였기 때문이다.[50] 물론 청조는 만주를 자신들의 발상지로 중요시했을 뿐만 아니라 만주인(=기인旗人, 기민旗民)의 무력과 생계를 안정시킬 목적으로 만주의 토지를 기지(旗地)로 규정하고 이를 중국인에게 판매하는 것을 금지했다.[51] 하지만 소수의 만주인으로만은 만주를 개발할 수 없었기 때문에 중국인의 만주 이주가 계속되어 "청조의 시대에 오히려 지나(支那) 농민의 평화로운 이주가 시작되어 (만주에) 지나인의 수가 매우 많아"진 결과 만주에서 중국의 색채가 강해지고 "만주의 만주다운 정경은 소실"되며, 그 약화가 초래되었다는 것이다.[52] 이후 청이 아이훈조약과 베이징조약을 연이어 체결하며 러시아에게 만주 일대의 토지를 넘기게 된 것은 바로 그 결과에 해당한다.[53] 비록 『만주국역사』의 주요한 내용은 만주가 중국의 영역이 아니었음을 논의하는 것이지만, 야노는 여기서 중국과 별개였던 만주에 중국적 색채가 입혀지면서 약화되어 러시아로 대변되는 서구 세력에 의해 위기 상황에 빠졌다는 인식을 보였다. 야노는 여기서 더 나아가 만주 정부는 "변벽비루(邊僻鄙陋)한 만주 지방보다 베이징, 톈진과 같이 번화부서(繁華富庶)한 도회(都會)를 마음에 품어, 입으로는 만주는 국가 근본의 중요한 땅[重地]이라고 하면서도 마음은 지나 쪽이 근본"이라고 생각했다고 서술했다.[54] 즉, 만주라는 지역이 중국적 색채를 띠게 된 것을 넘어 청조 자체가 "지나화(支那化)"하여 비참한 말로를 걷게 되었다는 것이다.

"만주다운 정경의 소실"이나 만주의 "지나화"로 인한 몰락을 거론하는 것은 중국과는 다른 만주만의 특성을 포착한 것이기도 했으며, 이러한 만주만의 특성에 대한 서술은 당시 만주사에 대한 통사들에서도 종종 등장한다. 유목을 근간으로 하여 풍부한 "활력"을 보이면서도 "소박"한 문화 양상을 보였던 만주와 몽골 지역 민족들은 중국 문화에 빠져 자신들 본연의 특성을 잃고 쇠약해지는 운명을 반복했다는 것이다.[55] 이렇게 만주에서 명멸했던 이들이 보여준 독특한 민족성과 독자적인 문화에 대한 서술은 1930년대 중반 이래 대거 등장한 만주사에 대한 통사들에서 빠지지 않고 등장했다. 물론 당시에도 만주사 연구가 정치사를 중심으로 이루어졌다는 지적에서도 알 수 있듯이 만주국 건국 이후 등장한 통사들 역시 전쟁·정복으로 대변되는 정치·외교적 사건과 정치·행정과 관련된 제도·조직 등에 관한 사항이 중심 내용을 이루며 서술의 대부분을 차지했다. 그렇지만 1930년대 이후의 통사들은 적은 분량이나마 고구려 이래 만주에 근거한 주요 왕조들의 문화를 서술하는 절(節)을 두거나 그렇지 않더라도 이들의 문화에 대한 서술을 빠뜨리지 않았다. 고구려의 고분 벽화에서 보이는 고구려인들의 고유한 생활풍습, 수장을 '칸'이라 칭하면서 중국과 교섭하며 한풍(漢風)으로 변모하기 이전 고유의 지명에 근거한 왕명, 다신교적 전통 위에 이루어진 동맹(東盟)과 제천의식에 대한 서술은 고대 만주의 최강국으로 중국 왕조와의 전쟁에서 승리를 거두었던 고구려의 문화적 독자성을 보여주는 근거로서 자주 거론되었다. 특히 고구려 이래의 발해, 거란, 여진, 몽골 등에서도 동일하게 나타나는 샤먼교·다령숭배(多靈崇拜)·자연숭배(自然崇拜)는 만주 세력들의 고유한 종교관을 보여주는 것으로 빠지지 않고 등장했다. 그뿐만 아니라 거란의 날발(捺鉢)과 두어연(頭魚宴) 및 원의 쿠릴타이 같은 풍속 역시 유목 생활을 영위하는 만몽 세력들만의 고유한 습속으로 주목되었다. 특히, 여진 고유의 군제(軍制)이자 행정 조직 또는 영작(榮爵)이기도 했던 맹안·모극(猛安·謀克) 및 이른바 "국수보존(國粹保存), 여진중심주의(女眞中心主義)"에 입각하여 여진인 맹안·모극을 우대하고, 여진문자를 보호했던 금(金)의 세종(世宗)

에 대한 상찬은 만주국 건국 이후 등장한 통사들 대부분에서 언급하는 내용이었다.[56] 이러한 서술은 만주를 지배했던 이들이 중국 문화와 구별되는 그들만의 고유한 문화를 가지고 있던 민족임을 드러내는 것이라 하겠다.

특히 만주사변 이후 우연하게도 대거 발견된 거란문자는 만주를 장악했던 이들의 문화적 독자성을 보여주는 증거로서 학계의 비상한 관심을 끌었다. 만주사변 직후, 당시까지 중국의 서책을 통해 4, 5자 정도 전할 뿐이었던 거란문자가 새겨진 비석 20여 개가 우연히 발견된 것이다. 당시 경성제대 교수로 발해를 중심으로 북방 민족을 연구하던 도리야마는 학계의 인사 중에서는 처음으로 1932년 11월 이를 탁본할 기회를 얻게 된다.[57] 도리야마에게 거란문자는 중국 문화와 구별되는 새외 민족 고유의 문화를 보여주는 뚜렷한 증거였다. 그는 거란인들이 한자(漢字)와 구별되는 자신들의 문자를 만들어 사용한 것을 "북방 민족의 동향에서 첫 번째로 중요한 시기를 획(劃)한 사항"이라며 주목했다. 도리야마는 "완전히 한자문화(漢字文化)에서 살았던 북방 민족의 과거에 대해 이 독자의 문자가 창작된 것은 그 문화의 독립성을 주장하는 것"이라며[58] 거란인들의 문자 창작에 높은 의의를 두고 이를 중국 문화에 대한 북방 민족의 문화적 독립이자, 거란문자가 이후 등장하는 만주와 몽골 민족 문자들의 선구라고 평가했다.

만주국 건국 이후 1940년대 초반에 이르는 시기 등장한 만주사에 대한 통사들은 모두 빠짐없이 거란문자를 비롯하여 여진·몽골의 문자에 대해 서술했다.[59] 그중에는, 만몽 민족의 문자는 한자의 영향을 받았으며, 한화(漢化)로 인하여 널리 사용되지는 않았다는 지적도 있었다. 하지만 당시 학계에서 가장 명망 있던 야노를 비롯한 교토제대 출신들에 의해 서술된 통사에서는, 거란문자가 서하(西夏), 여진, 파스파 등의 문자에 영향을 주었다며 높은 가치를 부여했다. 그뿐만 아니라 북방 민족이 사용한 고유 문자의 연원을 찾아 거란 이전으로도 거슬러 올라갔다. 고구려의 왕명·지명·관명은 고유한 것으로, 이는 고구려 당시 "국어"의 존재를 말해주는 것일 뿐만 아니라 발해 역시 고구려의 문화를 계승했기 때문에 고유한 문자가 있었을 것이라고 추측한 것이다. 이처럼 거란문자의 발견은 그것이 만들어진 요대(遼代)를 넘어 고구려 이래 만몽 민족의 고유한 문자 생활에 대한 전망으로 확대되었으며, 이들의 "민족적 자각"을 증명하는 것으로 주목되었다. 즉, 만몽의 민족이 "독자적인 문자로 그 사상을 표현한 것은 단순히 한문화(漢文化)를 모방한 것이 아니라 민족적으로 자각한 결과"로, "금·원 각조의 실록 편찬"은 이들이 민족으로서 자신에 눈뜨고, 스스로를 의식했음을 보여준다는 것이다.[60]

이렇게 볼 때 1930년대 이래 대거 등장한 만주에 대한 통사들은 그저 "서물(書物)의 체제를 갖추기 위한 것에 지나지 않는다"는 비판을 받을 정도로 만주에서 활동했으며, 만주를 장악했던 이들이 일으킨 주요 왕조의 변화를 중심으로 급박하게 서술되었지만, 과거 시라토리나 이나바, 마쓰이 등의 만주사에 대한 조망과 서술, 바로 만주를 몽골, 중국, 만주 방면 세력들의 교착 지역으로 바라보고 만주에서 벌어진 이들 세력 간의 충돌과 경쟁 과정으로 정리하려 했던 것과는 분명한 차이를 보였다. 만주사의 시원을 만주 방면의 세력과 중국 세력의 최초의 충돌 이전으로 거슬러 올라가 만주에 처음 등장한 숙신에서 찾고, 종교나 풍습, 문자로 대변되는 북방 민족만의 고유한 문화를 가지고 있었음을 강조하는 한편, 이들의 독자성이 중국 문화와 접촉하여 상실됨에 따라 그들이 구축했던 왕조 역시 멸망했다는 점을 공통적으로 지적하고 있는 것이다. 이렇게 만주국 건국 이후 대거 등장한 통사들에서 새롭게 등장한 사항들은 과거 만주의 역사를 일종의 지역사에 가까운 형태, 만주라는 지역에서 벌어진 여러 세력의 경합과 충돌 과정으로 정리했던 것과는 다른 것이라 하겠다. 즉 만주국 건국의 역사적 정당성을 드러내야 했던 당시, 과거와 같이 만주의 역사를 여러 세력의 투쟁 지역의 역사로 정리하는 것은 그 시의성이 떨어지는 것이었다. 오히려 만주 최초의 종족인 숙신을 만주사의 시작에서 거론하며, 만주에 거처했던 이들의 고유한 문화를 드러내는 것은 민족사의 양태에 근접한 것으로, 만주국 탄생에 역사적 정당성을 부여할 수 있는 길이었던 것이다.

이러한 양상이 가장 극단적으로 드러난 것은 바로 이나바가 서술한 『만주국사통론』이었다. 조선사편수회에서 『조선사』 편찬이 마무리되자 이나바는 1938년에 개교한 만주건국대학의 교수로 부임했다.[61] 만주건국대학 교수로서 이나바는 1938년과 1939년 두 차례에 걸쳐 만주사에 대한 강의를 진행했으며, 이때 강의 원고를 보충·정리하여 1940년에 『만주국사통론』을 출간했다.[62] 만주국 최고 학부인 건국대학에서, 만주국의 미래를 이끌어갈 만주국 최고의 엘리트들을 대상으로 진행한 강의 내용을 바탕으로 출간된 책이라는 점을 고려할 때, 서명의 "만주국사"는 의미심장하다. 즉, 단순한 만주사가 아닌 만주국의 역사로서 서술된 것이다. 이나바는 책의 서문에서 『만주국사통론』은 과거 자신의 연구를 "만주건국대학의 설립 사명"에 비추어 재배치한 것으로 "현재 만주국에 대한 필수적인 사관(史觀)

표 4-1. 『만주국사통론』의 목차

전편(前編)	1절 사관(史觀)과 정조(情操) / 2절 역사와 지리 / 3절 만주사의 시대구분
본편(本編)	**제1장 민족의 원시(原始)** 1절 숙신 / 2절 부여족 신화 / 3절 동호(東胡)의 패배 / 4절 고조선 / 5절 흉노 / 6절 흉노의 좌완(左腕) 세력 / 7절 한사군문제 / 8절 낙랑군 개설과 일본
	제2장 민족의 성장 1절 부여의 정치와 법속(法俗) / 2절 오환(烏丸) 및 선비(鮮卑) / 3절 고구려의 국가 창성 / 4절 초기의 고구려 / 5절 예·옥저·읍루 / 6절 고구려와 오(吳)의 통교 / 7절 한(漢)과 위(魏)의 외교와 인수(印綬) / 8절 고구려·위의 관계와 일본 / 9절 요서(遼西)에서 모용씨(慕容氏)의 흥기
	제3장 민족의 발전(상) 1절 고구려의 흥기 / 2절 고구려와 수(隋)의 전쟁 및 일본 / 3절 발해국의 창건
	제4장 민족의 발전(중) 1절 거란의 8부(八部) 통합 / 2절 거란인의 생활 / 3절 연운(燕雲) 공략 / 4절 이원체제의 정치 / 5절 요(遼)와 송(宋)의 관계와 여진
	제5장 민족의 발전(하) 1절 금국(金國)의 흥륭 / 2절 여진인의 생활 / 3절 금인(金人)의 송(宋) 공략과 한인(漢人)
	제6장 민족의 신생(新生) 1절 몽고 민족 / 2절 몽고와 고려의 관계 / 3절 원(元)의 만선 통치 / 4절 명(明) 초기 동북 경략 / 5절 일명전쟁(日明戰爭)의 영향
	제7장 민족 발전의 복현(復現) 1절 건주(建州)에서 청(淸) 태조(太祖)의 흥기 / 2절 사르허(薩爾滸)산의 전투 / 3절 청의 제2차 개국 / 4절 베이징 천도 / 5절 강희대제의 중원 평정 / 6절 만주 봉금정책 / 7절 봉금의 파탄
건국 전기 (建國前紀)	1절 아이훈(愛琿) 조약 / 2절 실변(實邊) / 3절 일청전쟁(日淸戰爭)과 그 직후 / 4절 몽고문제 / 5절 일러전쟁(日露戰爭)

을 깨닫게 하려는 데에 치중"했다며, "『만주국사통론』을 통해 사관"
을, "『만주발달사』를 통해서는 사재(史才)를 각기 파악할" 수 있을 것
이라고 밝혔다.[63] 즉, 만주사에 대한 최초의 통사로서 자신이 저술했
던 『만주발달사』와 『만주국사통론』은 동전의 양면처럼 분리될 수 없

표 4-2. 『만주국사통론』에서 이나바가 시도한 만주사의 시대구분

	B.C. 410		1800	1840	1932
민족적 관점	만주 민족 일원 시대 (滿洲民族一元時代)		만주 한족 시대 (滿主漢從時代)	만한 이원 시대 (滿漢二元時代)	현대
생활적 관점	천산물 채집 시대		농경 시대		농공 시대
		1689		1890	
정치적 관점	만주족 본위 시대 (滿洲族 本位時代)	봉금 시대 (封禁時代)	만한 시대 (滿漢時代)	국제 시대 (國際時代)	현대

으며 서로 연결되면서도 후자는 만주국 건국과 만주건국대학이라는 시대적 변화와 요구가 반영되었다는 것이다.[64]

『만주국사통론』은 만주의 시원에서 러일전쟁기까지를 다룬 통사로서 〈표 4-1〉과 같이 구성되었다.

과거 이나바가 서술했던 『만주발달사』가 명·청대에 많은 비중을 할애했던 것에 비해 『만주국사통론』은 각 시대별 분량으로 볼 때 통사로서의 만주사에 보다 근접한 것이라 하겠다. 특히 만주사의 독자적인 역사체계를 수립하고자 했던 이나바의 지향을 잘 보여주는 것은 만주사의 시대구분을 모색한 것이다. 그는 책의 서두에서 "한족 (漢族) 왕조의 경질이 반드시 시대구분의 표준이 되는 것은 아니"라며 중국 왕조들과는 무관하게 만주사만의 시대구분을 각각 민족적, 생활적(경제적), 정치적 관점에서 시도했다(〈표 4-2〉 참조).[65]

관점에 따라 차이가 있지만 대체적으로 19세기 전후, 만주국 건국 전후를 시대구분의 중요한 기점으로 삼고 있는 이 시대구분은 만

주라는 공간 또는 만주에서 활동한 민족을 중심에 두고 만주에 미친한과 러시아로 대변되는 외부 세력의 민족적·경제적·정치적 영향력을 고려한 것이라 하겠다. 그렇지만 『만주국사통론』 역시 이나바자신이 제시한 이러한 시대구분을 완전하게 적용하지 못하고 있다. 이는 당시 중국 왕조들과 분리되는 독자적인 만주사 체제를 지향했지만 여전히 정설로서 합의된 안정적인 만주사 체제가 없는 가운데그 체계화를 모색하던 당시의 연구 상황을 반영하는 것이라 하겠다. 다만 이나바의 시대구분과 『만주국사통론』의 목차를 보았을 때 그가 건국대생들에게 강의했던 것은 민족적 관점에 가까운 것이 아니었을까 한다. 목차에서도 드러나듯이 '민족'을 중심으로 서술하고 있기 때문이다.

당시 중국사와 별개로서 만주사만의 고유한 체계를 수립하고자하는 열망은 중국의 왕조 교체와 무관하게 만주사의 시대구분을 시도한 것과 더불어 "만주 민족(滿洲民族)"이라는 개념을 설정한 것에서도 극명하게 드러난다. 만주에 근거했던 민족이 여러 갈래라는 것은 주지의 사실이며, 이나바 역시 과거 『만주발달사』에서는 개별 종족·민족들을 지칭하며 서술했다. 하지만 『만주국사통론』에서는 만주국 건국 이전 만주국 영토 안에서 활동했던 대표적인 민족으로 숙신·부여·예·맥·한(韓)·오환·선비·말갈·거란·여진·달단·몽골 등을 언급하며, 이들을 일괄해 "만주 민족"이라고 뭉뚱그렸다. 이나바에 따르면, 이들은 "부분적인 차별"은 있지만 "대동소이한 내용"을가진 "동일 민족"으로, 한족(漢族)과는 전혀 다른 계통의 존재이다.[66]

이렇게 한족 이외에 만주에서 발생·성장했거나 만주를 장악·지배했던 민족들 — 당시 만주국 국경 내에 있던 모든 민족 — 을 하나로 아울러 "만주 민족"으로 설정한 이나바는 만주의 역사를 이 "만주 민족"의 소장성쇠의 과정으로 정리하고자 했다.『만주국사통론』목차에서 드러나듯이 만주사를 "민족의 원시", "민족의 성장", "민족의 발전", "민족의 신생" 등과 같은 형태로 서술한 것이다. 이러한 양상은 만주의 역사를 몽골-중국-만주에 근거한 세력들을 중심으로 대륙의 세력들이 만주라는 공간에서 벌인 경쟁 과정과 이들의 역학관계를 중심으로 서술하며 일종의 지역사의 형태로 정리했던 것과는 확연히 다른 것이었다. 즉, '만주국'이 국제사회로부터 인정받지 못한 가운데 그 건국의 필연성과 역사성을 드러낼 필요가 절실했을 뿐만 아니라 '오족협화'를 지향하며 건국된 만주국의 번영을 위해서도 만주국사가 요청되던 당시에 이나바는 만주건국대 학생들에게 마치 단일한 민족의 흥망성쇠 과정 같은, "만주 민족"의 민족사로서 만주사를 강의하고, 서술했던 것이다.

중국사와 구별되는 만주만의 역사적 독자성을 구축하고자 하는 열망은 만주사의 시작을 다루는 이나바의 태도에서도 잘 드러난다. 과거『만주발달사』에서 만주사의 시작은 한족과 동호족의 접촉, 즉 진개의 동호족 공격으로, 이는 대략 기원전 3세기에 해당했다. 이에 비해『만주국사통론』은 숙신에서 시작한다. 이렇게 숙신에서 만주사의 기원을 찾는 것은 앞서 살펴본 만주국 건국 이후 출간된 만주사에 대한 통사들에서도 나타나는 공통점이다. 그런데 이나바는 이에 그치지 않았다. 숙신은 만주를 넘어 산동(山東) 일대에 퍼져 있었으며, "상(商)민족"이자 "동이(東夷)"로서 중국 문화를 창조했다며,[67] "만주 민족"의 유구함과 문화적 능력까지 이야기한 것이다. 이처럼 "만주 민족"의 기원을 숙신에서 찾음으로서 만주사의 기원은 한족의 중국사에 필적할 정도로 소급될 수 있을 뿐만 아니라 문화적으로도 중국 문화가 바로 "만주 민족"의 기원인 숙신에게 빚진 것이 되어버렸다. 이처럼 이나바는 "만주 민족"이 역사적 기원과 문화의 측면에서 한족을 능가함을 역사의 시작부터 제시했다.

이후 이나바는 숙신 이래 부여와 동호, 동호를 꺾은 흉노와 이에 대한 견제로서 한 무제의 위만조선 공략과 한사군의 설치 과정을 "(만주) 민족의 원시"로서 설명했다. 다시 이나바는 400여 년 가량을 넘어와 후한 말 부여, 오환, 선비, 고구려, 발해, 거란, 금, 원, 청으로 이어지는 북방 여러 민족의 경과를 "(만주) 민족의 성장"·"발전"이라는 장에서 서술했다.

한편, 『만주국사통론』에는 『만주발달사』에서와 같은 '만몽불가분'과 같은 선언적 표현은 나타나지 않는다. 하지만 이나바는 여전히 이러한 구도 속에서 만주사를 사고하고 있었다. 하지만 강조점에서는 미묘한 차이를 보였다. 다음은 『만주발달사』에서도 금, 청 등에 모범이 되었다며 중요시한 거란의 흥륭에 대한 『만주국사통론』에서의 서술이다.

> 태조(야율아보기: 인용자)는 이 출정의 처음에 조(詔)를 내려 '양사(兩事)'의 극복을 맹세하였다. '양사'의 하나는 외몽고의 정복을 말하며, 국(國)의 존재를 굳게 하기 위해서는 조복(阻卜, 몽골 고원에 살던 여러 부: 인용자)의 제국(諸國)을 정복해야 한다고 강조하였고, 이를 단행한 것이다. (…) '양사'의 다른 하나는 무엇인가? 그것은 발해 평정이었다. 태조는 이미 흑룡강 상류를 차지하고, 요동을 취했으며, 요동 고성(故城)에 동평군(東平郡)을 두었지만 아직 본국(발해: 인용자)

을 공취하기에 이르지 않았다. (…) 외몽고 원정에서 돌아온 태조는 '소위 '양사'의 하나를 이미 마쳤으나 오직 발해는 대대로 원수이나 같지 못했으니 어찌 편안하겠는가'라며 병(兵)을 일으켰다.[68]

이에 따르면 요가 성장할 수 있었던 것은 태조가 몽골 방면의 조복(阻卜)은 물론 만주 방면의 발해를 아울러 토벌했기 때문이다. 즉, 거란의 아보기가 만주와 몽골 양측을 모두 제압하여 국가의 기틀을 공고히 했다는 서술은 만몽불가분이라는 이나바의 지론에 입각한 것이었다. 이나바는 이렇게 만주 방면에서 국가의 발전을 위해 몽골 방면을 아울러야 한다는 것은 이후 청대에도 나타난다며 청 태종의 링단 칸(Lingdan Khan, 林丹汗) 토벌에 대해 "만주의 발전을 위해 내몽고를 거두어 어루만지며 포용하려 한 것은 절대적으로 필요"했고, 이는 "거란이 남긴 모범을 승계한 것"이라고 평했을 뿐만 아니라 이후 강희제가 준가르를 친정하여 몽골을 번속화하는 과정을 자세히 서술했다.[69] 즉, 만주와 몽골 양 방면을 모두 지배하는 것이 "만주 민족"의 발전을 위한 전제조건이라면서, 이를 실현한 거란의 태조, 청 태조, 강희제 등을 부각하면서도, 만주와 몽골을 함께 장악한 이들의 치적을 "승계"라고 표현하여, 마치 같은 민족 안에서의 계승처럼 비추어지게 제시한 것이다. 이는 과거 이나바가 강조했던 '만몽불가분'이라는 구상과 상통하는 것이다. 하지만 이는 만몽의 일체화 또는 만주-중국-몽골 등 여러 세력의 밀접한 관계라는 양의적 의미의 '만몽불가분'에서 전자의 의미, 즉 바로 만몽의 일체화를 보다 부각한 것이라 하겠다.

한편, 『만주국사통론』에서는 다른 만주사에 대한 통사들이 그러했듯이 만주에 거주했던 민족들의 고유문화를 강조했다. 다만 차이가 있다면 이를 "만주 민족"의 것으로 부각했다는 점이다. 앞서 언급했듯이 이나바는 "만주 민족"의 기원을 숙신에 두며, 이들이 중국 문화의 창조자라며 그 문화적 역량까지도 강조했다. 이후 이나바는 "만주 민족"의 역사적 전개를 서술하며 "만주 민족"의 고유한 문화에 대해 반복적으로 언급하며, 그 의미를 부각했다.

그 시작은 고구려였다. 이나바는 고구려 28개의 왕명은 중국식이 아닌 고구려 고유의 명칭이었고, 지명 역시 고구려 고유 명칭을 선호했다며, 이를 "고구려의 국어 존중이자 국민 의식의 표현"으로서 "수준 높은 지나 문화의 내습(來襲)에 대한 저항"이자 "우리 만주 역사의 찬란한 빛"이라고 격찬했다.[70] 또 발해에 대해서도 『구당서(舊唐書)』에 근거하여 이미 독자적인 문자를 창조했으며, 이는 고구려 문화가 이식된 결과로 만주 고대 문자 창조의 선구자라고 평가했다.[71]

이렇게 확인되지 않은 고구려의 국어와 발해의 문자를 통해 고대 "만주 민족"의 고유문화를 상찬하는 것은 그 문자의 실체가 확인된 거란, 여진에 대한 서술에서 더욱 풍부해진다. 위에서 언급했듯이, 이나바는 거란의 태조가 외몽골과 발해를 평정하여 만몽을 아우른 것을 강조했다. 그렇지만 이나바는 태조의 위대함은 이러한 정복사업만이 아니라 고유의 거란문자를 제작·공포한 것에도 있다며, 이를 특기했다. 또 요의 정치적 발전을 서술함과 아울러 한문화(漢文化)와 구별되는 거란의 고유문화로서 계절별로 이루어지는 날발(捺鉢, 계절에 따른 일종의 순행)과 두어연(頭魚宴, 봄에 수렵과 함께 이루어지는 연회) 같은 유목 생활의 전통, 또 거란의 국속(國俗) 보존을 주장했던 태조의 처 술율 씨에 대해서도 상술했다.[72] 이렇듯 "만주 민족"의 정치적 발전과 나란히 그들 고유의 문자·문화에 대한 강조는 여진(금, 청)에 대한 서술에서도 이어졌다. 이나바는 금나라 초기 구들, 흰옷, 변발 같은 한족과 다른 여진인만의 소박한 생활 풍습, 국자(國字, 여진 대소자)의 시행과 이를 사용한 서적의 간행에 주목하였다. 그뿐만 아니라 과거 도리야마가 "국수보존(國粹保存), 여진중심주의(女眞中心主義)"에 입각한 정책을 펼쳤다고 평가했던 세종을 극찬했다. 세종은 국어를 장려하고 여진어 노래를 부르게 하며 중국식 성[漢姓]의 사용을 금지하는 한편, 과거 유목시대의 의식을 부활시켜 여진족의 고유한 문화를 보존하고자 했기 때문이다.[73] 또 이나바는 청 태종이 내몽골을 경략하고 조선을 정벌하는 와중에도 신하들에게『금사(金史)』「세종본기(世宗本紀)」를 읽힌 일화를 특별히 소개하였다.[74] 이러한 서술 역시 "만주 민족"만의 고유문화의 존재와 그 보존의 필요성을 강조하기 위해서였던 것은 분명해 보인다. 이렇게 이나바는 "만주 민족"만의 문자, 고유한 생활풍속, 또 이를 보존하기 위한 노력들을 반복적으로 제시하여 한민족, 한문화와 별개로 존재했던 "만주 민족"의 문화적 독자성, 곧 "만주 민족"만의 국수(國粹)를 강조했다.

이상에서 살펴보았듯이 이나바는『만주국사통론』을 통해 "만주 민족"을 제시하여 만주와 몽골이 민족적 차원에서 하나라 할 수 있으며, 거란과 청의 정복사업에 대한 서술을 통해 정치적 차원에서도 하나가 되어야 국가 발전의 기틀이 이루어진다는 것을 드러냈다. 이와 함께 한족과 대립하는 "만주 민족"의 기원을 중국 민족에 필적할 수 있는 숙신에서 찾는 한편, 한문화와는 별개인 "만주 민족"만의 고유문화를 강조했다. 즉, "향락적"이고 "사치"스러운 한문화에 대립하는 "소박"·"순박"하고 "검소"한 "만주 민족"의 국수를 강조하며, 유구한 문화적 독자성을 지닌 문화적 실체로서 "만주 민족"을 위치 지은 것이다.

한편, 이나바는 당시 만주국 내에 있던 여러 민족 위에 "만주 민족"이라는 외피를 덧씌운 가운데 1930년대 만주사 연구에서 제시했던 것처럼 만주사의 기원을 더 먼 과거로 끌어올리고 만주에 거주했던 민족들의 고유문화를 강조했다. 그렇지만 이렇게 다른 통사들에서 강조했던 사항들을 공유하면서도 자신이 과거부터 강조했던 '만몽불가분'의 구상 가운데 만몽이 일체화되는 국면을 부각했다는 점은『만주국사통론』만의 특징이라 하겠다.

이 밖에도『만주국사통론』만의 특징이 또 한 가지 있다. 바로 만주와 일본의 관계를 부각한 것이다. 물론 1930년대 이후 출간된 만주사에 대한 통사들 역시 만주와 일본의 관계를 서술했지만 그것은 주로 발해를 다루는 부분에 국한되었다. 하지만 이나바는 발해와 일본의 관계를 넘어 만주와 일본의 관계를 강조했으며, 이 부분의 서술에 있어서는 과거 자신이 체계화를 시도한 만선사의 구상을 그대로 가져왔다. 위만조선의 멸망과 한사군의 설치를 과거 자신의 설명 방식 그대로『만주국사통론』에서 반복한 이나바는 히미코의 금인자수, 수·당과 고구려의 전쟁 및 쇼토쿠 태자의 외교, 쿠빌라이의 일본초유 등을 만주사의 일부로 끌어들였음은 물론 더욱 먼 과거로 거슬러 올라가 만주와 일본의 유사성을 모색했다. 그는 부여와 일본 신화에 나타나는 감생설(感生說)을 바탕으로 만주와 일본의 관련성을 한사군 이전으로 설정한 것이다.[75] 이후 이나바는 한사군의 설치와 함께 진행된 일본의 대륙문화 섭취 및 대륙과의 소통은 3세기 전반 대방군을 매개로 위(魏)와 일본의 사신 교환(위로부터 친위왜왕親魏倭王

의 조서와 금인자수金印紫綬),[76] 다시 고구려와의 전쟁을 앞둔 수와 쇼토쿠 태자 사이의 외교[77]로 설명했다. 이를 통해 이나바는 "일만관계(日滿關係)의 역사와 동아시아 대륙에 있어 일본의 지위는 명백해졌다"고 자부했다. 이러한 설명이 쿠빌라이의 일본초유와 몽골의 탐라 경영으로 연결되는 것 역시 과거 만선사의 체계를 서술할 때와 동일했던 것은 물론이다.[78] 특히 『만주국사통론』에서 이나바는 과거 임진왜란과 관련하여 그저 가토 기요마사의 만주 진군을 이야기한다거나, 임진왜란의 결과 청이 흥기할 수 있었다는 것에 그쳤던 서술을 벽제관 전투에 대한 내용을 보충해 강화했다. "일본과 명 쌍방이 의식하지 못한 새로운 정세", 바로 청의 흥기가 벽제관 전투에서 발생했다는 것이다. 즉, 요동의 이성량(李成梁, 1526~1615)의 위세와 명망은 벽제관에서 일본군이 이성량의 아들 이여송(李如松, 1549~1598)의 군대를 무찌름으로서 완전히 폭락했고, 이 사건의 영향으로 만주의 여진인들이 여진인이 아닌 금나라의 후손으로 일어서야 한다는 복고적 자각을 하게 되어 건국에 나서게 되었다는 것이다.[79] 이는 16세기 말이라는 시점에 명(중국)에 대한 일본의 승리가 여진족에게 새로운 국가(후금·청) 건설을 위한 자각을 불러일으켰다는 것으로 20세기 만주국의 건국과 묘하게 겹쳐진다.

이상에서 살펴보았듯이 이나바는 만주국 건국 이후 등장했던 만주사에 대한 통사들과 마찬가지로 민족적·문화적 측면에서 만주의 독자성을 상정하고 만주의 역사를 서술함은 물론 이를 "만주 민족"의 역사로 정리했다. 그는 "만주 민족"만의 독자성을 그들만의 문자, 유목생활 전통 등을 통해 확인하고자 했으며, 이를 유지·발전시키는 것이 "만주 민족"의 미래를 기약하는 길임을 보여주고자 했다. 이 과정에서 이나바는 만몽이 일체화되었던 역사적 국면을 강조했다. 이는 그가 연구 초기부터 지론으로 삼았던 만몽불가분과 관련된 것이었다. 다만 이전에는 몽골–중국–만주 방면의 세력이 시소와 같은 양상으로 관계를 맺던 국면에 방점을 두었다면 『만주국사통론』에서 과거에는 강조하지 않던, 만몽 어느 한쪽에서 강력한 세력이 등장하여 만몽을 아우른 시점을 부각했다는 차이가 있다. 특히 이나바가 이러한 내용을 강의하던 1939년에는 만주국과 몽골의 국경에서 일본군·만주국군과 소련군·몽골군 사이에 치열한 전투(노몬한 전투)가 벌어지고 있었다. 이러한 때에 만주와 몽골을 아우른 거란의 태조와 청 태종, 강희제는 건국된 지 얼마 되지 않은 신생 국가 만주국이 주목해야 하는 역사적 선례로서 만주와 몽골을 함께 아울러야 한다는 것을 웅변하는 것이기도 했다.

이렇게 만주사를 민족사의 형태로 정리하는 과정에서 '만몽불가분', '만선불가분' 내지 '만선일가' 같은 표현은 더 이상 등장하지 않았다. 하지만 그가 만선사를 체계화하며 그 한 축으로 삼았던 대륙과 일본의 관계, 바로 한사군 설치와 일본의 개국, 히미코 여왕과 위의 관계, 수와 일본의 관계를 보여주는 쇼토쿠 태자의 외교, 쿠빌라이의 남송 정벌과 일본에 대한 초유, 임진왜란과 청조의 등장 등의 사항들은 만주와 일본의 관계라는 측면에서 만주사를 설명하는 주요한 사실로서 등장했다. 즉, 대륙과 일본의 관계를 조명하고 이를 통해 일본사의 위상을 부각했던 것은 '만주발달사', '만선사', '만주국사' 서술의 중요한 한 축으로서, 연구자로서 이나바의 평생에 변치 않는 사항이었다.

동아시아의 역사적 전개와
일본사의 위상

20세기 접어들어 식민지기를 거치는 동안 '만선', '만선사'라는 용어는 쉽게 찾아볼 수 있는 것이었다. 하지만 만선사라는 이름으로 연구가 이루어지던 당시에도 만선사의 범위나 정의는 내려지지 않은 채 만주사, 조선사, 한일관계사, 중일관계사, 만주와 일본의 관계 등 다종·다양한 분야의 연구가 '만선사'라는 이름 아래에서 이루어졌다. 그러다 보니 만선사라는 이름 아래에서 이루어진 연구들, 또는 현재 통상적으로 만선사학자라고 지칭하는 역사학자들의 연구들이 그려낸 역사상에 대해 알려진 것은 그다지 없었으며, '만선사'라는 용어의 정의 역시 모호했다.

이는 만선사의 체계화를 시도한 유일한 연구자였던 이나바 이와키치의 연구 과정에서도 드러난다. 만주사를 연구하며 연구자의 길로 들어선 이나바 역시 때에 따라 만주사는 물론 조선사, 일본사, 한

중관계사, 한일관계사 등을 연구했다. 이렇게 볼 때 만선사라는 용어가 의미하는 바는 시기에 따라서 또는 화자에 따라서 달라질 수 있는 것이었다.

이나바는 유일하게 만선사의 체계화를 시도했으며, 말년에 자신이 걸어온 연구 인생을 "만선사 연구 과정"이라고 정리했지만, 그의 연구 이력을 따라 그의 저작들을 읽어보면 그 역시 만주사, 조선사, 일본사, 한중관계사, 한일관계사, 한만관계사로 분류될 수 있는 다양한 주제의 연구를 진행하는 가운데 만선사의 체계화를 시도했다는 것을 알 수 있다.

이 과정에서 그는 다른 연구자들과 관심을 공유하고, 때론 대립각을 세우기도 했다. 그뿐만 아니라 자신이 제시했던 과거의 견해를 은근슬쩍 부정하기도 했으며, 다른 연구자들의 연구를 자신의 구상으로 끌어와 재조립하기도 했다. 이러한 과정을 거쳐 1930년대 들어 이나바는 역사학자 가운데 처음이자 마지막으로, 개략적이나마 만선사의 체계화를 시도했다. 또 이후에도 자신이 정리한 만선사의 체계를 조금씩 보충하며 자신의 구상을 유지하는 가운데 조선사와 만주사에 대한 통사를 서술하며 생을 마감했다고 하겠다.

이렇게 보면 1933년 만선사의 체계화 이전까지 이나바는 만주사에 대한 관심을 조선으로 확장하는 한편, 조선사를 연구해온 다른 학자들을 비판하고, 그들과 대립하며 만선사에 대한 기본적인 조망만을 제시할 뿐이었다. 이나바는 아직 자신이 조선사에 대해 주장한 '만선불가분'이나 조선사를 흉노(몽골), 한(漢, 중국), 동호계 민족 삼자 사이의 관계로 설명하지는 못했다. 그렇지만 이 과정에서 자신보다 앞서 조선사를 연구해온, 이마니시로 대변되는 기성의 조선사 연구를 비판했다. 특히 조선의 역사를 이해하기 위한 첫 번째 고려 요소로서 "대륙의 영향이 절대적인 반도라는 토지"를 꼽으면서, 이마니시 등과 확연한 차이를 보여주었다. 조선사에 대한 이러한 접근은 향후 만선사의 체계화를 시도하면서 고구려의 멸망 이후로 만선분리의 경향이 강해짐에 따라 통일신라 이후의 조선사를 반도에 한정시킨 채 대륙의 세력들에 조종되며, 중국 문화에 정복당한 정체된 역사로 평가하게 될 것을 예고하는 것이기도 했다. 하지만 1920년대까지는 자신의 구상에 대해 선언적으로 주장할 뿐 이에 입각한 역사서술을 하지는 못하고 있었다. 여전히 그는 삼자관계가 아닌, 그렇다고 만선불가분을 보여주는 것도 아닌, 오직 한중관계의 차원에서 위만조선과 한(漢)을 중심으로 한사군 설치를 이야기했으며, 수·당과 고구려의 전쟁 역시 중국과 고구려의 양자관계로만 바라보았다. 오히려 그때까지 이나바의 논의에서 주목되는 것은 조선사에 대한 사회사적 접근이었으며, 이를 통해 조선사의 특징으로 "정체"를 꼽고 그 원인을 제시하는 것이었다.

식민지기 일본인 연구자들이 조선사의 특징으로 "정체"를 꼽는 것은 흔한 일이었지만 그 원인을 제시하는 경우는 드물었다. 조선사의 '정체' 원인에 대해 이나바는 송대 이후 북방 민족이 강성해지자 중국이 이들을 견제하기 위해 반도의 왕조를 회유한 결과 중국 문화가 조선을 장악했으며, 특히 성리학과 가례(家禮)가 유입된 이래 조선인들이 이를 묵수했기 때문이라고 주장했다. 이는 향후 그가 정리했던 만선사 체계 ─ 만몽에서 일어나 만주를 장악한 세력과 중국 세력 사이의 반도 ─ 안에서의 조선사의 모습을 예고하는 것이자, 당시 식민주의 역사학자들의 공통점인 조선사의 정체에 대한 만선사적 설명이라 할 만한 것이었다.

1933년에 체계화된 만선사의 구도는 만선의 역사를 삼자구도 속에서 바라보는 것이었다. 이러한 삼자구도는 고구려 멸망을 기점으로 양분되는데, 고구려 멸망 이전은 몽골 · 중국(漢民族) · 만주(동호계 민족) 방면의 세력, 멸망 이후에는 만몽에서 일어나 만주를 장악한 세력 · 중국(한민족) · 반도라는 삼자 간의 역학관계가 그것이다.

고구려 멸망 이전 만선의 역사적 전개에서 주요한 국면으로 거론된 것은 한사군의 설치, 위의 고구려 공략, 수 · 당과 고구려의 전쟁이었다. 이 사건들은 몽골 방면의 세력 강화에 따른 그 좌완인 만선 방면을 견제한 중국 왕조의 침략이었다고 해석되었다. 이는 이나바 자신이 『만주발달사』에서 몽골-중국-만주 방면의 세력 사이의 역학관계로 정리했던 만주사에 대한 구상과 동일한 것이었다. 다만 과거 만주 방면의 세력이 만선 또는 고구려로 바뀌었을 뿐이었다. 하지만 이것 역시 만몽과 조선의 불가분성을 이야기하며 역사적으로 볼 때 압록강은 경계로서 의미가 없으며 대동강 이북까지는 만주의 색채가 강한 지역이라고 했던 이나바에게는 차이로서 인식되지 않았을 것이다.

그런데 이나바의 이러한 설명은 조선에 부임한 이후 본격적으로 조선사에 대한 글을 발표하며 한사군 설치나 수와 고구려의 전쟁을 중국과 조선과의 관계만으로 보았던 과거 자신의 견해를 부정하는 것이었다. 또 한사군의 설치에 대해서는 시라토리가, 수와 고구려의 전쟁에 관해서는 스에마쓰가 비슷한 견해를 제시하기도 했다. 즉, 고구려가 존재하던 시기에 대하여 이나바가 체계화한 만선사는 조선에 부임한 이후 중국과 조선의 양자관계로만 바라보았던 한사군의 설치와 수·당과 고구려의 전쟁에 대한 자신의 견해를 은근슬쩍 부정하는 한편, 몽골(몽골계 민족)-중국(한민족)-만주(동호계 민족) 사이의 역학관계를 바탕으로 정리했던 만주사에 대한 구상을 몽골·중국·만선(고구려)의 삼자관계로 치환하고, 이에 부합하는 시리토리와 스에마쓰 등의 견해를 만선사라는 이름 아래에서 재조립·연결한 것이라고 하겠다.

하지만 이나바는 고구려가 멸망하고 거란의 대두 이후 북방의 민족이 강성해짐에 따라 역사는 "갑작스럽게 별개의 방향", 바로 만선분리의 경향으로 흘러가게 되었다고 보았다. 고구려 멸망 이후로 조선은 대동강 이북으로 넘어오지 못한 채 반도에 갇혀버렸다. 그뿐만 아니라 거란이 강성해진 이후 연이어 등장하는 북방의 세력들은 만주를 장악했다. 이러한 가운데 송은 물론 거란·여진 등 만주 방면의 세력들은 서로를 견제하기 위해 반도를 회유/침략해왔다는 것이다. 즉, 고구려 멸망 이후 만선사의 구도는 만선이 분리되는 가운데 만몽에서 일어나 만주를 장악한 세력·중국 왕조·반도의 삼자구도 속에서 만주와 조선의 역사를 바라보는 것이었다. 이때 반도는 만주와 중국 세력들이 서로 견제를 위해 회유 또는 침략의 대상으로서만, 즉 타율적인 존재로 위치 지어졌다. 특히 송 이래 중국 왕조들은 만주 방면의 세력을 견제하기 위해 반도를 회유했을 뿐만 아니라 자신들의 문화를 반도에 이식했다. 그 과정에서 반도에 유입된 성리학은 만주 방면의 세력을 폄훼하여 만선분리 경향을 강화했으며, 가례는 조선 사회를 가족이라는 테두리에 가두어버려 결국 조선의 역사가 정체에서 벗어날 수 없게 되었다는 것이다.

바로 이 지점에서 1920년대 이래 이나바가 제시했던 조선의 정체와 그 원인 — 송 이후 이이제이의 외교수단이 강화되고 성리학-가례가 반도에 이식되었다는 것 — 에 대한 설명은 만선사 체계 속에 안착할 수 있게 된다. 조선의 정체에 대한 그의 생각은 이후 조선사에 대한 통사를 저술할 때 더욱 강화된다. 그뿐만 아니라 고구려 멸망으로 만선이 분리된 이후 반도의 왕조들은 서로를 견제하기 위해 반도에 침략/교섭했던 중국 세력과 만주를 장악한 세력의 안색을 살피게 되면서 사대의 특성을 띠게 된다고 보았다. 더군다나 1935년 조선사에 대한 통사를 서술하며 조선시대의 정치를 '귀족정치'의 색채를 벗어나지 못했다고 평가하는 한편, 명의 법과 제도들을 모방하면서도 귀족-관료들이 서로 견제할 수 있도록 하는 제도적 장치를 두어서 당쟁이 일어났다고 설명했다. 즉, 식민주의 역사학자들이 조선의 역사적 특성으로 꼽았던 정체, 사대, 당쟁 등의 원인을 만선사의 체계에서 만선분리의 경향이 강화되고, 이를 부추겼던 중국의 반도에 대한 외교와 성리학과 가례로 대변되는 문화 이식의 결과라고 설명한 것이다.

하지만 이나바가 구상한 만선사는 여기서 끝이 아니었다. 1910년대 만주사를 서술할 때에도 이나바는 만주사의 완성은 몽골-중국-만주의 역학관계, 이들 세 세력을 비롯한 대륙의 민족들이 만주에 미친 영향을 고려한 위에 다시 이들과 일본의 관계까지를 고려한 것이라고 정의했으며, 1920년대 조선에 부임하여 『조선사』 편찬 업무를 처리하며 주로 조선의 역사에 대한 논고를 발표할 때에도 대륙과 일본의 역사적 관계에 대한 연구를 종종 발표했다. 이렇게 시종일관 관심을 보였던 대륙과 일본의 관계에 대한 사항들은 1930년대 들어 만선사의 체계화를 시도할 때 정제되어 만선사의 한 축을 이루었다. 즉, 이나바의 연구 과정에서 시종일관 변치 않던 그의 관심은 만주 또는 만선으로 대변되는 대륙의 역사적 전개와 더불어 대륙과 일본의 관계를 해명하는 것이었다. 특히 대륙과 일본의 관계를 설명하여 동아시아라는 무대에서 일본의 위상을 드러내는 것은 그의 연구가 진전됨에 따라 꾸준히 강화·정리되었다. 1910년대 한사군의 설치가 일본에서도 국가 성립의 계기였다며 일본에서 국가의 성립 시점을 끌어올렸던 이나바는 1920년대 들어 그와 쌍을 이루는 임나일본부의 출현 시기도 소급했을 뿐만 아니라 수와 고구려의 전쟁 당시 쇼토쿠 태자의 외교, 원의 일본초유, 왜구의 발생과 영향, 임진왜란과 청의 흥기 등을 통해 대륙과 일본의 역사적 관련성을 제시했다.

이러한 대륙과 일본의 관계에 대한 이나바의 구상들은 만선사의 체계화 과정에서 정교하게 다듬어졌다. 그는 만선사의 체계화를 시도하는 논문의 첫머리에 쇼토쿠 태자를 언급함은 물론 고대 중국과 일본의 오래된 교통 및 일본사의 위상을 보여주는 사건으로 위(魏)에서 히미코 여왕에게 금인자수를 보낸 일과 남송 정벌을 위한 쿠빌라이의 조치들 — 흑산도 일대를 조사하고, 탐라를 장악하며, 일본으로 국서를 보낸 것 — 을 제시했다. 그뿐만 아니라 임진왜란의 결과 만주에 대한 명의 견제력이 현격히 약화되었음은 물론 명의 지나친 재정 지출로 인해 청이 일어설 수 있었다고 서술했다. 특히 일본에서 국가 형성 시기를 끌어올리고 중일관계의 역사를 소급하는 데 중요한 한사군의 설치나 대륙에 대해 수동적이었던 일본 외교의 방향을 대륙을 향하는 것으로 바꾼 쇼토쿠 태자와 관계된 수와 고구려의 전쟁은 이나바가 만선사를 체계화하며 대륙 세력, 바로 몽골-중국-만선의 역학관계의 기본 방향을 보여주는 것으로, 특필된 내용들이다.

대륙의 운동력은 일본인들의 인식 여부와 무관하게 일본과 관련되어 있다는 것이 이나바의 생각이었다. 이러한 선상에서 이나바는 원의 일본 정벌과 임진왜란과 관련된 사항을 더했으며, 이후 일본 해적 (왜구)에 대한 서술을 통해 원의 일본 정벌 이후에도 일본은 대륙에 지속적으로 영향을 미쳤다는 것을 보여주고자 했다. 즉, 만선사는 만주와 조선 및 중국을 포함한 대륙 세력들의 상관성과 역학관계를 이야기하는 것에 그치지 않고 일본을 포함한 동아시아를 대상으로 하는 것이었으며, 대륙과 일본의 관계는 이러한 만선사를 구성하는 주요한 축이자 종착지였다.

이나바가 만선사를 체계화하며 제시했던 사항들, 특히 대륙과 일본의 관계를 통해 일본사의 위상을 드러내는 것은 당시 조선사편수회에서 함께 근무하던 스에마쓰나 나카무라의 연구에서도 반복된다. 이와 같이 유사한 논의를 전개할 수 있었던 것은, 적어도 이들이 조선사편수회라는 같은 공간에서 일상적으로 접하면서 서로 영향을 주고받으며, 이나바의 만선사, 고대의 한일관계, 원의 일본 정벌을 둘러싼 당시 송, 몽골, 고려, 일본의 관계에 대한 구상을 공유했기 때문이었을 것이다.

한편, 만주국 건국 이후 일본의 학계에서는 만주사 연구 붐이 일었으며 만주사에 대한 통사들이 대거 등장했다. 『조선사』 편찬이 완료된 이후 만주건국대학 교수로 부임했던 이나바 역시 당시 강의록을 바탕으로 『만주국사통론』이라는 만주사에 대한 통사를 서술했다.

이나바가 연구 초기 명·청대를 중심으로 한 만주사에 대한 통사 『만주발달사』를 서술하고, 말년에 『만주국사통론』를 발간한 것을 보면, 그의 연구는 만주사 서술로 수미일관했다고도 할 수 있을 것이다. 하지만 『만주국사통론』에서 드러난 만주사에 대한 그의 전망은 연구 초기와는 상이했다. 여기서 이나바는 만주사의 기원을 숙신으로 소급하고 종교, 유목 생활에서 연유하는 풍습, 문자로 대변되는 북방 민족의 고유문화 등을 서술했다. 이러한 양상은 1930년대 이후 대거 등장했던 만주사에 대한 통사들도 마찬가지였으며, 이나바 역시 다른 연구자들과 관심을 공유했다고 하겠다. 그렇지만 이나바는 여기서 한 걸음 더 나아갔다. 중국(한족)과 구별되는 만주만의 특징을 바탕으로 한족이 아니면서 만주에 거처했던 이들을 모두 "만주 민족"으로 포괄하며, 이 "만주 민족"의 변천 과정으로 만주사를 정리했다. 즉, 만주사를 만주라는 공간에서 벌어진 몽골, 중국, 만주 방면 세력들의 투쟁 과정이라며, 일종의 지역사로서 바라보던 시각에서 "만주 민족"의 소장성쇠라는, 마치 민족사의 전개 과정을 방불케 하는 형태로 전환하여 서술한 것이다. 이러한 시각의 전환과 더불어 이나바는 양의적이었던 '만몽불가분'에서 유독 만몽의 일체화를 보여줄 수 있는 역사적 국면을 부각했다. 즉 만주와 몽골 방면을 함께 장악했던 거란의 태조, 청 태조, 강희제의 정복 활동을 "만주 민족"의 발전을 위한 전제라며 자세히 제시한 것이다. 이와 같이 만주사를 여러 세력들이 경쟁하는 지역의 역사가 아닌 "만주 민족"이라는 민족의 역사로 서술하며, 중국 문화와 구별되는 이들만의 독자적인 문화와 민족성을 강조한 것, 또 만주의 발전을 위해서는 만주만이 아니라 몽골 방면을 동시에 장악해야 한다고 역설하는 것은 국제사회로부터 인정받지 못했던 만주국 건국의 역사적 필연성을 강변하는 것이었음은 물론 '오족협화'라는 만주국의 건국 이념에 대한 선전이었을 뿐만 아니라 만주국과 몽골의 국경에서 소련군·몽골군과 한창 전쟁을 벌이던 당시의 상황을 역사적으로 합리화하는 것이기도 했다. 하지만 이러한 만주사의 서술에서도 이나바는 변함없이 대륙과 일본의 역사적 관계를 드러냈다. 즉, 만선사를 체계화하는 과정에서 정교하게 다듬었으며, 그 직후 보완했던 대륙과 일본의 관계에 대한 모든 사항들, 바로 한사군의 설치와 일본, 위와 히미코의 관계, 쇼토쿠 태자의 외교, 쿠빌라이의 일본초유, 왜구, 임진왜란이 대륙에 미친 영향 등은 만주사의 일부로서 기능했다.

이상의 서술을 통해 보았을 때 이나바의 연구 과정은 만주사에서 조선사를 거쳐 만선사로, 다시 만주사로 회귀했다고 할 수 있을 것이다. 또 만선사는 대륙 침략을 위해 고안된 것인 동시에 대륙의 영향이 절대적인 반도라는 지형에 조선을 가두고 일본사의 타자로서 만선이라는 대륙의 역사를 서술하는 한편, 대륙과 일본의 관계를 해명하여 동아시아에서 일본의 위상을 극대화한 것이라고 할 수 있을 것이다. 만선사를 체계화하는 과정에서 이나바는 자신의 이전 견해를 소리 없이 부정하기도 했지만, 조선-반도의 역사는 대륙 세력들의 회유/침략의 대상으로서 타율적인 존재로만 등장했다. 그뿐만 아니라 이나바를 비롯한 식민주의 역사학자들이 조선 사회와 역사의 특징으로 꼽았던 정체, 사대, 당파의 원인을 고구려 멸망 이후 '만선분리'라는 만선사의 전개 속에서 이루어진, 성리학과 가례로 대변되는 중국 문화의 이식으로 말미암은 것으로 설명했다. 반면 자신의 지속된 관심, 바로 대륙과 일본의 관계에 대해서는 1930년대 만선사의 체계화를 전후하여 종합·정리·보완했으며, 이를 통해 자신의 만선사 체계를 완성했다. 그가 만선사를 체계화하며 그 역사적 전개를 설명하는 사건이자 주요 국면으로 제시한 한사군 설치, 히미코 여왕의 금인자수, 수·당과 고구려의 전쟁 및 쇼토쿠 태자의 외교, 쿠빌라이의 일본초유, 일본 해적, 임진왜란과 청의 흥기 등 일련의 사건들은 모두 대륙과 일본의 관계를 보여주는 것과 연결되어 있었다.

만선사를 체계화하며 제시되었던 대륙 세력의 운동력과 동아시아에서 일본사의 위상을 알려주는 사건들에 대한 이상의 조망은 이후 조선사에 대한 통사를 서술할 때 반복되었으며, 나카무라나 스에마쓰 같은 연구자와 공명했다. 이것이 가능했던 이유는 식민주의 역사학의 지향이 침략과 식민통치의 합리화와 더불어 일본사의 해명을 향하고 있었기 때문이 아니었을까. 한편, 말년의 이나바는 만주건국대학 교수로서 만주사에 대한 통사를 정리하면서 당시 일본 학계의 만주사 연구 경향을 공유하는 한편, 이를 극단적으로 밀어붙여 만주사를 마치 "만주 민족"의 역사로 보이게끔 정리했다. 이는 만주사에 대한 과거 자신의 전망과는 상이한 것이었지만 그러한 속에서도 만주-대륙과 일본의 관계를 드러냈던 만선사의 조망은 변함없이 유지했다. 이것 역시 이나바가 추구했던 만선사라는 것이 일본의 대륙 침략을 역사적으로 설명하는 것이었음은 물론 일본사의 해명을 향해 있었기 때문이었을 것이다. 결국 만선사라는 것은 만주와 조선은 물론 몽골, 중국 등 대륙 세력들의 역학관계와 상관성을 보여주는 데에서 멈추는 것이 아니라 대륙에서 떨어진 섬나라 일본의 역사를 대륙의 역사적 전개, 바로 대륙 세력들의 역학관계에 참여시키는 것이었다. 즉 동아시아라는 역사의 무대를 중국이 아닌 일본을 중심으로 바라보고, 대륙과의 끊임없는 교섭 과정으로서 동아시아와 일본의 역사를 서술하며, 대륙의 역사적 전개에 영향을 미치면서 국위를 떨친 일본의 모습을 보여주는 것이었다. 이러한 열망은 '만선'이라는 용어를 적극적으로 사용하지 않은 채 만주사 연구에 집중할 때부터 피어났으며, 조선에 부임해 와 조선의 역사를 연구하고 만선사를 체계화할 때에도, 이후 조선사나 만주사에 대한 통사를 서술할 경우에도 변치 않았다. 일본에 있든, 조선에 있든, 만주에 있든, 이나바는 대륙과 일본의 관계에 대한 글들을 꾸준히 발표했는데, 이는 그의 열망과 궁극적인 목표가 어디에 있었는가를 보여주는 것이다. 일본사를 대륙과의 상호작용 속에서 드러내고, 대륙에 미친 일본의 영향력을 보여주고자 했던 열망은 지속되었기 때문에 이나바가 구상했던 만선사의 체계 역시 궁극적으로 이를 지향하고 있었을 뿐만 아니라 이후 조선사를 통시적으로 접근할 때에도, 만주사를 만주국의 역사로 정리할 때에도, 만선사의 체계 역시 지속되었던 것이 아닐까 한다. 또 동아시아의 역사 전개에서 일본의 위상을 드러내고자 하는 열망을 공유하는 역사가라면 이나바가 시도했던 만선사의 체계는 공명할 수 있는 것이기도 했다.

프롤로그 만선사를 어떻게 볼 것인가

1   이기백, 1961, 「서론」, 『국사신론』, 태성사, 1-10쪽.

2   김용섭, 1963, 「일제관학자들의 한국사관」, 『사상계』 3월호; 김용섭, 1966, 「일본 · 한국
    에 있어서 한국사 서술」, 『역사학보』 31; 홍이섭, 1969, 「식민지적 사관의 극복: 민족의식
    의 확립과 관련하여」, 『아세아』 3월호; 이용범, 1969, 「한국사의 타율성론 비판: 소위 만
    선사관의 극복을 위하여」, 위의 책; 이기백, 1969, 「사대주의론의 문제점: 〈사대주의〉라
    는 용어와 그 유형의 검토」, 위의 책; 김영호, 1969, 「한국史 정체성론의 극복의 방향: 시
    대구분과 자본주의 맹아의 문제」, 위의 책.

3   이기백, 1987, 「반도적 성격론 비판」, 『한국사 시민강좌』 1, 일조각; 강진철, 「정체성이론
    비판」, 위의 책; 이태진, 「당파성론 비판」, 위의 책; 최홍규, 2001, 「일본 식민주의사관의
    기원과 극복: 일본 역사교과서의 한국사 왜곡의 전사」, 『경기사학』 5; 정재정, 2002, 「일
    본 역사교과서 문제와 그 전망」, 『한국사연구』 116.

4   '식민사학'이라는 용어의 문제점과 '식민주의 역사학'의 개념에 대해서는 윤해동, 2015,
    「식민주의 역사학 연구 시론」, 『한국민족운동사연구』 85, 379-386쪽을 참고.

5   Tanaka, Stefan (1993), *Japan's Orient: rendering pasts into history*, 박영재 · 함동주
    옮김, 2004, 『일본 동양학의 구조』, 문학과지성사.

6   旗田巍 編, 1969, 「朝鮮史編修會の事業」, 『シンポジウム 日本と朝鮮』, 勁草書房, pp. 81-83.

7   末松保和, 1937, 「朝鮮史」(1), 『朝鮮行政』 1-9, 帝國地方行政學會, p. 201.

8   김용섭, 1963, 앞의 논문; 이용범, 1969, 앞의 논문.

9   旗田巍, 1964, 『日本人の朝鮮觀』, 이기동 역, 1983, 『일본인의 한국관』, 일조각, 138-154쪽.

10 동북아역사재단의 간행 도서에는 식민지기 역사학에서의 만주에 대한 인식, 특히 '만선
    사'를 언급하는 도서나 논문들을 어렵지 않게 발견할 수 있다. 이 외에도 2000년대 초반
    만선사와 관련된 연구가 다수 등장했는데, 주요한 것으로 다음을 꼽을 수 있다. 다키자
    와 노리오키(瀧澤規起), 2003, 「이나바 이와키치(稻葉岩吉)와 만선사」, 『한일관계사연구』
    19; 한규철, 2004, 「연대별로 본 일본의 발해사 연구」, 『문화전통논집』 2; 최석영, 2004,
    「일제 식민사학자들의 고구려 · 발해 인식」, 『한국독립운동사연구』 23; 寺內威太郎, 2004,
    「「滿鮮史」研究と稻葉岩吉」, 『植民地主義と歷史學』; 櫻澤亞伊, 2007, 「「滿鮮史觀」の再檢討: '滿
    鮮歷史地理調査部'と稻葉岩吉を中心として」, 『現代社會文化研究』 39; 박찬흥, 2007, 「만선
    사관에서의 한국고대사 인식 연구」, 『한국사연구』 29; 조인성 외, 2009, 『일제시기 만주
    사 · 조선사 인식』, 동북아역사재단; 홍성구, 2009, 「'청사공정'의 '청조흥기사' 서술 방
    향」, 『중국 역사학계의 청사 연구 동향: 한국관련 분야를 중심으로』, 동북아역사재단; 유

장근, 2009, 「'만청식민주의'를 둘러싼 중·외 학계의 논의」, 위의 책; 정상우, 2010, 「이나바 이와키치(稻葉岩吉)의 '만선사' 체계와 '조선'의 재구성」, 『역사교육』 116.

11 寺內威太郞, 2004, 앞의 논문, pp. 52-56; 정상우, 2010, 앞의 논문, 16-26쪽.

12 櫻澤亞伊, 2007, 앞의 논문, pp. 22-33; 櫻澤亞伊, 2009, 앞의 논문.

13 井上直樹, 2013, 『帝國日本と〈滿鮮史〉』, 塙書房. 만선사를 다루는 최초의 단행본이라 할 수 있는 이 저작이 발간되자마자 한국 학계에서는 그에 대한 서평을 발표했는데, 이는 만선사에 대해 높아진 학계의 관심을 단적으로 보여준다(井上直樹의 저작에 대한 서평은 위가야·이정빈, 2013, 「만선사의 비판적 재인식을 통한 동북아시아사 구상」, 『만주연구』 16이다).

14 나카미 다쓰오(中見立夫), 2009, 「지역 개념의 정치성」, 『만주연구』 9, 192-193쪽.

15 이는 白鳥庫吉이 1905년에 행한 강연의 일부이다. 여기서는 1970년에 출간된 『白鳥庫吉全集』 2에 실린 판본에 근거했다(『白鳥庫吉全集』 2, p. 349).

16 광해군대에 대한 이나바의 시각이 만선사에 입각해 있다는 지적은 수차례 이루어졌으며, 그중 가장 쉽게 서술된 것으로는 한명기, 1998, 「폭군인가 현군인가, 광해군 다시 읽기」, 『역사비평』 44를 들 수 있다.

17 우리가 식민주의 역사학자라고 언급하는 역사가 가운데 1945년 이전 한국사 관련 연구로 박사학위를 취득한 인물은 이마니시 류(今西龍)와 이나바 이와키치 두 명뿐인 것으로 확인된다.

18 허태구, 2017, 「이나바 이와키치(稻葉岩吉)의 정묘·병자호란 관련 주요 연구 검토」, 『조선시대사학보』 81. 이는 이바나의 박사학위논문을 대상으로 한 연구로서 그 의미가 깊다. 이에 따르면 이나바의 박사학위논문은 '당대의 대외관계를 풍부하고 밀도 있게 복원하는 데 기여한 점이 적지 않'지만 광해군대를 이해함에 있어 1) 감호설(監護說) 및 무문룡(毛文龍)에 대한 부분, 2) 이나바가 광해군과 그 일파를 이해하기 위해 정의한 '택민주의(擇民主義)', 3) 척화론과 척화론자에 대한 서술과 해석에 오류와 한계가 있다고 한다.

19 이나바가 만선역사지리조사부에 입사하고, 조선사편수회의 『조선사』 편찬을 총괄하는 지위로 부임할 수 있었던 것은 모두 스승 나이토의 주선 덕분이었다.

20 물론 이나바는 조선에 부임하기 이전에도 만몽과 조선의 불가분성을 이야기하며 대륙과 조선의 밀접한 관련성을 이야기했다. 하지만 조선 부임 이전 이나바가 즐겨 사용하던 지역 개념은 '만몽'이었으며, '만선사'라는 용어는 조선 부임 이후에 사용하기 시작한 것으로 확인된다.

21 이나바는 1940년 5월 만주국의 수도 신징(新京)에서 생을 마쳤다.

1장 만주사에 대한 일본인 연구자들의 접근

1 나카미 다쓰오, 2009, 「지역 개념의 정치성」, 『만주연구』 9, 187-188쪽.

2 井上直樹, 2013, 『帝國日本と〈滿鮮史〉』, 塙書房, pp. 77-78.

3 박찬흥, 2015, 「만선역사지리조사부와 고대 '만선역사지리' 연구」, 『역사와 담론』 75, 135쪽.

4 井上直樹, 2013, 앞의 책, pp. 112-122. 한편, 만철 조사부의 첫 번째 성과는 1913년 각 2 권으로 구성된 『만주역사지리(滿洲歷史地理)』와 『조선역사지리(朝鮮歷史地理)』의 발간 이었다.

5 한편, 이케우치 히로시(池內宏)가 저술한 『文祿·慶長の役』은 일본 자료를 중심으로 임진왜란의 진행 과정이 아니라 배경과 전쟁 이전의 상황을 서술한 것이다.

6 한편, 당시 만선역사지리조사부의 지리 고증에 대해 이나바는 만년에 "사실을 이야기하면 이 조사에는 결점이 있다. 실지 조사는 충분치 않았다. (…) 7년간 시라토리 박사의 만선 조사 및 야나이·마쓰이 두 분과 나 이렇게 세 명이 요서(遼西)에서 조양(朝陽)에 간 것, 장춘(長春) 방면을 여행한 것 이외 기타는 거의 책상에서 검토한 것에 그쳤다. (…) 지금 생각해보면 부끄럽다"며 만선역사지리조사부에서 이루어진 지리 고증의 한계를 회고했다(稻葉岩吉, 1937, 「滿洲史研究の現狀」, 『靑丘學叢』 27, p. 118).

7 당시 만선역사지리조사부에서 수집한 자료는 박찬흥, 2015, 앞의 논문, 145-146쪽에 제시되어 있다.

8 야나이, 이케우치는 도쿄제대, 마쓰이는 고쿠가쿠인(國學院)대학, 쓰다는 와세다대학의 교수로 자리 잡았으며, 이나바는 조선사편수회의 편수관으로서 조선총독부의 『조선사』 편찬사업을 총괄했다.

9 후술하겠지만 식민지기 발해사 연구에서 독보적인 존재이자, 경성제대 법문학부 개설 이후 동양사학 강좌의 담당 교수로 부임하는 도리야마 기이치(鳥山喜一)의 경우 『만주역사지리』의 영향을 크게 받았다.

10 현재 식민주의 역사학자들이라고 평가되는 이들 가운데 이나바 이와키치와 이마니시 류는 조선의 역사에 대해 가장 많은 글을 발표한 것으로 알려져 있다.

11 1876년생이었던 이나바의 회갑기념논총은 그의 회갑 2년 후이자 사망 2년 전인 1938년에 발간되었다.

12 연구자로서의 길을 가던 초기, 즉 조선사편찬위원회에 부임(1922)하기 전 이나바의 주요 저작은 『北方支那』(1902), 『淸朝全史』(1914), 『滿洲發達史』(1915), 『最近支那史講話』(1915), 『近世支那十講』(1916), 『支那帝政論』(1916), 『支那の軍政と兵制』(1917), 『支那政治史綱領』(1918), 『近代支那史』(1920), 『對支一家書』(1921), 『支那社會史研究』(1922) 등 모두 만주와 중국에 관한 것이었으며, 조선은 그의 관심에서 극히 부수적인 것이었다.

13 시라토리의 주도로 만들어진 만선역사지리조사부는 이나바를 제외하면 야나이, 이케우치, 마쓰이, 쓰다 같은 도쿄제대 출신이거나 시라토리의 지도를 받은 이들이었다. 학적으로 시라토리와 연결고리가 없었던 이나바가 여기에 참여할 수 있었던 것은 나이토의 추천 덕분이었다. 한편, 이러한 상황은 또 한 번 연출되는데, 바로 1921년경 조선총독부에서 『조선사』 편찬사업을 개시하던 때이다. 당시 『조선사』 편찬사업을 구상·총괄하던 구로이타는 나이토에게 사업을 총괄할 인물의 추천을 부탁했는데, 이때도 나이토가 이나바를 추천하여, 그는 조선에 건너와 『조선사』 편찬을 총괄하게 되었다.

14 稲葉岩吉, 1914,『淸朝全史』(上), 早稻田大學出版部, pp. 3-5.

15 앞서 언급한 이나바의 회갑기념논총에 실려 있는 이나바의 회고에 따르면, 그는 자신이 연구자로서 처음 출발한 이유로서 러일전쟁 이후의 시대적 정황을 꼽고 있다.

16 稲葉岩吉, 1915,「序」,『滿洲發達史』, 大阪屋號出版部, pp. 1-2. 여기서 나이토는 "이나바(稲葉) 군의 책이 나왔기 때문에 내가 반드시 (만주의 역사에 대하여: 인용자) 별도로 저술할 필요가 없다"고 서술할 정도로『滿洲發達史』에 높은 가치를 부여했다.

17 楊成能은『滿洲發達史』를 번역하여 1935년『東北開發史』(辛未編譯社)라는 이름으로 출간했으며, 만주국에서는 1940년 이 번역서를『滿洲發達史』(萃文齋書店, 奉天)라는 이름으로 재간했다. 그뿐만 아니라 1969년에도『滿洲發達史』淸史資料 第2輯: 開國史料 2 第10冊 (臺聯國風出版社)라는 이름으로 간행되었다.

18 白鳥庫吉, 1907,「歷史上に於ける滿洲の地位」,『斯民』2-1, p. 16.

19 白鳥庫吉, 1909,「滿洲民族の過去」,『東洋時報』132.

20 稲葉岩吉, 1915,『滿洲發達史』, 大阪屋號出版部, pp. 1-2.

21 나카미 다쓰오, 앞의 논문, 194-196쪽.

22 위의 책, pp. 4-5.

23 위의 책, p. 4, pp. 8-9.

24 위의 책, pp. 10-11. 이러한 맥락에서 이나바는 러일전쟁 이전 일본 사회에서 제기되었던 '만몽방기론(滿蒙放棄論)'에 강한 비판을 가했다. 역사적으로 조선과 만몽이 불가분하다고 보았던 이나바에게 조선을 확보하는 것으로 일본의 국방이 충분하다는 만몽방기론자들의 생각은 역사를 모르는 어리석은 주장일 뿐이었다. 그뿐만 아니라 이나바는 러일전쟁 직전인 1903년 일본과 러시아의 외교문서에 "북위 39도 이북, 한국 안에 중립지대를 두자는 요구"가 있었다는 것을 밝혔다. 이는 이 중립지대를 기점으로 한 '만한교환론(滿韓交換論)'을 의미하는 것이다. 이나바는 이에 대해 당시 제기된 "북위 39도"는 바로 역사적으로 만주와 조선을 구분 짓는 선 ― 바로 원산과 대동강을 잇는 선에 해당한다며, 당시 이러한 제안이 수용되지 않았던 것을 다행이라고 평가했다.

25 류시현, 2007,「한말 일제 초 한반도에 관한 지리적 인식: '반도' 논의를 중심으로」,『한국사연구』137, 275-276쪽.

26 위의 책, pp. 15-16.

27 위의 책, pp. 84-90, pp. 118-120.

28 위의 책, p. 140.

29 위의 책, pp. 165-166.

30 위의 책, pp. 148-151.

31 위의 책, p. 150.

32 위의 책, pp. 167-172.

33 위의 책, pp. 199-237.

34 위의 책, pp. 345-385.

35 위의 책, pp. 396-398.

36 위의 책, pp. 543-568.

37 위의 책, pp. 587-602.

38 위의 책, pp. 740-748, pp. 771-777.

39 위의 책, pp. 2-4, pp. 8-10.

40 박찬홍, 2007, 「滿鮮史觀에서의 한국 고대사 인식 연구」, 『韓國史硏究』29, 20-23쪽,
     27-30쪽.

41 外山軍治, 1936, 「渤海史硏究の回顧」, 『東洋史硏究』1-5.

42 船木勝馬, 1994, 「鳥山喜一」, 江上波夫 編, 『東洋學の系譜』2; 송기호, 1981, 「발해사 관계
     논저 목록」, 『한국사연구』33, 118쪽; 한규철, 1997, 「발해사 연구의 현황과 과제」, 『고
     구려연구』6, 24-25쪽; 한규철, 2006, 「발해사 연구의 회고와 전망」, 『백산학보』76, 521-
     524쪽; 양시은, 2010, 「일제강점기 고구려, 발해 유적조사와 그 의미: 서울대학교 박물관
     소장품을 중심으로」, 『고구려발해연구』38, 167-172쪽. 한편, 현재 서울대학교 박물관에
     남아 있는 발해 관련 유물의 상당수는 경성제대 시절 도리야마가 기증한 것이라고 한다.

43 당시 만철 조사부 연구원들이 내놓은 발해사 관련 연구는 松井等, 1913, 「渤海國の疆域」,
     『滿洲歷史地理』1; 池內宏, 1914, 「渤海の建國者について」, 『東洋學報』5-1; 津田左右吉,
     1915, 「渤海考」, 『滿鮮地理歷史硏究報告』1이 있다. 이 세 편 가운데 1899년에 발표한 마
     쓰이 료하치(松井浪八)의 「渤海五京考」(『史學界』1-4)가 발해 자체를 연구 주제로 한 초
     기 성과의 전부라고 할 수 있다. 한편, 이 가운데 쓰다의 논문은 도리야마의 저작이 나온
     이후에 발표된 것이다.

44 鳥山喜一, 1915, 『渤海史考』, p. 2.

45 위의 책, p. 10. 발해가 말갈족에 의해 수립된 국가라는 것은 당시 일본인 연구자들이 동
     의하는 바였다. 다만 발해의 주성 민족 및 건국에 대해 전하고 있는 『구당서』와 『신당서』
     의 차이에서 비롯된 견해 차이가 있을 뿐이었다. 이와 관련하여 논의를 제일 먼저 전개
     한 것은 이케우치였다. 그는 걸걸중상(乞乞仲象)과 대조영(大祚榮)이 동일 인물이며, 걸
     걸중상이 발해를 건국한 이후 중국식 이름인 대조영으로 개명한 것이라고 보았다. 물론
     이러한 논의는 발해가 당의 문화를 대폭 수용·모방했다는 시각에 기반한 것이다(池內
     宏, 1914, 앞의 논문). 이에 반해 도리야마는, 대조영은 고구려의 별종이라는 기록을 근
     거로, 대조영이 선대부터 고구려에 판적(版籍)을 가지고 있었던 인물로, 걸걸중상 사후
     말갈군을 통어했던 것으로 해석했다(위의 책, pp. 27-34).

46 『발해사고(渤海史考)』는 크게 '본론(本論)'과 '외편(外編)'으로 구성되어 있다. 다시 본론
     은 전편(前篇)·후편(後篇)으로 나뉘고, 외편은 제1부와 제2부로 나뉜다. 본론의 전편은
     "발해왕국의 흥망"이라는 제하에 발해의 건국에서 멸망까지를 주요 국왕을 중심으로 서
     술한 정치사에 바탕한 발해에 대한 통사이다. "발해왕국의 문화"로 이름 지어진 본론의
     후편은 발해의 문화과 관제 및 발해의 문화가 일본과 여진·고려에 미친 영향에 대한 내
     용이다. 한편, 외편 제1부 "우리나라(일본: 인용자)와의 국제관계"에서는 일본인의 입장
     에서 발해와의 국제관계를 서술하고 있으며, 제2부 "강역고(疆域考)"는 발해 5경(京)의
     위치와 판도에 대한 지리 비정이다.

47 일례로 도리야마는 발해 5경의 위치를 비정하는 데『대한강역고(大韓疆域考)』에 실린 정약용의 견해도 소개하고 있다. 이는 비판의 대상으로서 제시된 것이지만, 현재 우리가 '실학'이라고 이야기하는, 조선 후기의 역사 인식에 대해서도 도리야마가 검토하고 있었음을 보여주는 것이다.

48 한규철, 2006, 앞의 논문; 김종복, 2006,「발해사 인식의 추이」,『사림(史林)』26, 29쪽; 박찬홍, 2007,「만선사관에서의 한국고대사 인식 연구」『한국사연구』29, 27-30쪽 및 2014,「'만선사'에서의 고대 만주 역사에 대한 인식」,『한국고대사연구』76, 157-159쪽.

49 鳥山喜一, 1915, 앞의 책, pp. 112-123, pp. 124-136, p. 230.

50 위의 책, pp. 44-45, p. 164.

51 위의 책, pp. 27-35, pp. 79-80, pp. 95-96.

52 위의 책, pp. 27-35, pp. 97-98.

53 위의 책, p. 40.

54 위의 책, pp. 93-95.

55 위의 책, pp. 122-123. 이는 미술에서만이 아니라 발해인들의 종교생활에서도 나타난다며 상류계층은 불교를 수용했지만, 다수의 하층은 고유 샤먼교를 신봉했을 것이라고도 추측했다(鳥山喜一, 1915, 앞의 책, pp. 107-112).

56 위의 책, pp. 44-50, p. 184, p. 192.

57 위의 책, pp. 137-138.

58 위의 책, pp. 153-159.

59 鳥山喜一, 1935,「渤海國都 上京龍泉府の遺址に就いて」,『滿鮮文化史觀』, 刀江書店, p73, p. 80, pp. 88-94[이는 1926년 10월에 진행한 東京城과 寧古塔 방면에 대한 조사에 대하여 1928년 12월 8일 교토사학연구회대회(京都史學研究會大會)에서 강연한 것이다]; 鳥山喜一, 1935,「渤海國都址の發掘に就いて」,『北滿の二大古都址: 東京城と白城』, 京城帝國大學 滿蒙文化研究會報告 第2冊, pp. 19-20.

60 鳥山喜一, 1935,「古き日滿關係の回顧」,『滿鮮文化史觀』, 刀江書店, pp. 56-63(이 글은 1932년 5월 2일 경성제대의 개학을 맞아 경성제대생들을 대상으로 한 강연이다); 鳥山喜一, 1939,『渤海國小史』, pp. 86-117; 鳥山喜一, 1941,「渤海來貢の眞相」,『日本諸學術振興委員會研究報告』4, 文部省教學局.

61 여기서 두 편의 논문은 도리야마가 1916, 1917년에 발표한「金の窮民保護策」과「金の外族に對する政策」이다. 두 편 모두『東亞研究』에 게재되었는데, 후자는 4회에 걸쳐 연재된, 상당히 긴 논문이다.

62 白鳥庫吉, 1909,「滿洲民族の過去」,『東洋時報』132; 鳥山喜一, 1915,『渤海史考』, pp. 87-88.

63 鳥山喜一, 1916,「金の窮民保護策」,『東亞研究』6-7(71), p. 15.

64 鳥山喜一, 1917,「金の外族に對する政策(一)」,『東亞研究』7-1(77), pp. 17-18.

65 鳥山喜一, 1916,「金の窮民保護策」,『東亞研究』6-7(71), pp. 16-18.

66 위의 논문, pp. 22-27; 鳥山喜一, 1917,「金の外族に對する政策(三)」,『東亞研究』7-3(79),

pp. 21-31.

67 鳥山喜一, 1916, 「金の窮民保護策」, 『東亞硏究』 6-8(72), pp. 1-6, 10-11; 鳥山喜一, 1917, 「金の外族に對する政策(完)」, 『東亞硏究』 7-4(80), pp. 29-32.

68 鳥山喜一, 1917, 「金の外族に對する政策(完)」, 『東亞硏究』 7-4(80), p. 33.

69 鳥山喜一, 1915, 앞의 책, p. 106.

70 위의 책, pp. 139-149.

71 도리야마와 마찬가지로 이나바 역시 발해와 일본이 소통한 목적은 교역이라는 것에 동의하며, 발해가 일본으로 수출한 것은 明淸代 북만주의 산출품과 비슷한 짐승 가죽(貂皮, 虎皮, 豹皮)과 야생 인삼 등이었으며, 발해가 일본으로부터 수입한 것은 彩帛, 綾絹絲, 眞綿, 佛具 같은 것이었다고 보았다.

72 稻葉岩吉, 1915, 앞의 책, pp. 488-491.

73 위의 책, p. 473.

74 위의 책, pp. 471-472.

75 위의 책, p. 474. 한편, 이나바가 보기에 조공은 중국에게는 외국에 대한 일종의 안전판이고, 외국에게는 통교권이었다.

76 그렇지만 이나바는 이후 고구려·백제·신라의 각축 속에서 일본은 고구려에 패퇴하고, 임나일본부는 신라에 병합되어 조선에서 일본의 세력은 계속해서 감퇴했다고 보았다. 이러한 가운데 발해의 건국 이후 이루어진 발해와 일본의 교섭에 대해 이나바는 "나에게 어느 정도 위로(慰籍)"라고 표현했다.

77 稻葉岩吉, 1915, 앞의 책, pp. 494-500.

78 위의 책, pp. 504-506. 이나바에 따르면, 임진왜란 당시 가토 기요마사는 회령으로부터 두만강을 넘어 지금의 국자가(局子街) 부근의 적의 요새(敵塞)를 함락한 후 온성으로 돌아왔다고 한다. 하지만 그 이유에 대해서는 별다른 설명을 제시하지 못하였다. 단 이나바는 그저 무력을 과시하기 위한 것이 아니라 당시 북부 조선에서 군정(軍政)을 실시하던 가토가 그곳의 조선인들을 위해 외구(外寇: 여진)에게 위협을 가한 것이라고 추정했다.

79 만선역사지리조사부에서도 임진왜란을 일본과 조선과의 교섭에 그치는 것이 아니라 그로 인해 대륙의 풍운도 동요가 생겼다며 조사 대상으로 삼았다. 그 결과가 바로 이케우치에 의한 『文祿·慶長の役』 正編 第1이었다. 그렇지만 이는 임진왜란이 발발한 이전의 원인에 대한 것이었다(박찬흥, 2015, 앞의 논문, 151-154쪽).

2장 조선 강점 이후 조선사 연구와 서로 다른 시각들

1 鳥山喜一, 1915, 『渤海史考』, pp. 10-11.

2 반면 일본사와 문화의 신성함을 주장했던 국학자 모토오리 노리나가(本居宣長)는 이러한 견해를 거부하며, 특히 『鉗狂人』(1785)에서 도 데이칸의 논의를 '광인(狂人)의 말'로

치부했다고 한다(金光林, 1998, 「日鮮同祖論: その實体と歷史的展開」, 東京大 博士學位論文, pp. 18-32).

3 이만열, 2005, 「근현대 한일관계 연구사: 일본인의 한국사연구」, 『한일역사공동연구보고서』 제4권, 한일역사공동연구위원회, 19-22쪽; 윤해동, 2015, 「일본육군 참모본부의 군사 조사활동과 식민주의 역사학」, 『대구사학』 119, 14-25쪽.

4 정상우, 2018, 『조선총독부의 역사편찬사업과 조선사편수회』, 아연출판부, 143-147쪽.

5 이만열, 2005, 앞의 논문, 19-22쪽.

6 三品彰英, 1972, 『增補日鮮神話傳說の研究』(三品彰英論文集 第4卷), 平凡社, p. 453. 한편, 심희찬에 따르면, 믿기 힘든 『고사기(古事記)』와 『일본서기(日本書紀)』의 기년을 조정하기 위해 나카 미치요(那珂通世)는 조선의 사서를 참조했는데, 이는 기기(記紀)를 실증주의의 반석으로 끌어올려 사료로서의 가치를 부여했다고 한다. 일본사의 기년 확정은 조선사라는 틀 안에서 이루어졌다는 이러한 논의는 19세기 후반 이래 일본인 연구자들의 조선사 연구가 침략의 합리화만이 아니라 일본사의 해명을 위해서이기도 했다는 것을 말해준다(심희찬, 2016, 「일본 근대 역사학의 성립·발전과 '조선'의 위상」, 『동서인문학』 52, 90-91쪽).

7 林泰輔, 1892, 『조선사』 卷之一, pp. 27-30.

8 吉田東伍, 1893, 『日韓古史斷』, 高麗書林, pp. 2-3.

9 旗田巍, 1964, 『日本人の朝鮮觀』, 이기동 역, 1983, 『일본인의 한국관』, 일조각, 37-38쪽.

10 重野安繹·久米邦武·星野恒, 1890, 『稿本國史眼』, pp. 2-8. 이 책은 발간 이후 일본의 소학교와 중학교의 국사(일본사)교과서의 바탕이 되어 일반인들의 한국관 형성에 지대한 영향을 미쳤다고 한다.

11 구메의 필화사건과 당시 일선동조론의 사회적·학문적 불안정성에 대해서는 미쯔이 다까시, 2004, 「'일선동조론'의 학문적 기반에 관한 시론: 한국병합 전후를 중심으로」, 『한국문화』 33을 참고.

12 久米邦武, 1910, 「合倂にあらず復古なり」, 『經濟』 14.

13 星野恒, 1910, 「歷史上より觀たる日韓同域の復古と確定」, 『歷史地理 朝鮮號』, 日本歷史地理學會, 三省堂書店, pp. 22-30.

14 小熊英二, 1995, 『單一民族神話の起源: 〈日本人〉の自画像の系譜』, 조현설 역, 2003, 『일본단일민족신화의 기원』, 소명출판, 121-143쪽.

15 黒板勝美, 1910, 「偶語」, 『歷史地理 朝鮮號』, p. 154, p. 159.

16 구로이타는 『고사기』와 『일본서기』의 신화를 후대에 만들어진 것으로 보는 쓰다의 견해를 대담하다고 하면서도, 신화와 전설은 역사적 현상이 긴 세월을 지나며 형성된 것이기 때문에 현재 믿을 수 없다고 해서 모두 부정해서는 곤란하다는 입장을 보였다. 즉, 현재는 믿을 수 없지만 장차 고고학, 비교언어학, 토속학 등의 학문 발달에 따라 『고사기』와 『일본서기』의 신화와 전설을 사실로 볼 수 있을 것이라고 전망했다(黒板勝美, 1918, 『國史の研究: 各說の部』, pp. 2-11; 黒板勝美, 1918, 『國史の研究: 總說の部』, p. 259). 또 한일교섭이 있은 이후의 일에 대해서도 『일본서기』의 기년을 완전히 믿을 수는 없으며, 스사

노오가 한일을 왕래했다는 신화 역시 이즈모의 신화에 스사노오를 부회(附會)한 것이기 때문에 이는 이즈모 지역이 한국과 관계가 깊다는 것을 이야기하는 것이지 한일이 동일 국민임을 말하는 것은 아니라는 것을 명확히 밝혔다(黑板勝美, 1918, 『國史の研究: 各說の 部』, p. 8, p. 26; 黑板勝美, 1918, 『國史の研究: 總說の部』, p. 7).

17 黑板勝美, 1910, 앞의 논문, pp. 155-157. 구로이타는 이러한 주장의 근거로 이 지역들 간의 '교통'을 말해주는 전설들을 꼽았다.

18 鳥居龍藏, 1953, 『ある老學徒の手記』, 朝日新聞社, pp. 155-156.

19 鳥居龍藏, 1915년 9월 5일, 「朝鮮民族に取하야」(3), 『每日申報』, 1면. 한편, 강점 직후부터 1915년까지 도리이가 진행한 인종과 선사 유물 조사에 대한 보다 자세한 사항은 정상우, 2008, 「1910~1915년 조선총독부 촉탁(囑託)의 학술조사사업」, 『역사와 현실』 68, 247-253쪽을 참고할 것.

20 黑板勝美, 1915년 8월 7~10일, 「南鮮史蹟의 踏查」(7)-(9), 『每日申報』, 1면.

21 黑板勝美, 1916, 「大同江附近の史蹟」, 『朝鮮彙報』, 朝鮮總督府, p. 5.

22 關野貞, 1912, 「朝鮮文化ノ遺蹟」 其二, 『朝鮮古蹟調査略報告』, p. 37.

23 關野貞, 1913, 「所謂神籠石は山城址なり」, 『考古學雜誌』 4-2.

24 세키노는 그 당시 도쿄제대 교수로서 조선에 대한 학술 답사 경험이 가장 많았던 인물이다. 대동강 유역의 고분을 고구려의 것으로 보는 견해에 반론을 제기한 것은 도리이였다. 하지만 도쿄제대 교수로서 조선의 유물에 대한 최고 권위자로 인정받고 있던 세키노의 위상 때문에 오히려 반론을 제기한 도리이가 비난을 받았다. 이후 세키노가 대동강 유역의 고분과 유물을 한대(漢代) 낙랑군의 것이라며 자신의 입장을 수정할 때, 이를 처음으로 지적했던 도리이에 대한 언급은 전혀 없었으며, 아무도 이를 문제 삼지 않았다. 세키노의 이러한 위상을 고려할 때, 고고이시(神籠石)에 대한 견해 역시 당시 일본 학계에 미치는 영향력은 막강했을 것이다. 한편, 당시 세키노, 이마니시, 구로이타의 조사활동에 대한 자세한 내용은 정상우, 2008, 앞의 논문, 253-265쪽을 참고할 것.

25 심희찬, 2013, 「근대 역사학과 식민주의 역사학의 거리」, 『한국사학사학보』 28, 286쪽.

26 林直樹, 1999, 「今西龍と朝鮮考古學」, 『青丘學術論集』 14, pp. 53-55.

27 今西龍, 1910, 「日韓上代文化とその關係に就て」(上), 『朝鮮』 31, 朝鮮雜誌社, p. 39.

28 今西龍, 1910, 「日韓上代文化とその關係に就て」(下), 『朝鮮』 32, 朝鮮雜誌社, p. 26.

29 稻葉岩吉, 1922, 「朝鮮の文化問題」, 『支那社會史研究』, pp. 283-285.

30 今西龍, 1910, 「檀君の說話に就いて」, 『歷史地理 朝鮮號』, 三省堂書店, pp. 223-224.

31 今西龍, 1910, 「日韓上代文化とその關係に就て」, 『朝鮮』 32, 朝鮮雜誌社, pp. 24-26.

32 今西龍, 1918, 「任那に就て」, 『朝鮮彙報』, p. 65.

33 朝鮮總督府, 1916, 『朝鮮半島史編成ノ要旨及順序』, pp. 1-5.

34 정상우, 2001, 「1910년대 일제의 지배논리와 조선 지식인층의 인식」, 『韓國史論』 46.

35 정상우, 2018, 앞의 책, 40-63쪽.

36 반도사 편찬에 대한 구체적인 사항은 장신, 2009, 「조선총독부의 조선반도사 편찬사업 연구」, 『동북아역사논총』 23; 정상우, 앞의 책, 40-124쪽을 참고.

37 今西龍, 1935,「朝鮮史概説」,『朝鮮史の栞』, pp. 77-78.

38 친일반민족행위 진상규명위원회,「『조선반도사』1편 원고」,『친일반민족행위관계사료집』V, 선인, 136-160쪽.

39 『친일반민족행위관계사료집』V, 138쪽.

40 小田省吾, 1927,『朝鮮史大系 上世史』, 朝鮮史學會, pp. 1-8. 한편, 오다 쇼고(小田省吾)는 강점과 동시에 총독부 관료로 조선에 부임한 인물로서 관료적 성향이 두드러지지만, 도쿄제대 사학과를 졸업한 것에서 알 수 있듯이 근대 역사학의 '세례'를 입은, 역사학에 대한 기본 소양을 갖춘 인물이었다. 그는 조선에 부임한 이후 조선의 역사에 대해 많은 글을 집필했는데, 이는 그가 학문적 성취나 수준과 상관없이 여전히 사학적 관심을 가지고 있었다는 것을 말해준다. 그렇기 때문에 그는 조선사학회(朝鮮史學會) 같은 단체를 조직하고, 활동에 힘쓴 것이다. 그뿐만 아니라 오다는 경성제대 창립 이후 학부에 설치된 두 개의 '조선사학' 강좌 가운데 하나를 담당한, '조선사학 담당 제대 교수'이기도 했다.『조선사대계(朝鮮史大系)』는 식민사관 보급을 목표로 다양한 강연을 개최하고 대중 역사서를 간행한 조선사학회의 활동을 총정리하는 성격의 저작으로, 그중 고대사 부분을 오다가 저술했다. 당시 오다는 경성제대의 교수 신분이었다.

41 이러한 의미에서 도면회는『조선반도사』를 '한종족사(韓種族史)'라고 규정했다(도면회, 2014,「조선총독부의 문화정책과 한국사 구성 체계」,『역사학보』222, 76-81쪽).

42 今西龍, 1910,「檀君の説話に就いて」,『歴史地理 朝鮮號』, 三省堂書店, pp. 224-230.

43 今西龍, 1970,「檀君考」,『朝鮮古史の研究』, p. 3.『朝鮮古史の研究』는 이마니시의 박사학위논문으로, 한국 고대사와 관련된 각종 논문들을 모은 것이다.「단군고(檀君考)」는 그중 하나로, 이마니시는 서문에서 "다이쇼(大正) 9년(1920) 여름에 쓴 구고(舊稿)를 증보·수정했다"고 밝히고 있으며, 이 수정된 원고가 발표된 것은 1929년이었다.

44 위의 논문, pp. 22-23.

45 朝鮮史編修會 編, 編輯部 譯, 1985,『朝鮮史編修會事業概要』, 시인사, 47-48쪽.

46 朝鮮史編修會 編, 1932,『朝鮮史』第1編 第1卷, pp. 8-12.『조선사』제1편은 정사라고 할 수 있는『삼국사기』, 그 가운데서도 신라의 기사를 가장 먼저 제시하는 것이 편찬 범례였다. 단군 관련 기사는 '是歲, 新羅, 金城ヲ築ク. 高句麗, 始祖高朱蒙立ツ'라는 강문에 대한 기사로서 1)『삼국사기』신라 본기와 고구려 본기, 2)『삼국유사』왕력의 혁거세 관련 기사와 고구려 동명왕 기사를 제시한 이후『삼국유사』의 단군 기사를 제시하는 형태이다.

47 1932년 5월 이마니시 류(今西龍)의 사후, 그의 주요 논문들과 미발표 논문이 주제별로 묶여 출간되었다.『신라사연구(新羅史研究)』(1933),『백제사연구(百濟史研究)』(1934),『고려사연구(高麗史研究)』(1944)가 그것이다. 이는 식민지기 대표적인 한국 고대사 연구자로서, 그가 진행한 연구는 신라, 백제를 중심으로 한 것임을 단적으로 보여준다.

48 당시 이나바가 육군대학교에서 가르쳤던 학생 가운데에는 이시와라 간지(石原莞爾)도 있었다. 이 인연은 30여 년 이후 이나바가 만주건국대학 교수로 부임하는 데에도 영향을 미쳤다고 한다.

49 稲葉岩吉, 1920,「朝鮮人の民族性を考察して所謂鮮人自覺論に及ぶ」,『東方時論』5-2. 이에

대해서는 井上直樹, 앞의 책, pp. 148-150을 참고.

50　稲葉岩吉, 1922, 「滿鮮不可分の史的考察」『支那社會史研究』, pp. 299-302.

51　稲葉岩吉, 위의 논문, pp. 303-312.

52　이나바는 이미『만주발달사(滿洲發達史)』에서 고토(故土)로 돌아가는 것은 정착(定住)을 싫어하는 만주인의 속성이라고 서술했다(稲葉岩吉, 1915,『滿洲發達史』, p. 2). 이러한 의미에서라면 북방–만주에서 연유한 조선인들의 만주 이민은 타고난 것이 된다.

53　稲葉岩吉, 앞의 논문, pp. 312-314.

54　稲葉岩吉, 앞의 논문, pp. 303-304.

55　稲葉岩吉, 1925, 序,『朝鮮文化史研究』, 雄山閣, pp. 1-2.

56　稲葉岩吉, 1927, 「朝鮮의 領土問題, 民族問題 及 鮮滿文化關係에 就하야」(1),『朝鮮』121, p. 9. 한편, 이나바는 이러한 생각을 말년인 1937년에 발표한 「朝鮮の歷史的對滿感情及び智識」에서도 유지하고 있었다.

57　稲葉岩吉, 1922, 「朝鮮の文化問題」,『支那社會史研究』, pp. 279-280.

58　稲葉岩吉, 1927, 「朝鮮의 領土問題, 民族問題 及 鮮滿文化關係에 就하야」(1)『朝鮮』121, p. 10.

59　稲葉岩吉, 1927, 「朝鮮의 領土問題, 民族問題 及 鮮滿文化關係에 就하야」(2)『朝鮮』122, p. 15.

60　稲葉岩吉, 1933, 「滿鮮史體系의 再認識」(上)『靑丘學叢』11, p. 23.

61　조선사학회(朝鮮史學會)의 조직과 식민주의 역사학의 전개에서 차지하는 의미에 대해서는 정준영, 2016, 「식민사관의 차질: 조선사학회와 1920년대 식민사학의 제도화」,『한국사학사학보』34.

62　稲葉岩吉, 1925, 「朝鮮民族史」,『朝鮮史講座: 分類史』, p. 1.

63　위의 논문, pp. 8-30.

64　稲葉君山, 1927, 「朝鮮의 領土問題, 民族問題 及 鮮滿文化關係에 就하야」(1),『朝鮮』121, pp. 4-5.

65　稲葉君山, 1927, 「朝鮮의 領土問題, 民族問題 及 鮮滿文化關係에 就하야」(2),『朝鮮』122, p. 15.

66　稲葉君山, 1927, 「朝鮮의 領土問題, 民族問題 及 鮮滿文化關係에 就하야」(1),『朝鮮』121, pp. 10-11.

67　稲葉岩吉, 1915, 앞의 책, p. 10.

68　稲葉岩吉, 1925, 앞의 논문, pp. 37-38. 한편, 이나바는 「(조선)민족사」를 저술했던 1925년에 발간한 다른 논문에서 고구려에 대해 동일한 언급을 하며 "현토군의 지역 설정을 당대에 적용한다면 조선 통치는 매우 편리해질 것이고, 이러한 의미에서 한 무제를 배워야 한다"고도 서술했다(稲葉岩吉, 1925, 「朝鮮滿洲と支那との關係」,『朝鮮文化史研究』, pp. 194-196).

69　위의 논문, pp. 97-98. 이러한 이유로 「(조선)민족사」는 고구려, 백제, 신라의 순서로 서술되었는데, 이는 신라, 고구려, 백제의 순으로 정리된 조선사편수회의『조선사』와는 상

이한 것이었다.

70 가야하라 마사조는 1907년 도쿄제대 사학과 선과(選科)를 수료한 직후부터 사료편찬괘에서 사표편찬관보로 근무하다가 조선사편찬위원회 구성과 동시에 조선에 부임했다. 즉, 가야하라 역시 이나바와 마찬가지로『조선사』편찬사업 개시 전까지 조선과는 아무런 연고가 없었다. 그는 비록 1924년에 사망하여 오랫동안 재직하지는 못했지만 조선사편찬위원회 초기 이나바와 더불어 가장 왕성한 활동을 벌였으며, 특히 초기 사료 수집은 그에게 힘입은 바가 컸다.

71 제1회 조선사편찬위원회 회의록(http://db.history.go.kr/item/level.do?levelId= ju_025_0020_0020_0020).

72 19세기 후반에서 1930년대에 걸쳐 일본인 연구자들이 발표한 조선사 관련 연구에 대한 통계적 접근(張信, 2018,「近代日本の朝鮮研究 : 統計的アプローチ」, 東アジア史学思想史研究会 主催シンポジウム『東アジア史学史のために』)에 따르면 1870~1935년 사이 조선사와 관련된 논문을 5편 이상 발표한 일본인 연구자들은 총 38명인데, 그중 이마니시, 이나바, 이케우치 3인이 다른 연구자들에 비해 월등히 많은 연구 성과를 발표했다. 물론 어디까지를 학술적 연구 성과로 할 것인지, 또 조선사 연구 범위로 할 것인지에 따라 통계적 수치는 달라질 수밖에 없겠지만 조선사와 관련하여 이나바가 방대한 연구 성과를 발표했던 일본인 연구자라는 것은 확실하다.

73 『조선사』편찬 당시 사료 채방 이후에는 보고서를 제출했는데, 현재 남아 있는 보고서 가운데 이나바가 참여한 것으로는 9개가 남아 있다. 이를 보면 이나바는 평안도 지역으로만 네 차례 사료 채방에 나섰다. 당시『조선사』편찬을 위한 사료 채방에 대해서는 정상우, 앞의 책, 227-268쪽을 참고.

74 朝鮮史學會, 1923,『朝鮮史講座: 要項號』, p. 8.

75 「(朝鮮)民族史」의 목차는 다음과 같다.

1. 緖言 / 2. 朝鮮民族と其環境(上) / 3. 朝鮮民族と其環境(中) / 4. 朝鮮民族と其環境(下) / 5. 半島と漢民族の初期の關係 / 6. 日本民族と半島 / 7. 朝鮮民族の構成(上) / 8. 朝鮮民族の構成(中) / 9. 朝鮮民族の構成(下) / 10. 文化攝取の記錄 / 11. 朝鮮民族の國家肇造(上) / 12. 朝鮮民族の國家肇造(中ノ上) / 13. 朝鮮民族の國家肇造(中ノ下) / 14. 朝鮮民族の國家肇造(下) / 15. 半島と滿蒙民族との關係 / 16. 民族と領土關係 / 17. 朝鮮民族の政治.

76 稻葉岩吉, 1925,「朝鮮民族史」,『朝鮮史講座: 分類史』, p. 149.

77 위의 논문, pp. 3-7.

78 위의 논문, pp. 13-15.; 稻葉岩吉, 1925,「朝鮮社會史の一斷面」,『朝鮮文化史研究』, 雄山閣, pp. 49-50.

79 만선사는 식민지기 일본인 역사가들의 한국사 연구를 비판했던 초기의 연구에서부터 한국사에 대한 타율성론이라고 비판되었다(이용범, 1969,「한국사의 타율성론 비판: 소위 만선사관의 극복을 위하여」,『아세아』3월호).

80 稻葉岩吉, 1925,「朝鮮民族史」,『朝鮮史講座: 分類史』, pp. 90-91.

81 1920년대 오다 쇼고는『朝鮮史大系 上世史』(1927, 朝鮮史學會)를 서술하며 한사군과 관

련된 부분에서 한사군의 위치와 관련하여 당시 제기된 일본인 연구자들의 설들을 정리했다. 당시 여러 설들과 비교해볼 때 이나바의 견해는 한사군의 위치를 조선의 남쪽으로 가장 넓게 확장한 것이다.

82 稻葉岩吉, 1925, 「朝鮮民族史」, 『朝鮮史講座: 分類史』, 朝鮮史學會, pp. 39-44. 이 외에도 1920년대 이나바가 발표했던 논문들(「支那文化より見たる樂浪遺品」(1926, 『朝鮮』 139), 「漢四郡問題の攷察」(1928, 『朝鮮』 154)에는 진번군(眞番郡)이 한반도 남부 지역에 있었다는 주장이 반복적으로 등장·강조되고 있다.

83 『사기(史記)』 「조선열전(朝鮮列傳)」, "傳子至孫右渠, 所誘漢亡人滋多, 又未嘗入見, 眞番旁衆國欲上書見天子, 又擁閼不通 (…) 元封三年夏, 尼谿相參乃使人殺朝鮮王右渠來降. 王險城未下, 故右渠之大臣成巳又反, 復攻吏. 左將軍使右渠子長降 相路人之子最 告諭其民, 誅成巳, 以故遂定朝鮮, 爲四郡."

84 稻葉岩吉, 1925, 「朝鮮民族史」, 『朝鮮史講座: 分類史』, 朝鮮史學會, p. 43; 稻葉岩吉, 1925, 「古代朝鮮と支那との交通」, 『朝鮮文化史研究』, 雄山閣, pp. 294-296.

85 稻葉岩吉, 1925, 「支那及滿洲朝鮮と日本との關係」, 『朝鮮文化史研究』, 雄山閣, pp. 227-228.

86 稻葉岩吉, 1925, 「朝鮮民族史」, 『朝鮮史講座: 分類史』, 朝鮮史學會, pp. 22-27.

87 稻葉岩吉, 1922, 「朝鮮の文化問題」 『支那社會史研究』, p. 284.

88 稻葉岩吉, 1925, 「朝鮮文化史の側面觀」 『朝鮮文化史研究』, 雄山閣, pp. 180-182.

89 김병인, 2001, 「왕인의 '지역 영웅화' 과정에 대한 문헌사적 검토」 『韓國史研究』 115, 187-192쪽.

90 稻葉岩吉, 1925, 「聖德太子の外交: 高句麗と日本との關係」, 『朝鮮文化史研究』, 雄山閣, p. 278. '낙랑(樂浪) 왕씨(王氏)'의 존재에 대해 이마니시 역시 1912년에 한 편의 논문을 제출하였다. 그는 당시 도쿄제대에 소장되어 있던 평양 지역 발굴 유물[복륜금구(覆輪金具)]에 새겨진 글씨를 근거로 낙랑의 왕씨들이 이 지역의 토호였다는 논문을 발표했다(今西龍, 1912, 「大同江南の古墳と樂浪王氏との關係」, 『東洋學報』 2, 東洋協會調査部). 낙랑 왕씨의 존재는 이나바에게 일본이 어떻게 반도의 민족들을 거치지 않고 발전된 중국 문화를 수용했는지를 설명할 수 있는 열쇠였다. 한편 이마니시 역시 일본이 조선으로부터 받아들인 문화는 조선의 것이 아니라 중국의 것이었으며, 아직기나 왕인이 한민족(漢民族)이었다고 보았다(今西龍, 1937, 「百濟略史」, 『朝鮮古史の研究』, pp.15-16).

91 稻葉岩吉, 1925, 「日鮮文化の歷史的差別」, 『朝鮮文化史研究』.

92 위의 논문, p. 161, p. 167.

93 稻葉岩吉, 1932, 「內鮮文化の差別」 1, 『警務彙報』 311.

94 稻葉岩吉, 1932, 「內鮮文化の差別」 2-5, 『警務彙報』 312-315.

95 稻葉岩吉, 1925, 「朝鮮社會史の一斷面」 『朝鮮文化史研究』, 雄山閣, pp. 51-53.

96 稻葉岩吉, 1925, 「朝鮮民族史」, 『朝鮮史講座: 分類史』, 朝鮮史學會, pp. 90-91.

97 稻葉岩吉, 1925, 「朝鮮社會史の一斷面」 『朝鮮文化史研究』, 雄山閣, p. 53.

98 위의 논문, p. 67; 稻葉岩吉, 1926, 「朝鮮民族と族譜」 『朝鮮』 128, 朝鮮總督府, pp. 92-93.

99 稻葉岩吉, 1925, 「朝鮮の傳說及思想の解放について」 『朝鮮文化史研究』, 雄山閣, pp. 134-

135.

100 稲葉岩吉, 1922, 「朝鮮の文化問題」, 『支那社會史研究』, p. 292.

101 稲葉岩吉, 1925, 「日鮮文化の歷史的差別」, 『朝鮮文化史研究』, p. 161.

102 稲葉岩吉, 1937, 「朝鮮社會の諸問題」 『朝鮮』 268, 朝鮮總督府, pp. 7-8.

103 위의 논문, p. 6.

104 稲葉岩吉, 1925, 「日鮮文化の歷史的差別」 『朝鮮文化史研究』, pp. 171-173.

105 稲葉岩吉, 1922, 「朝鮮の文化問題」, 『支那社會史研究』, p. 294; 稲葉岩吉, 1925, 「朝鮮の傳說
    及思想の解放について」, 『朝鮮文化史研究』, p. 132.

106 그렇다고 이나바가 조선총독부의 식민통치 성과를 부정한 것은 아니었다. 그는 일본의
    식민통치는 자본주의와 상현주의(尙賢主義)에 입각했기 때문에 지난 500년간 성리학과
    가족주의를 지키며 특권계급화한 양반들의 정치적 · 경제적 특권을 척결하고 새로운 계
    층의 대두를 초래하여 정치 · 경제 양방면에 걸쳐 조선 사회의 발전을 촉진했다고 보았
    다. 그 결과 종래 양반의 본거지였던 충청도, 경상도 같은 지방은 점차 전통적으로 유지
    해온 세력을 상실하고 지금까지 "국가적 은혜"를 입지 못하던 평안도, 함경도에서 많은
    인재가 배출되는 새로운 경향이 형성되었다는 것이다(稲葉岩吉, 1925, 「朝鮮社會史の一
    斷面」, 『朝鮮文化史研究』, 雄山閣, pp. 84-86). 즉, 이나바는 개항 이래 조선의 서북 지역으
    로 근대 문화가 빠르게 유입된 사정을 고려하지 않은 채 식민통치로 인해 중국 문화의
    영향력이 제거된 결과라며 식민지배를 찬미했다.

3장 대륙 침략과 만선사의 체계화

1 당시 도쿄와 교토의 제국대학에서는 만주사 연구를 위한 사료 조사를 벌였으며, 이 과정
   에서 새로운 연구자들이 대거 등장했다. 이에 대해서는 井上直樹, 2013, 『帝國日本と '滿鮮
   史': 大陸政策と朝鮮 · 滿洲認識』, 塙書房, pp. 181-184.

2 塚瀬進, 2011, 「戰前, 戰後におけるマンチュリア史研究の成果と問題點」, 『長野大學紀要』 32-
   3, pp. 42-43.

3 이는 식민지 조선에 있던 경성제대에서 사학을 전공하는 이들에게서도 확연히 드러난
   다. 1930년대 접어들어 동양사학 전공자들은 급격히 증가한 반면 조선사학 전공자는 현
   격하게 감소한 것이다(정상우, 2014, 「『조선사』(조선사편수회 간행) 편찬사업 전후 일
   본인 연구자들의 갈등 양상과 새로운 연구자의 등장」, 『사학연구』 116, pp. 179-180).

4 사료를 소개 · 해제하는 것을 주목적으로 하는 글들을 제외하고 1930년대 이나바의 저
   술을 보면 임진왜란에 관한 것, 박사학위논문인 광해군대의 만선관계, 북벌에 관한 것,
   만주 개국 설화 관련, 만몽 여러 민족의 건국에 대한 고찰, 만주 사회사와 관계된 것들이
   주를 이룬다.

5 이나바는 『조선사』 편찬을 총괄했을 뿐만 아니라, 고려시대에 해당하는 『조선사』 제3편
   과 조선 후기에 해당하는 『조선사』 제5편의 편찬주임이었다. 특히 광해군대 부분은 자

신이 직접 편찬했기 때문에 이러한 사료 중 상당 부분을 읽어야만 했다.

6 이에 대해서는 井上直樹, 2013, 앞의 책, pp. 181-184; 塚瀬進, 2014, 『マンチュリア史研究』, 吉川弘文館, pp. 25-28.

7 三島一, 1936, 「滿洲史硏究序說」, 歷史學硏究會 編, 『滿洲史硏究』, p. 1.

8 稻葉岩吉, 1933, 「滿鮮史體系의 再認識」(上), 『靑丘學叢』 11, p. 2.

9 위의 논문, p. 4.

10 이러한 서술을 볼 때 1920년대 한사군의 설치에 대한 자신의 견해는 대표적인 "국부적 견해"이다. 하지만 이나바는 과거 자신의 견해에 대해서는 언급하지 않고 있다.

11 1장에서도 서술했듯이 만주사를 이해하기 위해 몽골을 주요 변수로 삼았던 것은 1907년 시라토리가 처음이었다. 이나바 역시 만몽은 불가분이라며 만주사를 이해하는 데에 몽골 방면의 세력을 중요한 변수로 파악했다. 특히 흉노와 관련하여 시라토리는 20세기 이래 '흉노=몽골'을 통해 기원전 3세기까지 거슬러 올라가 중앙아시아에서 인구 대이동의 원인을 이들의 활동에서 찾고 유럽과 동아시아사의 기원이 유럽이 아닌 아시아에 있었음을 주장하며 유라시아의 역사에서 몽골의 영향력을 격상하고자 했다고 한다 [Tanaka, Stefan (1993), *Japan's Orient: rendering pasts into history*, 박영재·함동주 옮김, 2004, 『일본 동양학의 구조』, 문학과지성사, 135-145쪽].

12 稻葉岩吉, 1915, 『滿洲發達史』, 大阪屋號出版部, p. 10.

13 稻葉岩吉, 1937, 「朝鮮の歷史的對滿感情及び智識」, 『朝鮮』 260, pp. 11-12.

14 稻葉岩吉, 1925, 「朝鮮民族史」, 『朝鮮史講座: 分類史』, 朝鮮史學會, p. 63.

15 稻葉岩吉, 1933, 「滿鮮史體系의 再認識」(上) 『靑丘學叢』 11, pp. 8-9.

16 稻葉岩吉, 1925, 「支那及滿洲朝鮮と日本との關係」, 『朝鮮文化史硏究』, 雄山閣, pp. 227-228.

17 末松保和, 1931, 「高句麗攻守の形勢」, 『靑丘學叢』 5, p. 136.

18 위의 논문, pp. 137-149.

19 稻葉岩吉, 1933, 앞의 논문, pp. 10-11.

20 稻葉岩吉, 1925, 「朝鮮滿洲と支那との關係」 『朝鮮文化史硏究』, 雄山閣, pp. 203-207; 稻葉岩吉, 1933, 앞의 논문, pp. 12-22.

21 稻葉岩吉, 1933, 「滿鮮史體系의 再認識」(中の一), 『靑丘學叢』 12, p. 58.

22 稻葉岩吉, 1933, 「滿鮮史體系의 再認識」(中の二) 『靑丘學叢』 13, pp. 106-109.

23 稻葉岩吉, 1933, 「滿鮮史體系의 再認識」(上), 『靑丘學叢』 11, pp. 22-23.

24 稻葉岩吉, 1927, 「朝鮮의 領土問題, 民族問題 及 鮮滿文化關係에 就하야」(2), 『朝鮮』 122, p. 14.

25 稻葉岩吉, 1937, 「朝鮮の歷史的對滿感情及び智識」, 『朝鮮』 260, p. 8.

26 허태구, 2017, 「이나바 이와키치(稻葉岩吉)의 정묘·병자호란 관련 주요 연구 검토」, 『조선시대사학보』 81.

27 한명기, 1998, 「폭군인가 현군인가: 광해군 다시읽기」, 『역사비평』 44, 156-159쪽; 한명기, 2000, 『광해군: 탁월한 외교정책을 펼친 군주』, 역사비평사, 26-31쪽.

28 稻葉岩吉, 1934, 「朝鮮孝宗朝に於ける兩次の滿洲出兵に就いて(上)」, 『靑丘學叢』 15, pp.

2-7.

29 稲葉岩吉, 1934,「朝鮮孝宗朝に於ける兩次の滿洲出兵に就いて(下)」,『靑丘學叢』16, pp. 56-60.

30 사실 대륙과 일본의 관계에 대해 별다른 설명 없이 양자의 관계를 전제하는 서술은 1920 년대에도 종종 나타난다. 19세기의 메이지유신 역시 "근왕(勤王)의 역사"라고만 볼 것이 아니라 당시 "대륙의 형세"를 고려하여 설명해야 한다는 서술은 대표적인 예이다(稲葉岩 吉, 1925,「支那及滿洲朝鮮と日本との關係」,『朝鮮文化史研究』, 雄山閣, pp. 265-267). 물론 이나바는 메이지유신이 어떻게 "대륙의 형세"와 연결되는지에 대해서는 설명하지 않 는다.

31 稲葉岩吉, 1925,「古代朝鮮と支那との交通」,『朝鮮文化史研究』, pp. 296-297.

32 稲葉岩吉, 1925,「朝鮮民族史」,『朝鮮史講座: 分類史』, pp. 23-27.

33 稲葉岩吉, 1925,「朝鮮文化史の側面觀」,『朝鮮文化史研究』, 雄山閣, pp. 182-183. 특히 임나 일본부를 일본사적 맥락에서 이해하려는 것, 즉 일본열도 내부의 통일국가의 형성과 일 본부의 창설을 동전의 앞뒷면 같은 관계로 파악하는 것은 이성시(李成市)가 지적하듯이 1945년 이후 20세기 후반까지 지속된 식민주의의 언설이다(이성시, 2011,「한국고대사 연구와 식민지주의: 그 극복을 위한 과제」,『한국고대사연구』61, 196-201쪽). 오래된 중 일관계와 이를 통해 일본에서 고대 국가의 성립 시기를 소급하고, 임나일본부의 설치 시 기까지 끌어올리는 이나바 역시 이러한 언설을 만드는 데 일조했음을 확인할 수 있다.

34 이나바는 기자조선이 보여주듯이 먼 과거부터 중국의 왕조 교체 같은 혼란을 틈타 많은 중국인이 반도로 건너와 살았다며, 이를 "지나 식민지"라고 표현했다. 한편, "지나 식민 지"의 한인(漢人)들이 반도를 떠나 일본으로 유입되는 이유는 한사군의 영향으로 반도 의 민족들도 성장하여 이들 "지나 식민지"를 압박했기 때문이다.

35 稲葉岩吉, 1925,「支那及滿洲朝鮮と日本との關係」,『朝鮮文化史研究』, 雄山閣, pp. 224-227.

36 稲葉岩吉, 1925,「朝鮮民族史」,『朝鮮史講座: 分類史』, 朝鮮史學會, pp. 40-41; 稲葉君山, 1925,「聖德太子の外交」,『朝鮮文化史研究』, p. 278.

37 稲葉岩吉, 1925,「朝鮮民族史」,『朝鮮史講座: 分類史』, 朝鮮史學會, pp. 40-41.

38 稲葉岩吉, 1925,「聖德太子の外交」,『朝鮮文化史研究』, p. 279.

39 이나바는 이를 "통역외교(通譯外交)"라고 불렀다.

40 稲葉岩吉, 1925,「支那及滿洲朝鮮と日本との關係」,『朝鮮文化史研究』, 雄山閣, p. 229.

41 위의 논문, pp. 281-283.

42 稲葉岩吉, 1925,「聖德太子の外交」,『朝鮮文化史研究』, pp. 275-286.

43 이나바는 당시 수양제(隋煬帝)에 대해 대등한 의식을 표했던 쇼토쿠 태자의 외교에 대해 일부 역사가와 국학자(國學者)들이 "태자가 황국의 신성함에 깊은 신념을 가졌기 때문 에 수(隋)에 항례(抗禮)했으며, 우리나라(일본: 인용자)와 지나(支那)의 국교는 태자로 부터 시작한다"고 보는 것을 "천박한 상상"이라고 일축했다.

44 稲葉岩吉, 1933,「滿鮮史體系の再認識」(中の一),『靑丘學叢』12, p. 58.

45 稲葉岩吉, 1934,『日麗關係』, 岩波書店, p. 20.

46 위의 책, pp. 3-8.

47 稻葉岩吉, 1933, 「滿鮮史體系의 再認識」(中의 一), 『靑丘學叢』 12, pp. 65-66.

48 위의 논문, pp. 68-70.

49 稻葉岩吉, 1934, 앞의 책, pp. 25-28.

50 稻葉岩吉, 1925, 「支那及滿洲朝鮮과 日本과의 關係」, 『朝鮮文化史研究』, 雄山閣, pp. 233-235; 稻葉岩吉, 1933, 「滿鮮史體系의 再認識」(中의 一), 『靑丘學叢』 12, pp. 63-65.

51 稻葉岩吉, 1933, 「滿鮮史體系의 再認識」(中의 一), 『靑丘學叢』 12, p. 67.

52 稻葉岩吉, 1934, 앞의 책, pp. 29-31.

53 이나바는 막부가 이러한 태도를 보인 이유가 과거 신라의 해적, 도이(刀伊)의 침입 등으로 인한 일본 사회의 혼란에 대한 기억이 있는 데다가 종래 송상(宋商)들에 의해 몽고에 대한 나쁜 선전이 전했기 때문이라고 추정했다(稻葉岩吉, 1934, 앞의 책, p. 33).

54 稻葉岩吉, 1933, 「滿鮮史體系의 再認識」(中의 一), 『靑丘學叢』 12, p. 73.

55 稻葉岩吉, 1934, 앞의 책, p. 32.

56 稻葉岩吉, 1925, 「支那及滿洲朝鮮과 日本과의 關係」, 『朝鮮文化史研究』, 雄山閣, pp. 236-237; 稻葉岩吉, 1933, 「滿鮮史體系의 再認識」(中의 二), 『靑丘學叢』 13, pp. 92-93.

57 한편, 1920년대에도 이나바는 왜구(일본 해적)이 발생한 원인에 대해 "몽고의 북경(北京) 정부가 일본에 준 타격은 간접적으로 가마쿠라 정부를 붕괴시켰으며, 이것이 남북조(南北朝)의 내란을 야기했고, 여기서 실패한 남조(南朝)는 해적이 되었기 때문에 몽고인은 일본의 해적을 발생케 한 모(母)"라고 서술했다. 즉, 왜구 발생의 원인 역시 대륙의 영향이었다(稻葉岩吉, 1925, 「支那及滿洲朝鮮과 日本과의 關係」, 『朝鮮文化史研究』, 雄山閣, p. 238).

58 稻葉岩吉, 1934, 앞의 책, pp. 36-40.

59 稻葉岩吉, 1925, 「支那及滿洲朝鮮과 日本과의 關係」, 『朝鮮文化史研究』, 雄山閣, pp. 238-246.

60 稻葉岩吉, 위의 논문, pp. 248-252.

61 稻葉岩吉, 1933, 「滿鮮史體系의 再認識」(下), 『靑丘學叢』 14, pp. 62-65. 이나바는 "만일 여진인들이 혼자의 힘으로 요동을 탈취했다고 이해한다면 이는 과대망상"이며, 청(淸)의 건국에는 여러 가지 해석이 내려져왔지만, 국제관계에서 볼 때 "일본의 대륙전쟁에 던진 돌 하나의 파문"을 간과할 수 없다고 결론지었다.

4장 만선사 체계의 지속

1 三島一, 1936, 「滿洲史研究序說」, 歷史學研究會 編, 『滿洲史研究』, p. 1.

2 『研究評論 歷史教育 臨時增刊號: 明治以後에 於하는 歷史學의 發達』의 구성은 다음과 같다.
   國史學發達의 回顧
   1. 社會經濟史, 2. 思想史, 3. 宗敎史, 4. 政治史, 5. 法制史, 6. 外交史, 7. 敎育史, 8. 美術史, 9. 歷史地理學, 10. 日本考古學, 11. 民俗學

東洋史學發達の回顧と展望

1. 支那史: A. 先秦時代史, B. 漢南北朝時代史, C. 唐宋時代史, D. 元代史, E. 明代史, F. 清代史

2. 朝鮮史, 3. 滿洲蒙古史, 4. 西域史, 5. 南海史, 6. 東洋考古學(강조는 인용자).

西洋史學發達の回顧と展望

한편, 이러한 연구사 정리를 기획해 책을 발간한 역사교육연구회(歷史敎育硏究會)의 편집진은 "메이지 이후의 사학의 발달사라고 할 만한 서적은 많은 사람이 필요로 하면서도 금일까지 없다'라면서 자신들의 시도가 최초의 연구사 정리라고 자부했다(歷史敎育硏究會, 1932,『硏究評論 歷史敎育 臨時增刊號: 明治以後に於ける歷史學の發達』, p. 678).

3　연표와 주요 사적에 대한 해제를 제외한 22권으로 이루어진 헤이본샤 발간 '세계역사대계(世界歷史大系)'는 고고학에 해당하는 것이 두 권, 일본사 두 권, 동양사(중국사) 일곱 권, 조선사·만주사 한 권, 중앙아시아사·인도사 한 권, 서양사 아홉 권으로 구성되어 있어, 중국사와 서양사 중심이라고 하겠다.

4　만선사에 대한 최근의 논의에서도 1930년대 중반 이후 만선사의 약화에 대하여 언급되고 있다. 이노우에 나오키(井上直樹)는 '선만일여'가 강조됨에 따라 고고학자 후지타 료사쿠(藤田亮策), 언어학자 고노 로쿠로(河野六郎), 역사학자 미시나 쇼에이 등의 연구자들은 1940년대 초반에도 만주와 조선의 밀접한 관계에 대해 이야기했지만, 이들의 논의는 역사학이 아닌 고고학과 언어학을 바탕으로 고구려를 비롯한 고대사가 중심이었고, 특히 미시나의 논의는 조선과 만주 사이의 성격 차이를 강조했다며 만주국 건국 이후 만선사가 부진해졌음을 지적했다(井上直樹, 앞의 책, pp. 205-219).

5　이나바의 회갑을 기념하여, 그가 사망하기 2년 전인 1938년에 발간된 기념논총의 서명은『稻葉博士還曆記念 滿鮮史論叢』이었다. 여기에 이나바의 회고가 실려 있는데, 그 제목이 "予が滿鮮史硏究課程"이었다. 서명과 회고의 제목만 보아도 이나바는 학자로서 자신의 인생을 '만선사'로 특징지었다고 할 수 있다.

6　고길희, 2005,『마산에서 태어난 일본인 조선학자: 하타다 다카시』, 지식산업사, 63쪽.

7　秋浦秀雄, 1932,「高麗肅宗朝に於ける鑄錢動機に就て」上·中·下,『靑丘學叢』7·8·9; 尹瑢均, 1930,「高麗毅宗朝に於ける鄭仲夫亂の素因とその影響」,『靑丘學叢』2; 丸龜金作, 1935,「高麗の十二漕倉に就いて」1·2,『靑丘學叢』21·22, 1935; 周藤吉之, 1934,「麗末鮮初に於ける農莊に就いて」,『靑丘學叢』17; 周藤吉之, 1935,「鮮初に於ける奴婢の辨正と推刷とについて」上,『靑丘學叢』22, 1935; 中村榮孝, 1933,「慕夏堂金忠善に關する史料について」,『靑丘學叢』12; 申奭鎬, 1930·1931,「屛虎是非に就いて」上·下,『靑丘學叢』1·3; 田川孝三, 1934,「藩獄問題に就いて」上,『靑丘學叢』17, 1934.

8　末松保和, 1937,「朝鮮史」(1),『朝鮮行政』1-9, 帝國地方行政學會, p. 201.

9　이나바를 비롯한 스에마쓰나 나카무라 같은 식민주의 역사학자들은 조선사에 대해 기본적으로 정체되고 타율적이었으며 왕실의 보존을 위해 사대할 수밖에 없었다는 시각을 가지고 있다. 고려의 정치제도는 중국(당唐)의 제도를 채용한 것이라거나 "당쟁은 조선시대 정치의 전부"여서 "당쟁에 대해 이해하지 않으면 조선을 이해할 수 없다"며, 이

러한 당쟁이 끊이지 않은 원인으로 조선의 정치제도나 성리학의 문제점을 지적한 것은 그 전형적인 것이다(稲葉岩吉, 1935, 『朝鮮史 · 滿洲史』, 平凡社, pp. 78-80, p. 159). 그렇지만 이나바는 개별적인 몇몇 사실들에 대해서는 긍정적인 평가를 내리기도 한다. 고려 태조의 훈요10조를 모두 제시하고 "고려 조정이 이러한 성헌(成憲)이 있었던 것은 진실로 자랑스러운 것이다"라고 평가하는 것은 그러한 한 예이다(稲葉岩吉, 위의 책, pp. 80-82).

10 여기서 이나바는 중인과 서얼의 등장을 "천류(賤流)"의 대두라고 표현했다.

11 稲葉岩吉, 1935, 앞의 책, pp. 176-187.

12 위의 책, p. 5.

13 위의 책, p. 21.

14 한편 스진 천황의 시기는 『일본서기』의 기년을 따르면 기원전 1세기이다. 하지만 당시 일본인 역사가들은 『일본서기』의 기년을 모두 믿을 수 없다며, 이를 중국과 한국의 사서와 비교하여 조정했다. 이러한 기년에 대해 이나바가 어떻게 생각했는지에 대해 알려주는 자료는 아직 발견하지 못했다. 그래서 여기서 '기원전 1세기'라고 한 것은 『일본서기』의 기년을 그대로 따른 것이다.

15 稲葉岩吉, 1935, 앞의 책, pp. 37-44.

16 위의 책, pp. 67-68.

17 稲葉岩吉, 1915, 『滿洲發達史』, 大阪屋號出版部, p. 4.

18 稲葉岩吉, 1935, 앞의 책, pp. 67-70.

19 위의 책, pp. 86-88.

20 위의 책, pp. 110-115.

21 위의 책, pp. 166-171.

22 위의 책, pp. 148-152.

23 위의 책, pp. 159-165.

24 헤이본사에서 1933년부터 '세계역사대계' 시리즈를 기획 · 발간했던 것처럼 이와나미쇼텐(岩波書店)에서는 '이와나미강좌(岩波講座) 일본역사(日本歷史)' 시리즈를 기획하여 1933년 12월부터 간행했는데, 이나바와 스에마쓰 모두 이 시리즈의 일부로서 자신의 저서를 발간한 것이었다. 한편, 이 시리즈를 기획한 것은 스에마쓰의 지도교수이자 조선사편수회의 고문으로, 편수회의 리더였던 구로이타였다.

25 스에마쓰가 서술한 『일한관계(日韓關係)』의 1장의 제목은 "낙랑군과 왜인(樂浪郡と倭人)'이다.

26 末松保和, 1937, 「朝鮮史」(2), 『朝鮮行政』 1-10, p. 184.

27 末松保和, 1933, 『日韓關係』, 岩波書店, pp. 9-11.

28 위의 책, pp. 13-14.

29 위의 책, pp. 30-32.

30 위의 책, pp. 44-48.

31 中村榮孝, 1935, 『朝鮮史: 國史の海外史の交關』, pp. 29-31.

32 위의 책, pp. 32-36.

33 旗田巍 編, 1969, 『シンポジウム 日本と朝鮮』, 勁草書房, pp. 78-79.

34 末松保和, 1938, 「朝鮮史」(14), 『朝鮮行政』 2-11, pp. 113-114.

35 中村栄孝, 앞의 책, p. 2, p. 15.

36 중국에 대한 야노 진이치의 논의에 대해서는 이형식, 2016, 「'지나통(支那通)' 야노 진이치(矢野仁一)의 중국 인식과 대중정책(對中政策)」, 『사림(史林)』 58을 참고.

37 矢野仁一, 1930, 「日本の滿洲に於ける歷史上の地位を論ず」, 『東亞』 3-1, pp. 4-6.

38 歷史學硏究會 編, 1936, 『滿洲史硏究』, pp. 3-4, p. 290.

39 松井等, 1930, 「滿洲に於ける日本の地位(矢野仁一君の論文に因みて)」, 『東亞』 3-2, p. 6.

40 松井等, 1931, 「滿洲史要項」, 『東亞』 4-8, pp. 36-38.

41 만주를 만주, 몽골, 중국 세력의 교착점으로 보기 때문에 그 역사의 시작을 중국과 만몽 세력의 최초의 접촉인 연(燕)의 소왕(昭王) 이래로 보는 것 역시 과거 이나바와 마쓰이에게 공통된다.

42 '세계역사대계' 11권에서 만주사는 10편(編)으로 구성되었는데, 그중 6편을 오시부치 하지메가 서술했다.

43 『개관 만주사(槪觀 滿洲史)』(1942)의 서문에 따르면, 저자 이토 요시카즈는 릿쇼대학(立正大學)에서 사학을 전공하고 상업학교에서 역사를 가르치는 교사였다. 한편, 신징(新京)의 만주사정안내소(滿洲事情案內所)에서 발간한 『만주사(滿洲史)』(1943)의 저자 도요타 요조에 대해서는 알려진 것이 없다. 다만 도요타는 역사연구자는 아니라고 추측되며, 『만주사』는 특별한 이데올로기적인 서술 없이 만주사의 추이를 담담하게 서술했다고 평가되고 있다(塚瀬進, 2011, 「戰前, 戰後におけるマンチュリア史硏究の成果と問題點」, 『長野大學紀要』 32-3, p. 59).

44 矢野仁一, 1933, 『滿洲國歷史』, 目黑書店, pp. 104-134.

45 위의 책, pp. 113-115, pp. 146-154.

46 大原利武, 1933, 『槪說 滿洲史』, pp. 1-2.

47 南滿洲敎育會 編, 1934, 「凡例」, 『滿洲新史』.

48 百瀬弘, 1936, 「我國に於ける滿洲近世史硏究の動向」, 『滿洲史硏究』, 歷史學硏究會 編, p. 279.

49 南滿洲敎育會 編, 1934, 『滿洲新史』, pp. 2-5; 及川儀右衛門, 1935, 『滿洲通史』, pp. 5-7; 矢野仁一 等, 1935, 『朝鮮史·滿洲史』, pp. 207-211; 伊藤義一, 1942, 『槪觀滿洲史』, pp. 8-11; 豊田要三, 1943, 『滿洲史』, pp. 2-4.

50 矢野仁一, 앞의 책, p. 215.

51 위의 책, pp. 173-184.

52 위의 책, pp. 211-219.

53 위의 책, pp. 225-230.

54 위의 책, p. 235.

55 及川儀右衛門, 앞의 책, pp. 2-3.

56 大原利武, 앞의 책, pp. 57-61, p. 112; 南滿洲敎育會 編, 앞의 책, p. 10, pp. 33-34, pp. 48-51; 及川儀右衛門, 앞의 책, pp. 55-57, pp. 73-80, pp. 120-122, pp. 158-161, pp. 173-184; 矢野仁一 等, 앞의 책, pp. 399-402, pp. 405-410; 伊藤義一, pp. 32-35, pp. 65-66, pp. 101-104; 豊田要三, 앞의 책, p. 80, p. 163, pp. 186-187, pp. 242-244, pp. 257-264, p. 307, pp. 318-319.

57 鳥山喜一, 1935, 「奉天に於ける契丹哀冊に就いて」, 『滿鮮文化史觀』, 刀江書店. 한편, 도리야마는 만주국 건국 10주년을 기념하는 글에서 만주국이 학문의 발달에 도움이 된 첫 번째 사안으로 바로 이 거란문자의 발견을 꼽았다(鳥山喜一, 1942, 「滿洲國文化事業の十年」, 『朝鮮』328).

58 鳥山喜一, 1935, 「古代滿洲の民族と文化」, 『滿鮮文化史觀』, 刀江書店, pp. 27-28.

59 大原利武, 앞의 책, p. 93, p. 112, pp. 128-130; 南滿洲敎育會 編, 앞의 책, p. 26, p. 65; 及川儀右衛門, 앞의 책, pp. 117-120, pp. 179-181, pp. 227-228, pp. 279-280; 伊藤義一, 앞의 책, p. 67; 豊田要三, 앞의 책, pp. 110-111, pp. 280-281.

60 矢野仁一 等, 앞의 책, pp. 354-357; 及川儀右衛門, 앞의 책, pp. 117-122.

61 이나바가 만주건국대학 교수로 부임하게 된 데에는 관동군의 참모로서 일본군의 만주 장악과 만주국 건국을 주도했던 이시와라 간지(石原莞爾)가 1910년대 중반 육군대학에서 이나바의 강의를 들었던 인연이 작용했다고 한다.

62 이나바가 남긴 여러 저작 가운데 유일하게 『滿洲國史通論』이 『만주사통론』이라는 서명으로 번역(이나바 이와키치 저, 서병국 편역, 2014, 『만주사통론』, 한국학술정보)되어 있다.

63 稲葉岩吉, 1940, 「序」, 『滿洲國史通論』, 日本評論社.

64 한편, 『만주국사통론』의 발간지가 도쿄임을 볼 때 이 책은 일본인을 위한 만주사 교양서의 성격 역시 가지고 있다고 하겠다.

65 稲葉岩吉, 1940, 『滿洲國史通論』, 日本評論社, pp. 21-24.

66 稲葉岩吉, 1940, 앞의 책, pp. 20-21. 이나바는 서양학자들이 이들을 '퉁구스'라고 하지만 '퉁구스'라는 용어보다는 '만주 민족'이라고 해야 한다고 주장했다.

67 위의 책, p. 25. 이는 푸쓰녠(傅斯年)이 1933년에 발표한 '이하동서설(夷夏東西說)'로, 이나바는 이를 "支那近代의 탁월한 一學者"의 견해라고 소개했다. 고대 중국이 동쪽의 夷와 서쪽의 夏의 대치와 투쟁을 통해 발전해갔다는 푸쓰녠의 이하동서설에서 이(夷)와 하(夏)의 투쟁은 비중국과 중국의 투쟁이 아니라 중국 내에서의, 중국을 이루는 요소들 사이의 대치와 투쟁을 의미했으며, 푸쓰녠은 이를 통해 '만주'가 중국 민족, 중국의 일부임을 이야기한 것이다(이하동서설에 대해서는 이유진, 2010, 「누가 왜 예를 말하는가: 동이의 예에 관한 중화주의 신화론 비판」, 『동북아 활쏘기 신화와 중화주의 신화론 비판』, 동북아역사재단, 237-239쪽). 이나바는 이하동서설의 일부만을 따와 정반대의 맥락에서 거론한 것이다.

68 위의 책, pp. 165-166.

69 위의 책, pp. 335-343.

70 위의 책, pp. 109-114.

71   위의 책, p. 151.

72   위의 책, p. 166, pp. 171-178.

73   위의 책, pp. 202-207, pp. 217-223.

74   위의 책, pp. 301-307.

75   위의 책, pp. 32-33.

76   위의 책, pp. 92-96.

77   위의 책, pp. 132-133.

78   위의 책, pp. 249-253.

79   위의 책, pp. 282-284.

참고문헌

1. 사료

關野貞, 1912, 「朝鮮文化ノ遺蹟」其二, 『朝鮮古蹟調査略報告』, 朝鮮総督府.

關野貞, 1913, 「所謂神籠石は山城址なり」, 『考古學雜誌』 4-2.

久米邦武, 1910, 「合併にあらず復古なり」, 『經濟』 14.

今西龍, 1910, 「日韓上代文化と其關係に就て」(上)・(下), 『朝鮮』 31・32.

今西龍, 1910, 「檀君の說話に就いて」, 『歷史地理 朝鮮號』, 三省堂書店.

今西龍, 1912, 「大同江南の古墳と樂浪王氏との關係」 『東洋學報』 2, 東洋協會調査部.

今西龍, 1918, 「任那に就て」, 『朝鮮彙報』, 朝鮮總督府.

今西龍, 1933, 『新羅史研究』, 近澤書店.

今西龍, 1934, 『百濟史研究』, 近澤書店.

今西龍, 1935, 「朝鮮史槪說」, 『朝鮮史の栞』, 近澤書店.

今西龍, 1944, 『高麗史研究』, 近澤書店.

吉田東伍, 1893, 『日韓古史斷』, 高麗書林.

稻葉岩吉, 1902, 『北方支那』, 丸善株式會社.

稻葉岩吉, 1914, 『淸朝全史』(上)・(下), 早稻田大學出版部.

稻葉岩吉, 1915, 『滿洲發達史』, 大阪屋號出版部.

稻葉岩吉, 1918, 『支那政治史綱領』, 早稻田大学出版部.

稻葉岩吉, 1920, 「朝鮮人の民族性を考察して所謂鮮人自覺論に及ぶ」, 『東方時論』 5-2.

稻葉岩吉, 1920, 『近代支那史』, 大阪屋号書店.

稻葉岩吉, 1922, 「朝鮮の文化問題」, 『支那社會史研究』, 大鐙閣.

稻葉岩吉, 1922, 「滿鮮不可分の史的考察」, 『支那社會史研究』, 大鐙閣.

稻葉君山, 1925, 「朝鮮政治史の綱領」, 『朝鮮文化史研究』, 雄山閣.

稻葉岩吉, 1925, 「古代朝鮮と支那との交通」, 『朝鮮文化史研究』, 雄山閣.

稻葉岩吉, 1925, 「聖德太子の外交: 高句麗と日本との關係」, 『朝鮮文化史研究』, 雄山閣.

稻葉岩吉, 1925, 「日鮮文化の歷史的差別」, 『朝鮮文化史研究』, 雄山閣.

稻葉岩吉, 1925, 「朝鮮の傳說及思想の解放について」, 『朝鮮文化史研究』, 雄山閣.

稻葉岩吉, 1925, 「朝鮮滿洲と支那との關係」, 『朝鮮文化史研究』, 雄山閣.

稻葉岩吉, 1925, 「朝鮮文化史の側面觀」, 『朝鮮文化史研究』, 雄山閣.

稻葉岩吉, 1925, 「朝鮮社會史の一斷面」, 『朝鮮文化史研究』, 雄山閣.

稻葉岩吉, 1925, 「支那及滿洲朝鮮と日本との關係」, 『朝鮮文化史研究』, 雄山閣.

稻葉岩吉, 1925. 「日鮮文化の歷史的差別」, 『朝鮮文化史研究』, 雄山閣.

稻葉岩吉, 1925,「朝鮮民族史」,『朝鮮史講座: 分類史』, 朝鮮史學會.

稻葉君山, 1927,「朝鮮의 領土問題, 民族問題 及 鮮滿文化關係에 就하야」(1)・(2),『朝鮮』121・122.

稻葉岩吉, 1929,「朝鮮民族と族譜」1・2,『朝鮮研究』2-9・10.

稻葉岩吉, 1932,「內鮮文化の差別」1-5,『警務彙報』311-315.

稻葉岩吉, 1933,「滿鮮史體系の再認識」(上)・(中の一)・(中の二)・(下),『青丘學叢』11・12・13・14.

稻葉岩吉, 1934,「朝鮮開國の二三の考察」,『朝鮮』226, 朝鮮總督府.

稻葉岩吉, 1934,「朝鮮孝宗朝に於ける兩次の滿洲出兵に就いて」(上)・(下),『青丘學叢』15・16.

稻葉岩吉, 1934,「咸鏡道の地方色」,『警務彙報』336.

稻葉岩吉, 1934,『日麗關係』, 岩波書店.

稻葉岩吉, 1937,「滿洲史研究の現狀」,『青丘學叢』27.

稻葉岩吉, 1937,「朝鮮の歷史的對滿感情及び智識」,『朝鮮』260.

稻葉岩吉, 1937,「朝鮮社會の諸問題」『朝鮮』268, 朝鮮總督府.

稻葉岩吉, 1937,「予が滿鮮史研究課程」,『稻葉博士還曆記念滿鮮史論叢』.

稻葉岩吉, 1940,『滿洲國史通論』, 日本評論社.

末松保和, 1931,「高句麗攻守の形勢」,『青丘學叢』5.

末松保和, 1937,「朝鮮史」(1),『朝鮮行政』1-9, 帝國地方行政學會.

三島一, 1936,「滿洲史研究序說」, 歷史學研究會 編,『滿洲史研究』.

三品彰英, 1944,「滿鮮地帶の歷史」,『東亞世界史』, 弘文堂書房.

星野恒, 1910,「歷史上より觀たる日韓同域の復古と確定」, 日本歷史地理學會 編,『歷史地理 朝鮮號』, 三省堂書店.

小田省吾, 1927,『朝鮮史大系 上世史』, 朝鮮史學會.

松井等, 1913,「渤海國の彊域」,『滿洲歷史地理』1, 南滿洲鐵道株式會社.

外山軍治, 1936,「渤海史研究の回顧」,『東洋史研究』1-5.

林泰輔, 1892,『朝鮮史』卷之一, 吉川半七.

鳥山喜一, 1915,『渤海史考』, 奉公會.

鳥山喜一, 1916,「金の窮民保護策」(一)・(完),『東亞研究』6-7・8.

鳥山喜一, 1917,「金の外族に對する政策」(一)・(二)・(三)・(完),『東亞研究』7-1・2・3・4.

鳥山喜一, 1935,「古き日滿關係の回顧」,『滿鮮文化史觀』, 刀江書店.

鳥山喜一, 1935,「渤海國國都址の發掘に就いて」,『北滿の二大古都址: 東京城と白城』, 京城帝國大學滿蒙文化研究會報告 第2冊.

鳥山喜一, 1935,「渤海國都 上京龍泉府の遺址に就いて」,『滿鮮文化史觀』, 刀江書店.

鳥山喜一, 1939,『渤海國小史』, 滿日文化協會.

鳥山喜一, 1941,「渤海來貢の眞相」,『日本諸學術振興委員會研究報告』4, 文部省教學局.

池內宏, 1914,「渤海の建國者について」,『東洋學報』5-1.

津田左右吉, 1915,「渤海考」, 滿鮮地理歷史研究報告 1.

黒板勝美, 1910, 「偶語」, 『歷史地理 朝鮮號』, 三省堂書店.

黒板勝美, 1915年 8月 7-10日, 「南鮮史蹟의 踏査」(7)-(9), 『每日申報』 1面.

黒板勝美, 1916, 「大同江附近의 史蹟」, 『朝鮮彙報』, 朝鮮總督府.

矢野仁一, 1933, 『滿洲國歷史』, 目黒書店.

矢野仁一 等, 1935, 『朝鮮史・滿洲史』, 平凡社.

大原利武, 1933, 『槪說 滿洲史』, 近澤書店.

南滿洲敎育會 編, 1934, 『滿洲新史』.

及川儀右衛門, 1935, 『滿洲通史』, 博文館.

歷史學硏究會 編, 1936, 『滿洲史硏究』, 四海書房.

伊藤義一, 1942, 『槪觀滿洲史』, 子文書房.

豊田要三, 1943, 『滿洲史』.

鳥居龍藏, 1953, 『ある老學徒の手記』, 朝日新聞社.

白鳥庫吉, 『白鳥庫吉全集』, 岩波書店.

朝鮮總督府, 1916, 『朝鮮半島史編成ノ要旨及順序』.

朝鮮史編修會 編, 『(朝鮮史編修會)委員會議事錄, 1925~28』.

朝鮮史編修會 編, 『大正15年以降 編修打合會書類綴』.

朝鮮史編修會 編, 『昭和 5年 12月 編修打合會議事錄』.

朝鮮史編修會 編, 1930, 『朝鮮史編修會要覽』.

朝鮮史編修會 編, 『朝鮮史編纂委員會 委員會議事錄』.

朝鮮史編修會 編, 『朝鮮史』.

朝鮮史編修會 編, 1938, 『朝鮮史編修會事業槪要』.

朝鮮史學會, 1923, 『朝鮮史講座: 要項號』.

朝鮮新聞社 編, 1935, 『朝鮮人士興信錄』, 朝鮮人事興信錄編纂部.

친일반민족행위진상규명위원회 편, 2008, 『『조선반도사』 1편 원고』, 『친일반민족행위관계사료집』 V, 친일반민족행위진상규명위원회.

2. 연구 성과

2-1. 단행본

旗田巍 지음, 이기동 옮김, 1981, 『日本人의 韓國觀』, 일조각.

旗田巍, 1969, 『日本人の朝鮮觀』, 勁草書房.

三品彰英, 1972, 『增補日鮮神話傳說の研究』(三品彰英論文集 第4卷), 平凡社.

오구마 에이지 지음, 조현설 옮김, 2003, 『일본 단일민족신화의 기원』, 소명출판.

스테판 다나카 지음, 박영재・함동주 옮김, 2004, 『일본 동양학의 구조』, 문학과지성사.

井上直樹, 2013, 『帝國日本と‘滿鮮史’: 大陸政策と朝鮮・滿洲認識』, 塙書房.

조인성 외, 2009,『일제시기 만주사 · 조선사 인식』, 동북아역사재단.

한명기, 2000,『광해군: 탁월한 외교정책을 펼친 군주』, 역사비평사.

2-2. 연구논문

姜晋哲, 1987,「停滯性理論 批判」,『韓國史 市民講座』1, 一潮閣.

金光林, 1998,「日鮮同祖論: その實体と 歷史的展開」, 東京大 博士學位論文.

今西龍, 1970,「檀君考」,『朝鮮古史の研究』, 國書刊行會.

金泳鎬, 1969,「韓國史 停滯性論의 克復의 方向: 時代區分과 資本主義 萌芽의 問題」,『亞細亞』3 월호.

金容燮, 1963,「日帝官學者들의 韓國史觀」,『思想界』3월호.

金容燮, 1966,「日本 · 韓國에 있어서 韓國史敍述」,『歷史學報』31.

旗田巍 編, 1969,「朝鮮史編修會の事業」,『シンポジウム 日本と朝鮮』, 勁草書房.

김병인, 2001,「왕인의 '지역 영웅화' 과정에 대한 문헌사적 검토」,『韓國史研究』115.

김종복, 2006,「渤海史 認識의 推移」,『史林』26.

나카미 다츠오, 2009,「地域槪念의 政治性」,『만주연구』9.

도면회, 2014,「조선총독부의 문화정책과 한국사 구성 체계」,『歷史學報』222.

瀧澤規起, 2003,「稻葉岩吉과 滿鮮史」,『韓日關係史研究』19.

류시현, 2007,「한말 일제 초 한반도에 관한 지리적 인식: '반도' 논의를 중심으로」,『韓國史研究』137.

미쓰이 다카시, 2004,「'일선동조론'의 학문적 기반에 관한 시론: 한국병합 전후를 중심으로」,『한국문화』33.

박찬흥, 2005,「滿鮮史觀에서의 고구려사 인식 연구」,『북방사논총』8.

박찬흥, 2007,「滿鮮史觀에서의 한국고대사 인식 연구」,『韓國史研究』29.

박찬흥, 2014,「'만선사'에서의 고대 만주 역사에 대한 인식」,『한국고대사연구』76.

박찬흥, 2015,「滿鮮歷史地理調査部와 고대 '滿鮮歷史地理' 연구」,『역사와 담론』75.

寺內威太郎, 2004,「滿鮮史'研究와 稻葉岩吉」,『植民地主義와 歷史學』, 刀水書房.

사쿠라자와 아이(櫻澤亞伊), 2009,「이나바 이와키치의 '만선불가분론'」,『일제시기 만주사 · 조선사 인식』, 동북아역사재단.

船木勝馬, 1994,「鳥山喜一」, 江上波夫 編,『東洋學의 系譜』2.

송기호, 1981,「渤海史 關係 論著 目錄」,『한국사연구』33.

심희찬, 2013,「근대 역사학과 식민주의 역사학의 거리」,『韓國史學史學報』28.

심희찬, 2016,「일본 근대역사학의 성립 · 발전과 '조선'의 위상」,『동서인문학』52.

櫻澤亞伊, 2007,「'滿鮮史觀'の再檢討: '滿鮮歷史地理調査部'と稻葉岩吉を中心として」,『現代社會文化研究』39.

양시은, 2010,「일제강점기 고구려, 발해 유적조사와 그 의미: 서울대학교 박물관 소장품을 중심으로」,『고구려발해연구』38.

위가야·이정빈, 2013, 「만선사의 비판적 재인식을 통한 동북아시아사 구상」, 『만주연구』 16.

유용태, 2005, 「중국 대학 역사교재의 한국사 인식과 중화사관」, 『중국의 동북공정과 중화주의』, 동북아역사재단.

유장근, 2009, 「'만청식민주의'를 둘러싼 중·외 학계의 논의」, 『중국 역사학계의 청사연구 동향: 한국 관련 분야를 중심으로』, 동북아역사재단.

윤해동, 2015, 「식민주의 역사학 연구 시론」, 『한국민족운동사연구』 85.

윤해동, 2015, 「일본육군 참모본부의 '군사조사' 활동과 식민주의 역사학」, 『대구사학』 119.

李基白, 1961, 「緒論」, 『國史新論』, 泰成社.

李基白, 1969, 「事大主義論의 問題點: 〈事大主義〉라는 用語와 그 類型의 檢討」, 『亞細亞』 3월호.

李基白, 1987, 「半島的 性格論 批判」, 『韓國史 市民講座』 1, 一潮閣.

이만열, 2005, 「近現代 韓日關係 研究史: 日本人의 韓國史研究」, 『한일역사공동연구보고서』 제4권, 한일역사공동연구위원회.

李龍範, 1969, 「韓國史의 他律性論 批判: 所謂 滿鮮史觀의 克服을 위하여」, 『亞細亞』 3월호.

이준성, 2014, 「『만주역사지리』의 한사군 연구와 '만선사'의 성격」, 『인문과학』 54.

李泰鎭, 1987, 「黨派性論 批判」, 『韓國史 市民講座』 1, 一潮閣.

林直樹, 1999, 「今西龍と朝鮮考古學」, 『青丘學術論集』 14.

장신, 「近代日本の朝鮮研究: 統計的アプローチ」, 東アジア史学思想史研究会 主催シンポジウム 『東アジア史学史のために』 발표문(2018년 1월 27·28일).

장신, 2009, 「조선총독부의 朝鮮半島史편찬사업 연구」, 『동북아역사논총』 23.

정상우, 2001, 「1910년대 일제의 지배논리와 조선지식인층의 인식」, 『韓國史論』 46.

정상우, 2008, 「1910~1915년 조선총독부 囑託의 학술조사사업」, 『역사와 현실』 68.

정상우, 2010, 「稻葉岩吉의 '滿鮮史' 체계와 '朝鮮'의 재구성」, 『歷史敎育』 116.

정상우, 2014, 「『朝鮮史』(朝鮮史編修會 간행) 편찬 사업 전후 일본인 연구자들의 갈등 양상과 새로운 연구자의 등장」, 『사학연구』 116.

井上直樹, 2004, 「近代 日本의 高句麗史 研究: '滿鮮史'·'滿洲史'와 關聯해서」, 『高句麗研究』 18.

정재정, 2002, 「일본 역사교과서 문제와 그 전망」, 『韓國史研究』 116, 2002.

정준영, 2016, 「식민사관의 차질: 조선사학회와 1920년대 식민사학의 제도화」, 『韓國史學史學報』 34.

塚瀨進, 2011, 「戰前, 戰後におけるマンチュリア史研究の成果と問題點」, 『長野大學紀要』 32-3.

최석영, 2004, 「일제 식민사학자들의 고구려·발해 인식」, 『한국독립운동사연구』 23.

崔洪奎, 2001, 「일본 식민주의사관의 기원과 극복: 일본 역사교과서의 한국사 왜곡의 전사」, 『경기사학』 5.

한규철, 1997, 「渤海史 研究의 現況과 課題」, 『고구려연구』 6.

한규철, 2004, 「연대별로 본 일본의 발해사 연구」, 『문화전통논집』 2.

한규철, 2006, 「발해사 연구의 회고와 전망」, 『白山學報』 76.

한명기, 1998, 「폭군인가 현군인가: 광해군 다시 읽기」, 『역사비평』 44.

허태구, 2017, 「이나바 이와키치(稻葉岩吉)의 丁卯·丙子胡亂 관련 주요 연구 검토」, 『조선시대사학보』81.

홍성구, 2009, 「'청사공정'의 '청조홍기사' 서술방향」, 『중국 역사학계의 청사연구 동향: 한국 관련 분야를 중심으로』, 동북아역사재단.

洪以燮, 1969, 「植民地的 史觀의 克復: 民族意識의 확립과 관련하여」, 『亞細亞』 3월호.

찾아보기